Silke Sacksofsky & Frank Müller

Starke Schüler – vergnügte Lehrer

Prävention und Gesundheitsförderung für eine lebendige Schule

AOL-Verlag

Starke Schüler – vergnügte Lehrer
Prävention und Gesundheitsförderung für eine lebendige Schule

Zu den Autoren:
Silke Sacksofsky, Jahrgang 1962, Diplom-Pädagogin und Kinder- und Jugendpsychotherapeutin; bis 1996 wissenschaftliche Angestellte am Interdisziplinären Tumorzentrum Tübingen; sie arbeitet als selbstständige Therapeutin, ferner in der Lehrer-Fortbildung und Betreuung wie Beratung von Schulen; lebt in Reutlingen.
Frank Müller, Jahrgang 1961, Diplom-Pädagoge mit Ausbildungen in Sport und Theaterpädagogik, Medienpraxis und Gestaltberatung; bis 1996 wissenschaftlicher Angestellter am Interdisziplinären Tumorzentrum Tübingen, seitdem freiberuflich tätig in der Erwachsenenbildung und in der betrieblichen Personalentwicklung, lebt in Reutlingen.

Die Deutsche Bibliothek – CIP-Einheitsaufnahme

Sacksofsky, Silke:
Starke Schüler, vergnügte Lehrer : Prävention und Gesundheitsförderung für eine lebendige Schule / Silke Sacksofsky ; Frank Müller.– 1. Aufl. –Lichtenau : AOL-Verl. ; Ludwigsburg : Süddt. Pädag. Verl., 1998
    ISBN 3-89111-640-3 (AOL)
    ISBN 3-922366-32-5 (Süddt. Pädag. Verl.)

© AOL-Verlag · Waldstraße 17–18 · D-77839 Lichtenau · Fon (0 72 27) 95 88-0 · Fax (0 72 27) 95 88 95
© Süddeutscher Pädagogischer Verlag GmbH · Sudetenstraße 32 · D-71638 Ludwigsburg
   Fon (0 71 41) 87 90 80 · Fax (0 71 41) 87 51 05

Bildnachweise: Wolfgang Schmidt, Entringen: S. 11, 16, 17, 30, 34, 41, 57, 59, 75, 80, 90, 93, 99, 109, 111, 112, 113, 115, 117, 118, 120, 124. Peter Neumann: S. 10, 12, 13, 15, 18, 36, 42, 44, 45, 47, 54, 59, 65, 68, 82, 110, 121. Peter Kick: S. 28, 43, 66, 95. Helmut Alle: S. 69, 71. Silvia Schiweck: S. 5. Frank Müller: S. 91. Lilo Sivers (Zeichnung): S. 67. Alle Cartoons von Ernst Böse/Rolf Robischon.
Satz: AOL Verlag
Layout: Helmut Oberst
Umschlaggestaltung: Isabelle Barth
Druck/Bindung: Media-Print, Paderborn; gedruckt auf chlorfrei gebleichtem Papier, Printed in Germany

Bestellnummer A640

Jahr:	2003	02	01	00	99	98
Auflage:	6	5	4	3	2	1

ISBN 3-89111-640-3 · AOL
ISBN 3-922366-32-5 · Süddeutscher Pädagogischer Verlag · GEW

Inhaltsverzeichnis

Sprecher und Mitarbeiter des Tumorzentrums:
(v. l. n. r): Frank Müller, Norbert Schwenzer,
Rike Palmer, Silke Sacksofsky, Helmut Braunwald

Vorwort

Es war 1992 im Landestheater von Tübingen. Bei der Premierenfeier des Films „Ben liebt Anna" wurde mir von einer der jugendlichen Schauspielerinnen ein Mikrophon unvermittelt unter die Nase gehalten. „Herr Professor Schwenzer, erinnern Sie sich an ihren ersten Kuss?" Gott sei Dank, ich konnte mich daran erinnern, schilderte kurz diesen aufregenden Moment und wurde so Mitwirkender eines gelungenen Abends, an dem es um die Themen „Liebe, Freundschaft und Gesundheit" ging.

Ich freue mich, Ihnen ein Buch anzukündigen, das die Ergebnisse der bisherigen gesundheitspädagogischen Arbeit von Frank Müller und Silke Sacksofsky im Tumorzentrum Tübingen zusammenbindet und das eine methodische Fundgrube für all diejenigen darstellt, die gerne mit Heranwachsenden in- und außerhalb der Schule zu tun haben. Doch zurück zu den Anfängen. Wie kam es zu diesem Projekt und was steckt dahinter?

„Es ist leichter, ein Kamel durch ein Nadelöhr zu kriegen, als einen Raucher dazu zu bewegen, mit dem Rauchen aufzuhören." Dieser Stoßseufzer – oftmals von Medizinerkollegen geäußert – ist Ausdruck der frustrierenden Erfahrung, die wir mitunter im klinischen Alltag machen. Obwohl wir wissen, dass ein Großteil der Krebs- und Suchterkrankungen sowie der modernen Zivilisationsleiden durch das persönliche Konsumverhalten beeinflusst werden, gelingt es uns nur selten, Menschen, die sich durch ihr Verhalten offen-

kundig gefährden und die zumeist um die schädlichen Folgen ihres Tuns wissen, zum Verzicht zu bewegen.

Wie froh wären wir deshalb, wenn es uns gelänge, junge Menschen dazu zu bringen, gar nicht mit diesen selbstschädigenden Verhaltensweisen anzufangen. Hier sind Pädagogen gefordert, die den Zugang zu jungen Menschen finden und ihnen vermitteln, dass gegen den maßvollen und gelegentlichen Konsum von Genussmitteln nichts einzuwenden ist, dass die Übergänge von Gewohnheit zum Suchtverhalten jedoch fließend sind. Folglich geht es darum, wirksame Selbstschutzmechanismen aufzubauen und gemeinsam mit den Heranwachsenden Wege zu einer positiveren, d. h. gesünderen Lebensweise zu suchen.

Vor diesem Hintergrund hat das Tumorzentrum Tübingen im Sommer 1990 ein Modellprojekt gestartet, das sich im Laufe der Jahre zu einer kreativen Werkstatt für gesundheitliches Lehren und Lernen entwickelt hat. In den vergangenen Schuljahren haben Silke Sacksofsky und Frank Müller an vielen Schulen in der Region Tübingen und Reutlingen Praxisbausteine entwickelt, die sowohl im Unterricht der allgemeinbildenden Schulen als auch in der außerschulischen Jugendbildung eingesetzt werden können.

Dies war nur möglich in Zusammenarbeit mit engagierten Lehrerinnen und Lehrern. Ihnen spreche ich im Namen des Tumorzentrums und der beiden Autoren meinen herzlichen Dank aus. Mein ganz besonderer Dank gilt den beiden Autoren, die es verstanden haben, die Idee der Tumorprophylaxe in ein praktikables Konzept umzusetzen und damit der Tumorentstehung entgegenzuwirken.

Angesichts der wirtschaftlichen Misere der öffentlichen Haushalte ist dem Projekt leider der finanzielle Atem ausgegangen. Deshalb mussten wir das Projekt zum Herbst 1996 offiziell beenden. Im vorliegenden Buch, dem ich viel Erfolg wünsche, leben die Ideen weiter. Lassen Sie sich dadurch anregen in Ihrer eigenen Arbeit und gesundheitlichen Praxis!

Prof. Dr. Dr. Norbert Schwenzer
Interdisziplinäres Tumorzentrum Tübingen

Die Autoren und der Verlag bedanken sich:
Erstellung und Druck des Buches wurden ermöglicht durch Mittel des Interdisziplinären Tumorzentrums, des fortüne-Programms des Universitätsklinikums Tübingen, des Krebsverbands Baden-Württemberg e.V. und der Matthias-Lackas-Stiftung für Krebsforschung.

Der erste Schritt ist die Hälfte des Weges

Liebe Leserin, lieber Leser,

gehören Sie zu denjenigen Menschen, die Kindern und Jugendlichen in ihrer pädagogischen Tätigkeit auch Lebensfreude und -kompetenzen vermitteln wollen? Sprechen Sie gerne mit jungen Menschen und haben Sie Interesse, etwas von ihnen zu erfahren und zu lernen?

Stellen für Sie persönliches und fachliches Lernen keine Gegensätze dar und löst bei Ihnen die Vorstellung, mit Kollegen zusammenzuarbeiten, keine Panik aus?

Dann freuen wir uns, dass Sie zu diesem unterrichtspraktischen Buch gegriffen haben. Es bündelt die Erfahrungen, die wir seit 1990 im Rahmen des Projekts „Prävention und Gesundheitsförderung an Schulen" sammeln konnten.

Vorrangige Zielgruppe der Unterrichtseinheit sind Schülerinnen und Schüler vor und im Pubertätsalter. Anders als bei der herkömmlichen Form der Prävention, die stofflich (z. B.

auf das Rauchen) und auf Vermeidung ausgerichtet ist, schauen wir vorwärts: Welche Kompetenzen brauchen Heranwachsende, um gesund und offen durchs Leben zu gehen, um Zuversicht und Stärke im Umgang mit Belastungen zu entwickeln? In sechs Unterrichtseinheiten zeigen wir einen didaktisch-methodischen Weg, um diese Themen in jeweils 10 bis 16 Unterrichtsstunden in den Fächern Deutsch, Kunst, Sport, Musik und Religion zu behandeln. Es geht darin um Liebe und Freundschaft, Mut und Angst, Kooperation und Konflikt, körperliche Veränderungen, den Ausdruck von Gefühlen, Erwachsenwerden usw., um Themen also, die in der Entwicklung von jungen Menschen eine zentrale Rolle spielen.

Wir wenden uns auch an Sie selbst: Um sich als Lehrerin oder Lehrer im vollgepackten Schulalltag Zeit zu nehmen und Methoden des Rollenspiels, der Gruppenarbeit, des Malens wie der Entspannung auszuprobieren,

Gemäß der Devise „je früher, desto besser" haben wir in den Schuljahren 90/91 bis 95/96 zahlreiche Unterrichtseinheiten, Spiel- und Arbeitsformen für die 5. bis 8. Klasse im Deutsch-, Biologie-, Religions-, Kunst-, Musik- und Sportunterricht entwickelt und in Zusammenarbeit mit Lehrerinnen und Lehrern erprobt. Dies in mehreren Haupt- und Realschulen und in Gymnasien der Region Reutlingen und Tübingen. Mit Schülerinnen und Schülern einer Realschule entstand 1992 der Videofilm „Ben liebt Anna", der auf dem gleichnamigen „Kinderroman" von Peter Härtling basiert und der bei den Landes- und Kreisbildstellen kostenfrei erhältlich ist. Ferner haben wir Elternabende, pädagogische Tage und Lehrerfortbildungen durchgeführt und zwei Schulen begleitet, die seit 1993 für Baden-Württemberg am europaweiten „Netzwerk gesundheitsfördernde Schule" teilnehmen.

bedarf es Mut und Überzeugung sowie der Unterstützung durch Kollegen. Im Kapitel „Was Lehrerinnen und Lehrer brauchen" stellen wir Ihnen Möglichkeiten vor, etwas für Ihr eigenes Wohlbefinden zu tun, mit anderen kreativ zu werden und den Stand des jeweiligen Arbeitsprozesses zu reflektieren.

Zwar ist dies ein Buch für die Praxis, dennoch möchten wir die Theorie nicht ausblenden. Eine Übersicht über den aktuellen Stand der Zusammenhänge von Jugend, Gesundheit und Bildung finden Sie im hinteren Teil des Buches, dazu Erfahrungsberichte von Kolleginnen und Kollegen, die mit uns zusammengearbeitet haben.

Unser Weg zu diesem Buch

Als wir unser Präventionskonzept in den Jahren 1990/91 erstmals in Lehrerkonferenzen vorgestellt haben, stießen wir allseits auf großes Interesse, doch auch auf Skepsis: „Was will das Tumorzentrum an Schulen? Warum sollen wir schon bei Zehnjährigen mit Krebsprävention anfangen und wie soll das gehen? Was heißt Gesundheitsförderung?". Bevor wir unser pädagogisches Konzept präsentieren konnten, galt es also, vorher die Beweggründe des Interdisziplinären Tumorzentrums für diese Initiative zu verdeutlichen.

Angesichts der Tatsache, dass unser Projekt – genauso wie die Gesundheitsaktivitäten der Krankenkassen – dem Rotstift zum Opfer gefallen ist, vertreten wir heute überzeugter

Die Entscheidung, als erstes Tumorzentrum in Deutschland ein solches Präventionsprojekt auf den Weg zu bringen, basiert auf Erkenntnissen der Tumorforschung, der Raucherprävention und der modernen Gesundheitswissenschaften.

- *Bösartige Tumoren stellen in unserer Gesellschaft – neben Herz-Kreislaufinsuffizienz und Suchterkrankungen – die häufigste Todesursache dar; statistisch erkrankt jeder dritte Mensch im Erwachsenenalter an Krebs.*

- *Trotz aller Fortschritte in Medizin und Pharmazie sind die therapeutischen Erfolge bei vielen Tumorleiden begrenzt geblieben. Computergestützte Chirurgie und Gentechnologie gelten für viele als Hoffnungsträger der Zukunft.*

- *Die individuellen Konsumgewohnheiten spielen bei Entstehung und Verlauf einer Tumorerkrankung eine weitaus größere Rolle als bislang angenommen. An erster Stelle stehen der suchtartige Nikotin- und Alkoholkonsum. Epidemiologischen Forschungen zufolge stehen etwa 70% aller Krebserkrankungen in Zusammenhang mit einem „ungesunden Lebenswandel".*

weiter geht's auf Seite 9 ➤

Ich gehöre ja schon zur Zielgruppe der Elfjährigen

denn je: Gesundheitsförderung ist nicht allein auf Suchtvorbeugung und körperliches Wohlbefinden konzentriert. Sie hat mehr zu bieten als Kurse zur Wirbelsäulengymnastik oder Vollwerternährung, Gesundheitsförderung ist vielmehr ein Prinzip lebendigen Lernens, das Lehrern und Schülern im Alltag mehr Kompetenzen, mehr Miteinander, Motivation und persönlichen Erkenntnisgewinn bringt und damit zur Qualität eines modernen Unterrichts beiträgt.

Unser Buch will deshalb methodisch anregen und Sie für ein Unterrichtsprinzip gewin-

- *Durch eine ausgewogene Ernährung, Verzicht auf Nikotin, maßvollen Umgang mit Alkohol, durch moderates Sonnenbaden, Schutz vor Gefahrenstoffen usw. kann jeder Einzelne sein individuelles Krebsrisiko gering halten.*

- *Diese gesundheitsrelevanten Einstellungen und Verhaltensweisen erlernen Kinder bereits in der Familie. Mit zunehmendem Alter fällt es schwer, sich von liebgewordenen und unhinterfragten Gewohnheiten zu lösen und andere anzunehmen – sofern kein attraktives Ziel damit verbunden ist, für das sich Verzicht und Selbstdisziplin lohnen.*

- *Krebsprävention sollte deshalb bereits im Kindesalter und vor der Pubertät beginnen, um die positive Gewohnheitsbildung zu fördern. Hierbei gilt es, den engen Zusammenhang von körperlichem, sozialem und seelischem Wohlbefinden zu berücksichtigen und mit den Kindern in Gespräch, Spiel und Aktion zu thematisieren.*

nen, das die kreative Auseinandersetzung mit den brennenden Fragen in den Mittelpunkt stellt, die Heranwachsende berühren und denen wir uns als Erwachsene mit unserer Lebenserfahrung durchaus stellen können bzw. sollten.

Was Sie im Praxisteil erwarten können

Herzstück des Buches sind sechs Unterrichtseinheiten, die wir aus unserer Unterrichtserfahrung exemplarisch verdichtet und in einzelnen didaktisch-methodischen Schritten beschrieben haben. Fachliche Bezüge aus Biologie, Deutsch usw. werden Sie vielleicht vermissen, ebenso ein Kapitel über das Rauchen, den Alkohol, die Ernährung usw. Hierzu gibt es ausreichend Material von der Bundeszentrale für gesundheitliche Aufklärung in Köln, von anderen öffentlichen Einrichtungen und Verlagen (siehe Literaturverzeichnis). Wir

möchten Sie einladen, unsere Unterrichtseinheiten als „Baustelle" zu nutzen und mit Ihren fachlichen Inhalten zu verbinden und auszubauen. Am besten mit einem oder mehreren Kollegen. Viele Methoden lassen sich abwandeln und sind im sprachlichen wie naturwissenschaftlichen Unterricht, bei jüngeren wie älteren Heranwachsenden, in allen Schularten, sogar bei Elternabenden einsetzbar.

Jede der sechs Unterrichtseinheiten hat mehrere Bausteine im Gesamtumfang von 10 – 16 Schulstunden. Alle beginnen nach Möglichkeit mit einer Doppelstunde, um die Schülerinnen und Schüler auf das Thema einzustimmen und einen dramaturgischen Bogen aufzubauen, der Spannung und Motivation auf den weiteren Verlauf weckt.

Die einzelnen Bausteine sind meistens als Doppelstunde konzipiert:
- *Aufwärmspiele* tragen zu Beginn einer Stunde dazu bei, die Schülerinnen und Schüler als Gruppe zu aktivieren und auf das jeweilige Thema einzustimmen. Diese erfordern manchmal die Umstellung von Tischen und Stühlen, um ausreichend Platz für Bewegung zu bekommen; am besten eignet sich der Stuhlkreis.
- In der *Hauptphase* vertiefen wir eine Fragestellung, die Bezüge zum Wohlbefinden der Kinder herstellt und an ihre Alltagserfahrung anknüpft. Durch Methoden des Rollenspiels, der Gruppenarbeit, des kreativen Schreibens und Problemlösens, durch Aufgaben zu Malen, Bewegung und Darstellung setzen wir eigenes Erleben bei den Schülern und Gespräche untereinander in Gang. Gegen Ende einer solchen Arbeitsphase, die sich über eine oder mehrere Stunden erstrecken kann, stellen sie ihre Ergebnisse in Form von Texten, Collagen, Szenen usw. im Plenum vor.
- Das *Auswertungsgespräch* am Schluss einer Stunde dient der Reflexion und dem Handlungstransfer. Je nach Bedarf fällt es mehr oder minder ausführlich aus. In der Abschlussstunde der gesamten Unterrichtseinheit werden die Erfahrungen, die die einzelnen Mädchen und Jungen für sich und die Klasse als Ganzes gemacht haben, gebündelt und wir sammeln Anknüpfungs-

punkte für die weitere Arbeit. Vor dem Abschluss, der symbolisch Lohn für die geleistete Arbeit darstellt und manchmal Festcharakter annimmt, erfolgt die Feedbackrunde. Hier erfahren wir, was den Kindern und Jugendlichen besonders oder gar nicht zugesagt hat.

Zu jeder Unterrichtseinheit gibt es mehrere Arbeitsblätter für die Schüler. Dabei handelt es sich um Traumreisen, Vorlesegeschichten und Aufgaben, die die Kinder zum Teil in Kleingruppen erledigen. Die Arbeitsblätter sind kapitelweise durchnummeriert.

Mit diesen Methoden wollen wir in jeder Unterrichtseinheit bei den Mädchen und Jungen vielschichtige Lernprozesse anstoßen: von Aktivierung und Zentrierung, von Einfühlung und Identifikation, von sinnlicher Wahrnehmung und Begreifen, von Darstellen, Handeln und Gestalten bis hin zum Reflektieren und dem Bilden eigener Wertmaßstäbe.

Es liegt auf der Hand, dass eine solche Vorgehensweise ein anderes Lehrer-Schüler-Verhältnis erfordert und fördert. Zunehmend übernehmen die Erwachsenen die Rolle von Moderatoren und Lernhelfern. Dies erlaubt es einerseits, sich den Schülern als Mensch wie „Du" und „Ich" mit den eigenen Gefühlen und Ansichten zu zeigen, von ihnen mehr zu erfahren als im herkömmlichen Unterricht und selbst nicht unter Druck zu stehen, immer die richtige Antwort parat haben zu müssen. Der hohe Grad an Eigenaktivität und Kommunikation der Kinder erfordert andererseits einen höheren Aufwand an Vorbereitung, eine klare Aufgabenklärung sowie einen Teilverzicht auf Kontrolle und die Bereitschaft, ein höheres Maß an Lebendigkeit und Lärm zu akzeptieren. Es ist eine Binsenweisheit, dass jede Reise mit dem ersten Schritt beginnt. Ein Losgehen fällt leichter, wenn man sich in der jeweiligen Landschaft auskennt und weiß, wo die reizvollen Stellen liegen. Wir gehen davon aus, dass Sie reiselustig sind, und freuen uns, Ihnen auf dieser Reise zum „Abenteuer Gesundheit" zu begegnen!

Hinweis: Wir haben im Text locker zwischen männlichen und weiblichen Formen abgewechselt. Bei möglichen kontextabhängigen Missverständnissen haben wir beide Schreibweisen genannt oder den Plural gewählt.

aus dem Sportunterricht

Ben sagte: „Tschuldigung."
Anna sagte: „So schlimm war's nicht. Ben: Aber du
hast geheult. Anna: Weil ihr alle mich nicht mögt."
„Ich mag dich aber", sagte er.
Das hatte er gar nicht sagen wollen.
„Uio!", schrie er.
„Was ist denn los?", fragte sie.
„Nichts. Scheiße."

aus: Peter Härtling: „Ben liebt Anna", S. 15

Ben und Anna – zarte Gefühle und harte Konflikte

Eine fächerverbindende Unterrichtseinheit zu den Themen Liebe, Freundschaft und Gesundheit in Deutsch und Religion

Erinnern Sie sich an das erste Mal, als Sie verliebt waren? An die Versuche, das interessante Mädchen aus der Nachbarschaft oder einen der Jungen aus der eigenen Klasse auf sich aufmerksam zu machen? An die Aufregung vor der ersten Verabredung und die Unsicherheit vor dem ersten Kuss? Die Annäherung an das andere Geschlecht ist mit vielerlei Hürden verbunden. Und in keiner Lebensphase sind die Gefühle von Vorfreude, Verunsicherung, von Glück und Harmonie, aber auch von Enttäuschung oder Eifersucht so intensiv wie im Kindes- und Jugendalter.

Die Erfahrungen bei den ersten Freundschaften zwischen Jungen und Mädchen prägen das weitere Beziehungsverhalten zum anderen Geschlecht. In dieser Phase fühlen sich Jungen und Mädchen oftmals von den Erwachsenen unverstanden und mit ihrem Verhalten nicht akzeptiert. Denn „manchmal sagen Erwachsene zu Kindern: Ihr könnt noch gar nicht wissen, was Liebe ist. Das weiß man erst, wenn man groß ist. Dann haben die Eltern eine Menge vergessen, wollen nicht mit euch reden oder stellen sich dumm." (Peter Härtling)

Kinder- und Jugendbücher, in denen die Themen „Liebe und Freundschaft" und „Ich in der Gruppe" behandelt werden, stellen deshalb einen wesentlichen Ansatzpunkt für Gesundheitsförderung dar. Peter Härtlings Roman „Ben liebt Anna" bietet sich hierfür an: Packend und humorvoll erzählt, regt diese Liebesgeschichte Jungen und Mädchen gleichermaßen an, über ihre Erlebnisse, Wünsche und Hemmungen zu sprechen.

Inhaltsangabe von „Ben liebt Anna"

Der 11-jährige Ben verteidigt Anna, die in Polen aufgewachsen ist und jetzt neu in die Klasse kommt, gegenüber den Beschimpfungen seiner Mitschüler. Dafür wird er von seinen Klassenkameraden verspottet, die Anna zunächst ablehnen. Auf dem Pausenhof kommt es wenig später zum Eklat: Ben wirft einen Tennisball auf Anna. Nach dem Ende der Pause entschuldigt er sich und gesteht ihr seine Zuneigung. Das Verhalten von Anna gibt ihm in der Folgezeit jedoch immer wieder Rätsel auf. Einerseits fühlen sich beide zueinander hingezogen, andererseits wissen sie nicht so recht, was sie miteinander anfangen sollen bzw. dürfen. Unfähig, mit jemand über seine Gefühle zu sprechen, wird Ben schließlich krank. Wieder genesen erfährt er, dass Annas Familie wegzieht. Die Verabschiedung fällt beiden schwer. Ob es ein Wiedersehen gibt, bleibt offen (der „Kinderroman" von Peter Härtling ist erstmals 1979 bei Beltz und Gelberg erschienen).

Die Geschichte von „Ben und Anna" ist roter Faden für unser Lese- und Rollenspielprojekt im Fach Deutsch (auch Religion) und umfasst ca. 16 Unterrichtsstunden. Die Vertrautheit und die Konflikte, die in der Liebesbeziehung zwischen Anna und Ben und in ihrer Umgebung entstehen, erlauben es den Schülerinnen, sich mit den handelnden Personen zu identifizieren und deren Verhalten auf die Situation in der eigenen Klasse zu übertragen.

Mit dieser Unterrichtseinheit wollen wir:

- die Kinder anregen, sich mit ihren Wünschen und Vorstellungen zur Freundschaft mit dem anderen Geschlecht zu beschäftigen und sich darüber auszutauschen;
- herausarbeiten, dass Jungen und Mädchen zum Teil unterschiedliche Gefühle und Wahrnehmungen haben und dass es immer wieder zu Missverständnissen und Kränkungen kommen kann;
- schrittweise eine Gesprächs- und Streitkultur zwischen Mädchen und Jungen aufbauen und ihnen zudem Möglichkeiten aufzeigen, erzählende Texte szenisch umzusetzen und mit Leben zu füllen.

In der ersten Hälfte dieser Unterrichtseinheit gehen wir schrittweise bis zu Kapitel 6 und erarbeiten den Inhalt mit Formen des darstellenden Spiels, Malens, Lesens. Dabei werden – z. T. in geschlechtsgetrennten Gruppen – diejenigen Fragen behandelt, die hinter der Geschichte stehen und die in der Schule häufig tabu sind: „Mit wem kann ich über meine Gefühle und Ängste reden, wen kann ich um Rat bitten?" – „Warum werde ich unsicher, wenn ich jemandem gefallen will?" – „Was mache

*Ein Mädchen
bereitet ihre Rolle
als „Anna" mit
Klassen-
kameradinnen
vor.*

ich, wenn ich mich nicht ernst genommen fühle?" – „Wieso sind manche erfolgreicher als andere?"

Im zweiten Projektabschnitt teilen wir die restlichen Kapitel des Buches unter den Schülerinnen auf. In 4–6 Unterrichtsstunden erarbeiten sie in Kleingruppen den Inhalt ihres jeweiligen Kapitels und wählen eine Darstellungsform zur Umsetzung, z. B. eine Pantomime, ein Schattenspiel, eine Abfolge von Dias oder ein Handpuppenspiel. Diese Ergebnisse werden in der Abschlussstunde präsentiert, welche mit einem Fest („Annas Abschied") ausklingt.

1. Baustein:
Anna kommt neu in die Klasse

Wir überraschen die Kinder, indem wir direkt in die Geschichte von „Ben und Anna" hineinspringen. Die Verbindung zwischen dem Buchinhalt und der Situation in der eigenen Klasse, zwischen Lesen, Spielen und Sprechen soll von Beginn an deutlich werden und Mädchen und Jungen gleichermaßen für das Thema „Liebe und Freundschaft" begeistern.

Vorspiel: Die Lehrerin spricht ein Kind an, das sie (unbemerkt von den anderen Schülern) in ein kurzes Rollenspiel eingewiesen hat: „Stefan, leg bitte dein Buch beiseite. Wir wollen anfangen, die anderen warten bereits!". Der Angesprochene kann sich von seinem Buch erst nach mehrmaliger Ermahnung losreißen, ja es gelingt ihm sogar, die Lehrerin für seine Lektüre derart zu begeistern, dass sie ihr eigentliches Vorhaben fast vergisst.

Gespräch: Die Leseerfahrungen der Schüler werden gesammelt: Ging es euch auch schon so, dass ihr ein Buch nicht weglegen konntet? Was, wann und wo lest ihr? Kennt ihr Bücher, die ihr vorher oder später als Film oder Theaterstück gesehen habt? Was gab es da für Unterschiede? Wir gehen auf die Vielzahl der Aufgaben und Rollen ein, die es am Theater gibt, und fragen, was die Kinder bisher an Stücken gesehen und drumherum erlebt haben. Wir kündigen unser Vorhaben an, mit ihnen ein Buch zu lesen und zum Leben zu erwecken ohne ihnen sogleich den Titel zu nennen.

Höflichkeit und Grobheit: Um für das nachfolgende Rollenspiel in Spiellaune zu kommen, gehen die Kinder paarweise zusammen und bitten sich wechselseitig „um einen Gefallen". Sie bemühen sich dabei, möglichst freundlich bzw. „honigsüß" zu sprechen. „Würdest du mir bitte dein Butterbrot schenken?" – „Aber klar doch, ich hätte dann gerne heute Nachmittag deinen Walkman ausgeliehen ..." – „Selbstverständlich, wenn du dafür deinem Nachbarn sagen könntest, er soll mir nicht immer mein Lineal wegnehmen ..." Im zweiten Durchgang beschimpfen sich die Kinder gegenseitig, wobei sie alle möglichen Begriffe (keine Fäkalsprache) benutzen dürfen. Die jeweils letzte Aussage des anderen wird als Frage wiederholt: „Du Hornochse!" – „Was, ich ein Hornochse? Du Schlaftablette!" – „Was, ich eine Schlaftablette? Du Käseomelett!" ...

Anna kommt: Ein Rollenspiel wird angekündigt, bei dem etwa die Hälfte der Kinder als Schüler und Schülerinnen der Klasse 4a mitspielen kann (Kapitel 2 aus „Ben liebt Anna"). Die Schauspieler sind vorher von der Lehrerin ausgesucht worden und erhalten jeweils eine Rollenkarte mit Anweisungen für ihr Verhalten in der Szene (siehe Kopiervorlage bei Arbeitsblatt 1 Seite 21). Die Lehrerin übernimmt darin die Rolle der Lehrkraft („Herr Seibmann").

Jeder Darsteller sucht sich eines der Kinder, die nicht in der Szene mitspielen, als Partner zur Vorbereitung der eigenen Rolle. Die Sitzordnung im Klassenzimmer der „4a" wird anhand von Namenskärtchen festgelegt. Vor Beginn wird der Ablauf der Szene (die nicht länger als 10-15 Minuten dauern sollte) für alle erklärt. Ein Wecker oder Gong, der von einem unbeteiligten Kind bedient wird, signalisiert die Pausenzeiten.

Die vier Stationen lauten:
a) Pause und freies Spielen der Schülerinnen im Klassenzimmer;
b) Die Lehrerin stellt Anna in der Klasse vor;
c) Pause mit dem Streit zwischen Ben und Katja wegen Anna;
d) Die Lehrerin kommt herein und trennt die streitenden Kinder.

Die Szene wird live gespielt, ohne dass sich die Darstellerinnen vorher absprechen können. Im Auswertungsgespräch werden anschließend die Gefühle der Spielenden und die Beobachtungen der Zuschauer wiedergegeben. Wie war das für dich als Darstellerin der Anna, in die Klasse neu reinzukommen und von den meisten Mitschülern beschimpft zu werden? – Wie erging es dir in deiner Rolle als Ben, als du sie verteidigen wolltest? – Was habt ihr als Zuschauer gesehen, und wer kennt vergleichbare Situationen?

Das Buch zur Szene: Erst jetzt wird das Buch „Ben liebt Anna" an die Kinder ausgeteilt. Gemeinsam lesen wir die soeben gespielte Szene und vergleichen: Wie hat Peter Härtling diese Szene beschrieben? Was war bei uns anders? Wenn die Kinder es wünschen, wird das Rollenspiel mit anderen Darstellern wiederholt.

2. Baustein:
Verliebt und nicht ernst genommen

Der Dialog von „Ben und Holger" (1. Kapitel im Buch) wirft die Frage auf, wie es ist, wenn man sich vom anderen nicht ernst genommen fühlt. In Gespräch und Rollenspiel ermuntern wir die Mädchen und Jungen, ähnliche Situationen in ihrem Alltag aufzuspüren und Reaktionsmöglichkeiten auszuprobieren.

Schülerin als
„Anna"

Ben und Holger: Nachdem der Dialog zwischen den beiden Jungen mehrmals in der Klasse gelesen worden ist, spielen zwei Kinder das Gespräch zwischen Ben und Holger, seinem älteren Bruder. Der Lehrer unterstützt durch Handlungsanweisungen, wenn die Szene ins Stocken gerät: „Holger kommt rein und hilft bei den Matheaufgaben ... Dann fragt Ben leise ...“ Die Szene wird von anderen Paaren wiederholt, um unterschiedliche Varianten zu erleben.

Unter uns: In getrennten Gruppen sprechen Jungen und Mädchen (soweit möglich, mit je einem Erwachsenen) über die Gefühle des „Verliebtseins“ und über Situationen, in denen sie sich nicht ernst genommen fühlen. Vorab werden Regeln vereinbart: Jeder spricht nur für sich; niemand wird ausgelacht. Was wir hier besprechen, bleibt unter uns! Durch Fragen wie – Wem vertraut ihr ein Geheimnis an? Wer tröstet euch am besten? Wie würdet ihr ein solches Geständnis von euren Geschwistern aufnehmen? – sind die Kinder motiviert, eigene Erlebnisse zu schildern.

Nimm mich ernst. Nun schreiben die einzelnen Mädchen und Jungen eine Geschichte aus ihrem Alltag mit dem Titel: „Nimm mich ernst!“. Diese Texte werden vom Lehrer als „Briefträger“ eingesammelt und in der eigenen Geschlechtsgruppe vorgelesen und besprochen. „Mein Vater sagt mir, ich soll mich nicht so anstellen, wenn er stundenlang wandern will ...“; „Meine Schwester nimmt sich

einfach meine CDs und geht damit zu Freunden, ohne mich zu fragen ...“.

Je nach Gruppengröße bei Mädchen und Jungen werden ca. 3 Geschichten ausgewählt und dort als Szenen geprobt. Nach deren Aufführung in der eigenen Gruppe wählen sie eine dieser Szenen aus, die sie zum Abschluss der anderen Geschlechtsgruppe vorspielen wollen.

Hausaufgabe:
Die Kinder malen eine Comic-Bildergeschichte zur Schulhofszene im 2. Kapitel.

3. Baustein:
Auf dem Schulhof ist 'ne Menge los!

Die Schulhofszene (im zweiten Kapitel von „Ben liebt Anna" beschrieben) ermöglicht die spielerische Auseinandersetzung mit den Themen „Streit in der Gruppe" und „Umgang mit ambivalenten Gefühlen". Im Rollenspiel erleben die Schüler hautnah, wie Ben zwischen Ablehnung und Annäherung in seinem Verhalten zu Anna hin- und herschwankt.

Bildergalerie: Die Comic-Geschichten, die die Kinder zu dem Konflikt auf dem Schulhof als Hausaufgabe gemalt haben, liegen auf Tischen aus. Alle dürfen einen Klebepunkt verteilen, um eine besonders illustrative Zeichnung auszuwählen und zur Spielvorlage für die folgende Szene zu bestimmen. Der solchermaßen prämierte Künstler zeigt nacheinander auf die einzelnen Bilder der eigenen Zeichnung, ruft jeweils einen Mitschüler auf, der den Inhalt beschreiben muss. Auf diese Weise rekonstruiert die Klasse das inhaltliche Gerüst der Schulhofszene.

Auf dem Schulhof: Zur genauen Erfassung der Abfolge der Dialoge und Handlungen lesen wir die Szene, wie sie Härtling geschrieben hat und lassen sie anschließend von sechs Kindern spielen. Im Wechsel suchen sich Mädchen und Jungen, die teilnehmen wollen, eine von sechs Rollen aus (Ben, Bernhard, Michael, Regine, Anna oder Gesine). Ein Kind beginnt und bestimmt den nächsten Mitspieler des anderen Geschlechts durch Zuwerfen eines Wollsockens.

Heute gehe ich zu Caroline ich will sie in mein Geheimnis einweihen. Aber ich habe Angst das ich nicht ernst gehnommen werde. Endlich gehe ich los. Als ich bei ihr ankomme wollte ich es ihr gar nicht mehr sagen aber dann fragte sie; sollen wir Dirti-tanzing schauen ich habe es auf Didio. Ich dachte es ist ein liebes Film das Bet. Also fragte ich „Was warst du schön mal verliebt? Caro: Ich glaube du spinnst. Sie erwiederte darauf „Du bist so gemein.

Ende

Die Szene wird nun ohne Probe vor der Klasse gespielt. Wenn die Lehrerin „Stop" ruft, frieren die Akteure jeweils ein, registrieren ihre Haltung und sagen, was ihnen gerade durch den Kopf geht. Z. B.: Wieso steht die Anna da so blöd in der Ecke rum? – Klasse, der Ben hat es aufgegeben, sich für Anna einzusetzen.

Die Lehrerin gibt dann eine Anweisung, die die Kinder sogleich umsetzen: Gleich findet ihr den Tennisball. – Wenn der Ben den Ball das nächste Mal gefangen hat, wirft er ihn auf Anna, ohne sie jedoch wirklich zu treffen!

Nach dem Pausenende (Klingeln eines Weckers) gehen die Darsteller von Bernhard, Michael, Regine und Gesine auf die Seite. „Ben" entschuldigt sich bei „Anna" und sagt ihr, dass er sie mag, was er sogleich bereut ...

Nachbetrachtung: Paarweise notieren die zuschauenden Kinder alle Beobachtungen zu den Darstellern. Diese Aussagen halten wir an der Tafel oder auf Plakaten fest: etwa: „Anna würde gerne mitspielen, traut sich aber nicht"; "Regine war ratlos"; „Bernhard ist gemein"; „Ben hätte ihn am liebsten geschlagen". Je nach Verlauf des Gesprächs und der Stimmung in der Klasse bietet es sich an, die Kinder auf ähnliche Situationen in ihrer Klasse anzusprechen oder die Szene erneut – diesmal ohne Unterbrechung – spielen zu lassen. Wer will, kann anschließend mit einem Mikrophon Fragen an die Darsteller richten: Etwa an „Michael": War das gerade besonders aufregend für dich? Warum hast du Anna nicht verteidigt? An „Anna": Warum versuchst du nicht, bei den anderen mitzuspielen? Oder an „Ben": Hattest du gerade Herzklopfen?

Zum Ausklang spielen wir das Lied „Verdammt, ich lieb dich" von Matthias Reim vor.

4. Baustein:
Zu Besuch bei Ben und Anna

Das Thema „Familie" steht im Mittelpunkt, wenn wir uns mit den nächsten drei Kapiteln beschäftigen. Kinder, die bislang zurückhaltend beim Rollenspiel waren, können sich eine von mehreren Aufgaben heraussuchen, die in Verbindung mit der Arbeit am Buchtext stehen.

Kinder beim Tennisball-Rollenspiel

Ja-Nein-Spiel. In Vierergruppen müssen sich die Kinder entscheiden, welche von 10 Aussagen zum Kapitel „Warum Bernhard mit dem Hintern heult" richtig sind. Die Fragen lauten beispielsweise: Stimmt es, dass Bens Vater Installateur ist? Stimmt es, dass Michael sagt: Ich finde die Anna doch gut? Oder stimmt es, dass Anna nach der Stunde mit Regine kichernd an Ben vorbeiging? Nach kurzer Beratung, doch ohne ins Buch zu schauen, schreiben die Gruppen nach jeder Frage ihr Votum (Ja/Nein) an die Tafel. Nach der Auflösung lesen wir bis Kapitel fünf („Wo Anna wohnt").

Familienleben. Die Klasse wird geteilt – diejenigen, die von Januar bis Juni geboren worden sind, bilden eine Gruppe und be-

*Ben und Anna –
zarte Gefühle und
harte Konflikte*

schäftigen sich mit der Familie von „Ben". Die Geburtstagskinder der 2. Jahreshälfte erhalten den Auftrag, sich auf Annas Familie zu konzentrieren.

Jede Familiengruppe hat arbeitsteilig drei Aufgaben zu erledigen, welche auf Karteikarten notiert sind. Entsprechend werden in beiden Klassenhälften die drei Kleingruppen „Malen", „Informieren" oder „Rätselfragen" gebildet. Die einzelnen Kinder entscheiden sich nach Interesse und Sympathie für die Aufgabe bzw. Kleingruppe, um dort

- möglichst viele Informationen aus dem Buchtext über die entsprechende Familie zusammenzutragen und auf ein Plakat zu schreiben;
- das Zimmer und die Räumlichkeiten zu malen, in denen „Ben" bzw. „Anna" wohnen, mitsamt einigen Einrichtungsgegenständen, die die Schülerinnen darin vermuten;
- Fragen zum Text zu formulieren, die das „Ja-Nein-Spiel" (siehe oben) fortsetzen und anschließend aus dem Stegreif von der anderen Familiengruppe beantwortet werden müssen.

Im Wechsel präsentieren die 6 Teilgruppen ihre Ergebnisse von Textarbeit, Zeichnungen und Ratequiz. An der Tafel werden die Merkmale beider Familien hinsichtlich Größe, Gewohnheiten usw. festgehalten.

*„Ben" als Sieger
auf den Schultern
der anderen*

Standogramm: Zum Abschluss wollen wir von den Kindern wissen: In welcher Familie könntet ihr euch vorstellen, eine Woche mitzuleben – eher bei Ben oder bei Anna? – In welcher

Familie gibt es vermutlich häufiger Streit? – In welcher Familie geht es lustiger zu? Je nach Einschätzung stellen sich die einzelnen Kinder zwischen den gegenüberliegenden Raumseiten des Klassenzimmers auf. Eine Wand steht für das Zuhause von Bens Familie, die andere für Annas Zuhause. Mit einem „Mikrophon" fragt die Lehrerin einzelne Kinder nach ihrer Begründung für die getroffene Wahl.

5. Baustein:
Einmal vor den Augen der anderen glänzen

In Einklang mit dem Inhalt des 6. Kapitels („Ben schreibt an Anna") gehen wir im ersten Teil dieser (Doppel-) Stunde auf den Sportplatz oder in die Turnhalle. Ein Völkerballspiel dient als Anlass, um mit den Schülern über die Wünsche und Tricks zu sprechen, jemanden zu beeindrucken, den man besonders mag.

Nummernfangen: Innerhalb der Markierungen eines Volleyballfelds spielen wir eine Variante des klassischen Fangspiels, bei dem es auch auf gutes Zuhören ankommt. Es wird durchgezählt. Jedes Kind erhält eine Nummer bis zur Gruppengröße. Eine Freiwillige wird zur Ausruferin. In unregelmäßigen Abständen ruft sie eine Zahl und bestimmt dadurch den neuen Fänger, der versucht, andere Kinder abzuschlagen. Wer abgeschlagen wurde, muss laut das Alphabet sprechen, bevor er weitermachen darf. Beim Ruf „100" müssen alle stehen bleiben. Wer sich als letztes bewegt, wird neuer Ausrufer. Zur Steigerung werden zwei, dann drei Nummern durcheinander gerufen, die alle gleichzeitig fangen, zuletzt vom Lehrer: „1000", d. h. „Ende".

Wettkampfzeit: Anstelle von Fußball (wie im Buch von Peter Härtling, wo sich die Rolle der Mädchen auf das Zuschauen beschränkt) folgt ein Völkerballspiel – gemischtgeschlechtlich, mit Schiedsrichter und nach klassischen Regeln. Getrennt in Jungen- und Mädchengruppe besprechen wir den Verlauf des Spiels: Wie ging das mit Jungen und Mädchen zusammen in einem Team? Wer war besonders gut, d. h. erfolgreich als Werferin oder wendig als Gejagter? Wer hat anderen gehol-

fen, wer eigensinnig gespielt und es eigentlich zu ernst genommen?

Sport, Spiel und Buch: Zurückgekehrt ins Klassenzimmer liest der Lehrer das Kapitel „Ben schreibt an Anna" vor. Die Fragen: Warum will Ben es besonders gut machen? Und wieso zeigt sich Anna davon nicht beeindruckt? leiten das Gespräch ein, das nun in den beiden Geschlechtsgruppen fortgesetzt wird und sich um die persönlichen Erfahrungen der Mädchen und Jungen dreht: „Was sind eure Tricks, um einem Mädchen zu gefallen? Wie ist das Gefühl, wenn man im Sportwettkampf erfolgreich ist und wie, wenn man versagt hat und von den anderen ausgelacht wird? Was möchtet ihr dann am liebsten tun?"

Konflikte beilegen: Die Kinder schreiben einen Brief an jemand, über den sie sich in der letzten Zeit geärgert haben. Die Briefe der Kinder werden von einem „Briefträger" eingesammelt und getrennt bei Mädchen und Jungen vorgelesen. Die anderen Kinder machen Vorschläge, was der Einzelne tun kann, um eine Lösung herbeizuführen. Sofern sich Briefe auf das Klima in der Klasse beziehen und alle Beteiligten bereit sind, bieten wir an, über die angesprochenen Konflikte zu reden und im Rollenspiel Alternativen auszuprobieren.

Videofilm: Zum Abschluss dieser ersten Unterrichtsphase zeigen wir den Kindern den Videofilm „Ben liebt Anna", den wir 1992 mit Mädchen und Jungen einer Tübinger Realschule gedreht haben (Der Film – Dauer: 16 Minuten – ist kostenlos bei Kreisbildstellen erhältlich).

6. Baustein:
Wir gestalten die Geschichte von Ben und Anna neu

Es ist die Aufgabe der Kinder, die Kapitel 7-14 des Buches in Gruppen zu bearbeiten und sie bei einer Abschlussaufführung zu präsentieren. Wie sie es tun, bleibt den Gruppen überlassen. Am Ende sollten alle den Verlauf der Geschichte von Ben und Anna kennen.

Peter Härtling im Gespräch mit „Ben" und „Anna" bei der Filmpremiere; Landestheater Tübingen, 1992

Suchspiel: Paarweise ziehen die Kinder einen Textabschnitt, der aus den restlichen Kapiteln kopiert und ausgeschnitten ist, aus einem Hut. Sie lesen den Abschnitt, suchen das entsprechende Kapitel im Buch und schreiben dessen Überschrift in Großbuchstaben an die Tafel.

Gruppenbildung. Der Lehrer: Wie können wir in der Klasse acht Gruppen bilden, die je ein Kapitel bearbeiten und uns in der nächsten Woche vorstellen, so dass alle zufrieden und arbeitsfähig sind und dass sich niemand abgelehnt fühlt?

Wird über diese Frage keine schnelle Einigung erzielt, schlägt der Lehrer vor, acht Stühle vor die Tafel zu stellen und an jeden Stuhl einen Kapitelnamen (auf einem Papierstreifen notiert) zu befestigen. Dazu schreibt er – je nach Umfang der einzelnen Kapitel – Zahlen von drei bis sechs, welche der Schülergesamtzahl entsprechen („Ben macht sich schön" braucht zwei bis drei Mitspieler, „Die zweite Zeile" hingegen etwa fünf).

Er gibt kurz einen Überblick über den Inhalt der einzelnen Kapitel und deutet an, welche Darstellungsformen sich hierfür besonders eignen (Hörspiel, bemalte Diaserie, Rollenspiel usw.).

Die Kinder können sich nun auf die Stühle vor die Tafel setzen, umhergehen und sich untereinander verständigen, mit wem sie welches Kapitel bearbeiten möchten, ob sie eher Lust haben auf Theater, Hörspiel usw. Der Prozess ist abgeschlossen, wenn alle Stühle mit der genannten Personenzahl besetzt sind.

*Ben und Anna –
zarte Gefühle und
harte Konflikte*

Gruppenregeln: Bevor sich die Arbeitsgruppen über den Inhalt und die interessanten Aspekte ihres Kapitels verständigen (siehe Arbeitsblatt 2 Seiten 22/23), werden Leitsätze für die Zusammenarbeit aufgestellt. Auf Zuruf der Kinder schreiben wir beispielsweise auf ein Plakat: Lass die anderen erst einmal ausreden! Es soll nicht einer alles bestimmen. Wer faul ist oder die anderen stört, kriegt die gelbe Karte! Jeder soll Ideen ausprobieren dürfen! Mit Klebepunkten markiert jedes Kind die zwei Regeln, die es für die wichtigsten hält.

Gruppenarbeit: Die Kleingruppen nutzen die folgenden 2–4 Stunden (teilweise auch ihre Freizeit), um Dialoge zu schreiben, Requisiten zu besorgen, Dias, Folien oder Stofftücher zu bemalen. Die Lehrerin klärt ab, welche Räume und Nischen im Schulgebäude hierzu verfügbar sind, stellt benötigte Materialien bereit und gibt Hilfestellung, wenn in Gruppen Probleme auftreten oder wenn die Darstellungsform zu kompliziert erscheint. Am Ende der zweiten Projektstunde erfolgt ein kurzes „Blitzlicht" aus den Gruppen: Wie weit seid ihr gekommen? Wollt ihr uns schon was verraten?

Zu Beginn der vierten Projektstunde legen wir die Reihenfolge und den Rahmen des Aufführungsprogramms fest und klären, wer Getränke und Speisen für die anschließende Premierenfeier mitbringt.

*Kinder bei der
Probe für ein
Rollenspiel*

Annas Fest: In der Abschlussstunde stellen die Gruppen ihr Kapitel in der Reihenfolge des

Buchs vor. Jeder Beitrag erhält Beifall, die Umbauten erfolgen zügig. Als Überraschung treten nach dem letzten Kapitel „Peter Härtling" und „Anna" (zwei Erwachsene) auf. Sie beschwert sich beim Autor über das traurige Ende der Geschichte, da sie nicht einsieht, weshalb ihre Familie nach Hamburg wegziehen muss. Daraufhin fragt „Härtling" die Kinder, wie sie sich das Ende gewünscht hätten und was er bei einem Fortsetzungsroman anders machen könnte. Im lockeren Gespräch entwickelt er nochmals den Verlauf und die Themen des Buches mit allen Schülern bis hin zur Schlussfrage: Was hat eigentlich Liebe mit Gesundheit zu tun? Danach ist es Zeit für die Party.

Erfahrungen

In allen Klassen sind sowohl die Geschichte als auch die Vorgehensweise auf großes Interesse bei Mädchen und Jungen gestoßen. Es ist ein zentrales Bedürfnis von ihnen, sich über Freundschaft und Liebe auszutauschen, selbst wenn sie anfangs in einer widersprüchlichen Mischung aus Neugier und Abwehr reagieren.

Die spielerische Erarbeitung der ersten beiden Buchkapitel sehen wir als nahezu unverzichtbar an, wenn das Buch mit Methoden des Rollenspiels erarbeitet werden soll. Während sich die Kinder später ihre Rollen selbst aussuchen können, erfolgt die Auswahl der Darsteller in der ersten Spielsequenz „Anna kommt neu in die Klasse" durch die Lehrerin. Denn ein „Ben"-Darsteller, der sich nur halbherzig an die Rollenvorgabe hält und herumalbert, anstatt auf „Katja" loszugehen, kann die Szene kippen. Auch muss klargestellt werden, dass die Kinder nicht sich selbst, sondern eine Rolle spielen. Die Darstellerin von „Anna" sollte stabil sein, um sich gegen bissige Kommentare wehren zu können. Das Hineinspringen in die Geschichte, ohne den Hintergrund des Buches zu kennen, baut Spannung, Neugier und Präsenz bei den Kindern auf: „Wie geht die Geschichte weiter? Was machen wir in der nächsten Stunde?"

Die Atmosphäre in den Spielszenen ist zumeist sehr dicht. Live mitzuerleben, wie Schüler aus der eigenen Klasse einen Konflikt und dann eine Liebesszene vorspielen, hält alle in Atem. Zugleich wird viel gelacht, da die Schüler sich und ihre Klassenkameraden in der Szene wiedererkennen. Manche Szenen sollten in wechselnder Besetzung wiederholt werden, um vielen Kindern diese Erfahrung zu ermöglichen und ihrer Spielfreude Raum zu geben. Die Offenheit und Ernsthaftigkeit, mit der nach einer solchen Spielszene diskutiert wird, ist erstaunlich. Umgekehrt soll bei den Kindern nicht das Gefühl aufkommen: „Jetzt müssen wir schon wieder über Liebe reden ...“

Das Gespräch in den Teilgruppen ist anfangs ungewohnt für alle – für Jungen und Mädchen wie für die Erwachsenen beiderlei Geschlechts. Die Mädchen schildern (und schreiben) häufig erlebte Ungerechtigkeiten in der Familie und Bevormundungen durch andere. Bei den Jungen geht es mehr um körperliche Auseinandersetzungen, bei denen sie den Kürzeren ziehen, und um den Konflikt, nicht zugeben zu dürfen, wenn man traurig ist. Die Stunde, die sich mit Bens Versagen beim Fußballspielen beschäftigt, und das körperliche Nacherleben im Völkerballspiel macht ihnen seine Enttäuschung wie seine Motivation verständlich, Anna einen Brief zu schreiben. Über den Umweg des Briefträgers wird es für die Kinder möglich, Konflikte innerhalb der Klasse anzusprechen.

Mit der Ankündigung des Abschlussfestes wird ein überschaubarer Endpunkt gesetzt, der viele Kinder motiviert, sich anzustrengen. Ihre Motivation – „Jetzt dürfen wir!“ – sollte nicht dadurch beeinträchtigt werden, dass sie mit ungeliebten Klassenkameraden zusammenarbeiten müssen. Hier sind die Lehrer aufgefordert, die Kinder bei der Gruppenbildung zu unterstützen. Die Gruppenregeln liefern ein Korsett, auf das sich alle beziehen können, wenn es Konflikte gibt, und sie erfüllen den Wunsch der Kinder nach klaren Strukturen, an die sich jeder halten muss.

Das Engagement und die Produktivität der Kinder bei dieser selbstständigen Arbeitsphase ist in allen drei Schularten stets beeindruckend gewesen. So schaffen es die Kinder, den Spannungsbogen und die Komik einer Szene in der Projektphase selbstständig herauszuarbeiten und ohne Längen vorzuführen.

Fazit: Sicherlich ist der Aufwand bei der erstmaligen Durchführung groß und erfordert viel Zeit und Energie bei den Erwachsenen. Wie uns die Kolleginnen versichern, liegt ihr Gewinn in der Lebendigkeit des Geschehens, im (Wieder-) Entdecken der Gefühle bei Kindern und in der Möglichkeit, die Dynamik in einer Schulklasse positiv zu beeinflussen.

Arbeitsblatt 1: „Anna kommt neu in die Klasse"

Anweisungen für die Darsteller im Rollenspiel

Hier stellen wir die Rollenanweisungen für die vier wichtigsten Darsteller vor. Die übrigen Mitspieler bekommen ähnliche Rollenkarten und sie können sich jeweils entscheiden, ob sie für Ben oder für Katja Partei ergreifen. (Diese Karten müssten von Ihnen vorbereitet werden.)

Sitzplan für die Darsteller in der Szene

Je nach Gruppengröße spielen 8–12 Kinder in folgenden Rollen mit:

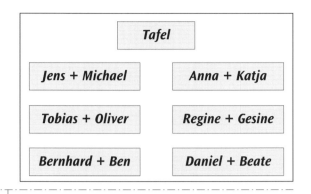

Tafel

Jens + Michael	Anna + Katja
Tobias + Oliver	Regine + Gesine
Bernhard + Ben	Daniel + Beate

Frau/Herr Seibmann

Sie sind die Lehrerin dieser Klasse. Bevor Sie das Klassenzimmer heute Morgen betreten, reden Sie mit Anna, die aus Polen stammt und jetzt neu in die Klasse kommt.

Nach dem Klingeln betreten Sie das Klassenzimmer, begrüßen Ihre Schüler und stellen Anna vor. Sie bitten die anderen Kinder, Anna freundlich aufzunehmen und weisen ihr den freien Platz neben Katja zu. Sie beginnen mit dem (Mathematik?) Unterricht, holen Schülerinnen an die Tafel usw.

Wenn Störungen in der Klasse auftreten, handeln Sie gemäß Ihrem normalen Unterrichtsstil.

Nach ca. fünf Minuten klingelt es zur Pause. Sie beenden den Unterricht und gehen auf die Seite (quasi ins Lehrerzimmer). Von dort beobachten Sie, was passiert. Sie greifen erst ein, wenn die Klingel (ein Wecker oder Gong) zur nächsten Stunde ertönt oder wenn der Streit zwischen Ben und Katja voll entbrannt ist. Sie rufen die Kinder zur Ordnung und halten eine kurze Ansprache.

Katja

Du bist die Katja, die gute Arbeiten schreibt und es nicht leiden kann, wenn andere so viel Quatsch machen. Ben geht dir oft auf die Nerven. Darin bist du dir mit deinen Freundinnen Gesine und Beate einig.

Dein Sitzplatz ist am Tisch vorne ganz rechts, dein linker Platz bleibt zunächst frei.

Anna, die neue Mitschülerin aus Polen, findest du wegen ihrer Herkunft und Kleidung blöd. Womöglich stinkt die auch, denkst du dir. Und dann sagt die Lehrerin, dass sich Anna ausgerechnet neben dich hinsetzen soll!

In der Unterrichtsstunde rückst du, soweit es geht, von Anna ab. Wenn die Lehrerin es nicht merkt, drehst du dich nach hinten um und tuschelst leise mit Gesine über Anna.

In der Pause machst du dich mit den anderen über Anna lustig und redest gemein über sie. Wenn Ben sie in Schutz nehmen will, rufst du ganz laut mehrmals in die Klasse: „Schaut mal, der Ben ist ja in die Anna verliebt!"

Anna

Du bist die Anna und gerade erst mit deiner Familie aus Polen nach Deutschland gekommen. Du hast eine altmodische Frisur und dein Kleid ist nicht mehr ganz modern.

Du sprichst genauso gut Deutsch wie alle andern, und du freust dich auf die neue Schule. Du hast aber auch etwas Angst, ob dich die anderen Kinder freundlich aufnehmen werden.

Mit deiner neuen Lehrerin gehst du in die Klasse und setzt dich auf den Platz, den sie dir zuweist. Du lässt dir nichts anmerken, wenn sich die anderen über dich lustig machen.

In der Pause schaust du, ob du lieber allein sein oder mit jemand von deinen Mitschülerinnen in Kontakt kommen möchtest. Einige schauen freundlich, andere reden gemein über dich. Verhalte dich so, wie du es in deiner Rolle für richtig hältst.

Ben

Du bist der Ben, ein Junge – ganz wie du selber –, der gerne draußen rumtobt, Computer spielt und vieles andere lieber tut, als in die Schule zu gehen.

Dein Sitzplatz ist am zweiten Tisch hinten links, auf der rechten Seite neben Bernhard.

Wenn Anna mit der Lehrerin in die Klasse kommt, bist du zuerst überrascht, weil sie etwas komisch aussieht. Doch irgendwie gefällt sie dir, weil sie anders ist als die Mädchen, die du sonst so kennst.

Das willst du natürlich niemand zeigen, doch in der Pause wirst du wütend, weil deine Klassenkameraden blöde Bemerkungen über Anna machen.

Du willst Anna in Schutz nehmen und wirst erst recht sauer, wenn Katja dich beschimpft und ruft: „Guck mal, der Ben liebt die Anna!" Daraufhin willst du auf Katja losgehen ...

© AOL Verlag · 77839 Lichtenau · Fon (07227) 9588-0 · Nr. A640

In unserer Gruppe machen mit:

....

....

....

....

....

Unser Kapitel heißt:

....

....

Folgende Personen spielen im Kapitel mit:

....

....

....

In diesem Kapitel passiert/wird beschrieben wie ...

....

....

....

....

Für uns ist in diesem Kapitel das Wichtigste:

....

....

....

....

....

....

© AOL Verlag · 77839 Lichtenau · Fon (07227) 9588-0 · Nr. A640

Arbeitsblatt 2b:

Diese Sätze aus dem Kapitel geben gut wieder, was Ben und Anna fühlen, denken oder tun:

....

....

....

....

Uns gefällt das Kapitel, weil

....

....

....

Um den Klassenkameraden das Kapitel vorzustellen, fallen uns folgende Möglichkeiten ein:

....

....

....

Wir wählen als Darstellungsform:

....

....

....

Wir brauchen dazu an Materialien:

....

....

....

Unsere Rollen- und Aufgabenverteilung lautet:

....

....

....

© AOL Verlag · 77839 Lichtenau · Fon (07227) 9588-0 · Nr. A640

Eure Meinung zählt!

In den letzten Wochen haben wir das Buch „Ben liebt Anna" von Peter Härtling zusammen gelesen und besprochen. Auch haben wir manche kleine Theaterszene gespielt, wie sie im Buch stand oder wie ihr sie euch ausgedacht habt. Nun möchten wir gerne von dir wissen, wie es dir gefallen hat und was du vielleicht dabei gelernt hast. Bitte mache bei der Zahl ein Kreuz, wo es für dich am besten zutrifft.

Mein Name:

....

A. Ich habe im Deutsch-projekt mitgemacht:

1	2	3	4	5
sehr gern	gern	mittel	ungern	sehr ungern

B. Das Buch von Peter Härtling finde ich:

1	2	3	4	5
sehr gut	gut	mittel	schlecht	sehr schlecht

Warum?

....

....

....

....

C. Welche Themen fandest du besonders interessant oder spannend? Kreuze die vier Zeilen an, in denen sie genannt werden.

a) ☐ wie Anna neu in die Klasse kommt und von den anderen abgelehnt wird

b) ☐ den Streit zwischen Ben und Katja

c) ☐ die Beziehung zwischen Ben und Holger

d) ☐ Bens Wurf mit dem Tennisball und sein Gespräch mit Anna

e) ☐ das Familienleben bei Ben

f) ☐ der Besuch von Ben und das Familienleben bei Anna

g) ☐ das Fußballspiel

h) ☐ den Brief von Ben und Annas Antwort

i) ☐ die Streiche von Ben mit/gegen Bernhard

j) ☐ den Beginn der Freundschaft zwischen Ben und Anna

k) ☐ Ben und Anna beim Baden

l) ☐ Bens Krankheit

m) ☐ der Abschied von Ben und Anna

© AOL Verlag · 77839 Lichtenau · Fon (07227) 9588-0 · Nr. A640

D. Dass wir häufig kleine Theaterszenen gespielt haben, fand ich:

1	2	3	4	5
sehr gut	gut	mittel	schlecht	sehr schlecht

E. In meiner Gruppe lief die Zusammenarbeit (Ideen sammeln, proben, spielen):

1	2	3	4	5
sehr gut	gut	mittel	schlecht	sehr schlecht

F. Ich kann in der Klasse gut zusammenarbeiten mit:

1	2	3	4	5
allen	vielen	der Hälfte	einem Teil	wenigen

G. Das Verhältnis zwischen Jungen und Mädchen in unserer Klasse ist zur Zeit:

1	2	3	4	5
sehr gut	gut	mittel	schlecht	sehr schlecht

H. Was hat dieses Deutschprojekt und das Thema „Liebe" für dich mit Gesundheit zu tun?

....

....

....

....

....

I. Ich habe in diesen vier Wochen gelernt:

1	2	3	4	5
sehr viel	viel	geht so	wenig	nichts

Was?

....

....

....

....

....

Was wäre, wenn ...

Eine fächerverbindende Unterrichtseinheit zum Thema Glück und Unglück für Religion, Ethik, Deutsch und Kunst

Im beginnenden Jugendalter stellen Mädchen und Jungen zunehmend existenzielle Fragen: Wer ist verantwortlich für mein Glück? Was macht mich glücklich? Welche Perspektiven, Träume, Ideen habe ich und wie kann ich sie verwirklichen? Eng verknüpft sind damit die Fragen nach dem eigenen Wohlbefinden, den eigenen Fähigkeiten und dem Aushalten von Schwächen und Frustrationen. Mit sich bewusst umgehen zu lernen, zu spüren, dass Träume und Ideale wichtig sind, dass aber auch Schwierigkeiten und Probleme zum Leben gehören und nach Auseinandersetzung verlangen, sind wesentliche Ziele dieser Einheit.

Wir wollen in dieser Einheit mit den Kindern den Polaritäten von positiven und negativen Erfahrungen nachspüren. Dabei wollen wir auch die Angst vor Negativem aufgreifen und Tabus ansprechen, um die Schülerinnen und Schüler in der Auseinandersetzung damit zu unterstützen und zu signalisieren, dass die „dunklen" Seiten des Lebens nicht versteckt werden müssen. Erster Schritt dazu ist die Auseinandersetzung mit sich selbst, mit den eigenen Stärken und Schwächen, um zu spüren, dass jeder Mensch besondere Fähigkeiten hat, aber auch mit Fehlern und Unsicherheiten zurechtkommen muss. Vertrauen zueinander als Grundstock, um gemeinsam mit Schwierigkeiten umzugehen, soll für die Kinder als wesentlicher Aspekt erkennbar werden. Denn nur zusammen mit anderen ist „Wohlbefinden" erreichbar.

„Wer im Glück ist, der lerne den Schmerz" (Schiller). Im zweiten Teil der Einheit greifen wir ein Thema auf, das die „dunkle Seite" des Lebens anspricht: Krankheit bei Kindern. Für viele Kinder sind die schweren Krankheiten unserer Zeit wie Aids und Krebs etwas, das als diffuse Angst über ihnen schwebt. Wir wollen ihnen Möglichkeiten bieten, darüber zu sprechen, Informationen zu sammeln und sich mit ihren Ängsten und Sorgen nicht alleine zu fühlen. Durch Texte aus dem Buch „Tränen im Regenbogen" der Tübinger Universitätskinderklinik, Gespräche mit Mitarbeiterinnen einer Klinik und Gespräche über eigene Krankheitserfahrungen versuchen wir, Einbeziehung und Auseinandersetzung statt Verdrängung zu ermöglichen. Denn Erfahrungen mit Krankheiten, die lebensbedrohlich sind, die starke Einschränkungen mit sich bringen oder die Angst machen, haben alle Kinder an sich selbst erlebt, in ihrer Familie oder im Freundeskreis, sei es Neurodermitis, chronische Bronchitis, Allergien, Migräne oder Krebs, Schlaganfall und Behinderung.

Ziel ist es, durch Methoden und Angebote für die Schülerinnen und Schüler einen Raum zu eröffnen, wo sie sich sicher fühlen, in dem sie Platz für ihre Fragen, ihre Vorstellungen und ihre Zweifel finden, und wir wollen sie bei der Auseinandersetzung damit begleiten. Dazu gehört für uns, dass nicht nur über Sprache und „ernsthaftes Gespräch", sondern auch über vielfältige spielerische Methoden, über Malen und Musik, Kooperationsübungen und

Bewegung ein Zugang geboten wird. Das Angebot, mit Experten aus dem Klinikbereich zu sprechen, die authentische Erfahrungen mit schwer kranken Kindern und Jugendlichen haben und die sich nicht scheuen, auf schwierige Fragen einzugehen, ist für die Jugendlichen eine beeindruckende Erfahrung, die diesen Prozess vertieft.

Mit dieser Einheit wollen wir den Kindern Orientierungshilfen bei der schwierigen Gratwanderung zwischen der Vorstellung: „Glück ist ein Geschenk" und der Volksweisheit „Jeder ist seines Glückes Schmied" geben. Die Kinder sollen spüren und erkennen, dass sie sehr wohl Einfluss und Gestaltungsmöglichkeiten haben, dass sie aber auch mit Enttäuschungen und Schwierigkeiten leben können und nicht zu fixiert auf eine Vorstellung von Glück sein dürfen, sondern sich immer wieder bewusst entscheiden müssen, wie sie ihr Leben gestalten.

Gedacht ist diese Einheit für die Altersgruppe der 10–14-jährigen, bei Älteren müssen manche Formen variiert werden. Jeder Baustein ist für 90 Minuten (eine Doppelstunde) konzipiert, lässt sich aber auch in Einzelstunden aufteilen, wenn das notwendig ist. Thematisch eignet sich die Einheit besonders für die Fächer Religion, Ethik und Deutsch, auch Kunst lässt sich einbeziehen.

1. Baustein: Wer bin ich?

In diesem ersten Baustein geht es um das differenzierte Erkennen und Formulieren von eigenen Stärken und Schwächen. Was kann ich gut? Wozu brauche ich Hilfe? Was mögen andere an mir? Was kann ich nicht? Was macht mich einmalig? Aber auch: Was stelle ich mir unter Glück vor, was ist für mich dabei besonders wichtig?

Lied: Das Bewegungslied: „If you´re happy and you know it ... clap your hands, stamp your feet, sniff your nose ..." wird gemeinsam, möglichst mit Gitarrenbegleitung, gelernt. Den Text bekommen die Kinder auf Liedzetteln; da sie meist gerade mit Englisch als erster Fremdsprache begonnen haben, ist die Sprache ein zusätzlicher Reiz. Melodie und Text finden Sie auf dem Arbeitsblatt 1, Seite 35.

Glückssymbole: Die Kinder sollen frei an die Tafel (oder bei großen Klassen auf Kärtchen, die dann an die Tafel geheftet werden) Symbole zeichnen, die sie mit „Glück" verbinden. Damit sind sowohl volkstümliche Symbole (Hufeisen, Schweinchen, Pfennig ...), als auch individuelle (ein Maskottchen, eine Sonne, eine Blume, ein Tier ...) gemeint.

Gespräch: Beim gemeinsamen Betrachten der Zeichnungen zeigen sich Unterschiede zwischen dem Verständnis von Glück: Geht es um „Glück haben" oder um „glücklich sein"? Für wen sind diese Symbole wichtige Hilfen? Was ist Aberglaube? Warum glauben Menschen daran? Was haben die Kinder selbst für Hilfsmittel in schwierigen, aufregenden Situationen? Wichtig ist, dass keine Aussage „verlacht" wird; deshalb sollten vorher Offenheit und Respekt voreinander vereinbart werden. Das Einführen von Gesprächsregeln – etwa der themenzentrierten Interaktion (TZI) nach Ruth Cohn (die Sie auf Seite 102 finden), wäre eine Möglichkeit, die Sie aber für die Kinder umformulieren müssen. Eine andere ist das Aufstellen von gemeinsamen Gesprächsregeln, die den Kindern selbst wichtig sind.

Steckbrief: Einzeln ergänzen die Kinder die Sätze eines Fragebogens zu den eigenen Stärken und Schwächen: Ich bin gut ...; Ich bin besonders ...; Nicht meine Stärke ist ...; Ich brauche Hilfe ...; Ich mag sehr ...; Ich kann nicht leiden ..., Meine Freunde mögen an mir ... Die Fragebögen werden **nicht** mit Namen versehen. Der Fragebogen ist abgedruckt als Arbeitsblatt 2 auf Seite 36.

Who is who: Die Steckbriefe werden eingesammelt, gemischt und dann einzeln von der Lehrerin vorgelesen. Nun darf die ganze Gruppe raten, auf wen diese Selbstbeschreibung zutreffen könnte. Bei einer großen Gruppe sind zwei Kleingruppen (nicht mehr als 16 Personen) zu empfehlen. Negative Kommentare sind nicht erlaubt!

Apfelspiel: In Gruppen bis zu 8 Kindern bekommt jeder einen Apfel, den er schweigend betasten und betrachten soll (u. U. zu leiser Musik). Nach 2 Minuten werden die Äpfel wieder eingesammelt und, während alle die Augen schließen, auf einer Decke ausgebreitet. Nun soll jeder versuchen, seinen Apfel wiederzufinden. Zuerst suchen die Kinder mit den Augen und nur, wenn sie ganz sicher sind, „ihren" Apfel erkannt zu haben, können sie nach ihm greifen. Woran erkennt man den eigenen Apfel, was macht ihn besonders? Jedes Kind kann die besondere Stelle seines Apfels zeigen. Als Überlegung gibt die Lehrerin ein: Was macht jeden von uns Menschen einzigartig und unverwechselbar? Die Schülerinnen und Schüler werden darüber nachdenken, ohne dass darüber gesprochen werden muss.

2. Baustein: Was tun, wenn ...?

Im zweiten Baustein geht es darum, den eigenen Entscheidungsspielräumen nachzuspüren: Wann kann ich selbst entscheiden? Nach was richte ich mich dann? Wie machen das andere? Durch spielerische Formen können die Kinder unterschiedliche Entscheidungen ausprobieren, deren Folgen besprechen und sie mit ihrem Alltag in Verbindung bringen. Je nachdem, wie intensiv die Klasse sich auf das Entscheidungsspiel einlässt, muss für diese Einheit mehr Zeit veranschlagt werden: Entweder stehen drei Stunden zur Verfügung oder die Einheit wird vor der Geschichte „Die Mutprobe" geteilt.

Großmutter, Löwe, Samurai: Da es bei diesem Spiel um schnelle Entscheidung geht, eignet es sich gut als Warming-up. Zwei Gruppen stehen sich gegenüber, jede Gruppe entscheidet schnell, als was ihre jeweilige Vertreterin erscheint: als Löwe, Großmutter oder Samurai. Auf ein Signal hin stellen die jeweils ausgewählten Personen gleichzeitig ihr Wesen pantomimisch dar. Nun „besiegt" der Samurai den Löwen, der Löwe frisst die Großmutter, der Samurai beugt sich der Großmutter. Die besiegte Figur wechselt zur anderen Gruppe über. Bei gleichen Figuren wird wiederholt. (Das Spiel ist angelehnt an „Papier, Stein, Schere".)

„Skrupel" in Kleingruppen: In Kleingruppen zu sechst erhalten die Kinder Entscheidungskarten aus dem Spiel „Skrupel" bzw. „Sensis" oder selbst hergestellte Spielkarten aus Pappe. Darauf stehen Fragen wie: Du wirst Zeugin bei einem Unfall, den dein Klassenlehrer verschuldet hat. Was tust du? Oder: Du bist pleite und hungrig. Klaust du dir etwas zu essen? Einem Kind wird diese Frage gestellt, es schreibt seine Antwort auf. Die anderen überlegen, was diese Person wohl antwortet und warum. Wenn sie sich als Gruppe einig sind, offenbart die gefragte Person ihre Antwort und begründet sie.

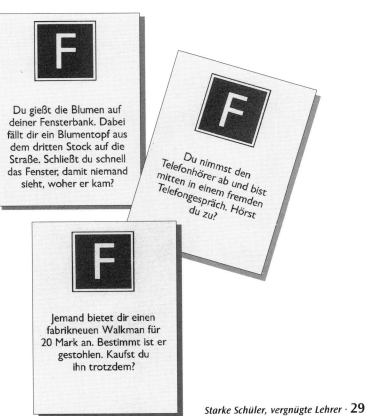

F

Du gießt die Blumen auf deiner Fensterbank. Dabei fällt dir ein Blumentopf aus dem dritten Stock auf die Straße. Schließt du schnell das Fenster, damit niemand sieht, woher er kam?

F

Du nimmst den Telefonhörer ab und bist mitten in einem fremden Telefongespräch. Hörst du zu?

F

Jemand bietet dir einen fabrikneuen Walkman für 20 Mark an. Bestimmt ist er gestohlen. Kaufst du ihn trotzdem?

Eigene Fragen stellen: Nach einigen Durchgängen erhalten die Gruppen drei leere Fragekärtchen, für die sie nun eigene Fragen überlegen, die mit „Ja" oder „Nein" beantwortbar sein müssen. Haben alle Gruppen ihre Karten beschriftet, werden diese in der Klasse vorgelesen und besprochen. Dabei können die Kinder per Handzeichen signalisieren, wie sie entscheiden würden. Eine andere Möglichkeit ist, dass die Kleingruppen ihre Fragen gegenseitig austauschen und die der anderen durchspielen.

Gespräch: Im anschließenden Gespräch wird zusammengetragen, wie die Einzelnen entscheiden, wie schwer oder leicht es ihnen gefallen ist und womit das zusammenhängt. Dabei können einzelne Fragen als kleine Szene nachgespielt werden, um die Auswirkungen von Entscheidungen zu verdeutlichen.

Geschichte „Die Mutprobe": Nun wird der Klasse die Geschichte „Die Mutprobe" aus dem Kursbuch Religion Klasse 7/8 vom Calwer Verlag vorgelesen. Darin geht es um eine Gruppe von Jugendlichen, die sich „die Adler" nennen und zu denen Georg gerne gehören möchte. Die Gruppe hat sich eine Mutprobe ausgedacht, um zu überprüfen, ob Georg zu ihnen gehören darf: Er soll der älteren Frau im Kiosk die Kasse klauen. Gelesen wird bis zu dem Abschnitt, an dem Georg die Chance hat, die Kasse relativ ungefährdet zu erwischen, sie aber nicht nimmt. Die Geschichte liegt dank der freundlichen Ab-

druckgenehmigung des Verlags als Arbeitsblatt 3 auf Seite 37 und 38 bei.

Rollenspiel: Jetzt werden Rollenkarten verteilt (jeweils in Fünfergruppen) und die Gruppen proben für sich, wie für sie die Geschichte weitergeht, wie Georg sein Verhalten erklärt und wie die Adler über seine Aufnahme entscheiden. Nach 10–15 Minuten werden die unterschiedlichen Lösungen vorgespielt – möglichst ohne Kommentierung. Entwürfe der Rollenkarten sind auf dem Arbeitsblatt 4, S. 39.

Gespräch: Im folgenden Gespräch geht es darum, die Unterschiedlichkeit von Entscheidungen zu erkennen und zu bemerken, dass es für jede Art von Entscheidung gute Gründe gibt. Den Kindern soll deutlich werden, dass es nicht nur „wahr" und „falsch" als Kriterium gibt, sondern dass viele Aspekte eine Rolle spielen.

Rest der Geschichte: Nun wird der Rest der Geschichte vorgelesen. Ist die Lösung realistisch und befriedigend? Gab es diese Lösung auch in den Rollenspielen?

Lied: Zum Schluss singen wir das Lied „If you´re happy" miteinander, das die Kinder zu Beginn dieser Unterrichtseinheit gelernt haben.

3. Baustein:
Lebenstraum und Lebensangst

Im Zentrum dieses Bausteins steht die Ambivalenz zwischen Lebensträumen und den Ängsten, die damit einhergehen. Durch sehr ruhige, sanfte Formen soll jedes Kind die Möglichkeit bekommen, sich auf sich selbst zu besinnen, den eigenen Gedanken und Gefühlen nachzuspüren und dadurch auch zu merken, dass Angst, Sorge und Zweifel zum Leben gehören und hier nicht tabuisiert werden.

Raum vorbereiten: Zuerst wird der Raum gemeinsam so hergerichtet, dass jedes Kind einen möglichst großen Platz für sich hat, auf den es Wasserfarben, ein Papier und Pinsel bereitlegt. Dann suchen sich alle einen Platz, an dem sie es bequem haben.

Entspannung: Die Kinder legen sich auf den Boden oder setzen sich ganz bequem an ihre Tische. Nun wird ihnen mit Anweisungen aus der progressiven Muskelentspannung nach Jacobsen die Möglichkeit zur Körperentspannung angeboten. Der ganze Körper wird durch Anspannung und Entspannung gelockert. Der Anweisungstext findet sich im Kapitel: „Was Lehrerinnen und Lehrer brauchen" S. 96.

Traumreise: Die Schülerinnen und Schüler bleiben entspannt liegen bzw. sitzen, die Lehrkraft erzählt nun eine Geschichte, der sie mit eigenen inneren Bildern folgen können. Beschrieben wird ein Weg, den sie gehen, ein Hügel, den sie ersteigen mit all den Pflanzen, Tieren, Geräuschen und Gerüchen, die sie dabei begleiten. Von dem Hügel können sie in ein Tal hinabsehen, in dem sie den Traum ihres Lebens erkennen, etwas, das sie sich für ihr Leben sehr wünschen. Dieses Bild sollen sie sich gut einprägen. Dann wenden sie sich zur anderen Seite des Hügels und sehen etwas, wovor sie große Angst haben in Bezug auf ihr weiteres Leben. Auch dieses Bild merken sie sich, sehen noch mal zu dem Wunschbild hinüber, bevor sie sich an den Abstieg machen, der wieder beschrieben wird. Dann kommen sie ins Klassenzimmer zurück.

Ob die Kinder dabei die Augen offen oder geschlossen halten, müssen sie selbst entscheiden. Wer den Worten nicht folgen kann, soll einfach „vor sich hindösen" und ausruhen; wer wirklich stört, soll draußen warten, bis die Traumreise zu Ende ist. Oft hilft es, unruhigen Kindern die Hand auf die Schulter zu legen oder dicht neben ihnen zu sitzen, um ihnen zur Ruhe zu verhelfen.

Malen: Ohne miteinander zu sprechen, beginnen die Kinder an den gerichteten Tischen zu malen. Sie sollen das Blatt durch einen Strich halbieren. Auf die eine Blattseite malen sie den Lebenswunsch, den sie gesehen haben, auf die andere die Lebensangst. Ruhige Musik unterstützt die Konzentration der Kinder. Wer fertig ist, kann auf ein zweites Blatt den Hügel malen, um die anderen nicht abzulenken.

Geteiltes Bild einer 5.-Klässlerin

Gespräch: Wenn alle fertig sind, gibt es eine kurze Bewegungspause, z.B. mit einem Softfrisbee, den sich die Kinder zuwerfen. Dann werden im Kreis alle Bilder gemeinsam betrachtet und von der jeweiligen Malerin erklärt. Die anderen fragen nach, versuchen zu verstehen, kommentieren aber nicht, wie sie das Gemalte finden. Anschließend können die Bilder aufgehängt werden.

Vertrauenskreis: Alle stehen in einem engen Kreis, ein Schüler darf in die Mitte. Er kann die Augen schließen, wenn er möchte, und wird nun sanft im Kreis herumgereicht, während er aufrecht bleibt und seine Füße in der Mitte stehen lässt. Die Regel, dass nicht geschubst, absichtlich verunsichert oder gealbert werden darf, wird vorgegeben.

4. Baustein:
Tränen im Regenbogen

Ausgehend von den Themen der Bilder, die die Kinder in der letzten Stunde gemalt haben, sprechen wir jetzt beispielhaft ein „Angst"-Thema an: schwere Krankheiten bei Kindern. Die Kinder und Jugendlichen (wie wohl auch Erwachsene) fragen sich, wie man mit einem solchen Schicksal leben kann. Ob man dabei dennoch glücklich sein kann? Welche Träume hat man und wie gehen die Betroffenen mit Trauer, Wut und Verzweiflung um? Wie könnte man selbst mit einem solchen Schicksal leben? Diesen oft tabuisierten Themen wollen wir Platz schaffen.

Assoziationsspiel: Im Kreis stehend oder von ihren Sitzplätzen aus werfen die Kinder kreuz und quer ein Wollknäuel. Wer es fängt, nennt einen Anlass für Freude und wirft das Knäuel weiter. Nach einer Weile wird ein Grund traurig zu sein genannt, dann nennen die Kinder beim Fangen Krankheiten und in der letzten Runde Hilfsmittel dagegen.

Texte aus „Tränen im Regenbogen": In Kleingruppen zu viert bekommen die Kinder Texte aus dem Buch der Tübinger Universitätskinderklinik, in denen Kinder ihre Krankheitserfahrungen beschreiben. Gemeinsam lesen sie diese, sprechen darüber und suchen die Worte heraus, die sie nicht kennen. Im Plenum stellen sie ihren Text vor und versuchen, die unklaren Begriffe zu klären. Arbeitsblatt 5 enthält eine Geschichte aus diesem Buch als Kopiervorlage auf Seite 40.

Fragen entwickeln: Nachdem alle Texte besprochen sind, wird ein Gast, der in der Kinderklinik mit lebensbedrohlich erkrankten Kindern arbeitet, zur nächsten Stunde angekündigt. Die Kleingruppen sammeln Fragen, die

ihnen wichtig erscheinen für dieses Gespräch. Dabei versuchen sie zu sortieren, welche Fragen medizinische Information verlangt, welche eher persönlichen Charakter hat und welche Bereiche noch vorkommen. Fragen sind beispielsweise: Ist Krebs ansteckend? Wie funktioniert Bestrahlung? Wie bekommen Kinder Krebs? Wie wird im Krankenhaus unterrichtet? Wie feiern die Kinder dort Geburtstag? Wie ist es, wenn jemand stirbt? Wer ist dann dabei?...

Gespräch über eigene Krankheitserfahrungen: Im Plenum wird nach eigenen Erfahrungen mit Krankheiten gefragt: Wer von euch war schon mal schlimm krank? Wer war schon im Krankenhaus? Wie hat sie oder er sich dort gefühlt? Wer hat eine Krankheit, die ihn einschränkt? Wie lässt sich damit umgehen und leben?

Abklopfen: Um sich nach diesem ernsten Gespräch zu entspannen, klopfen sich die Kinder zu zweit gegenseitig ab. Damit es der Partnerin gut tut, muss jede herausfinden, wie sanft oder kräftig das angenehm ist. Die „Geklopfte" sagt, ob stärker oder sanfter geklopft werden soll. Wer dies lieber alleine mag, kann sich auch selbst Beine, Hüften, Bauch und Arme abklopfen.

5. Baustein: Expertengespräch

Durch die Möglichkeit mit einer Fachkraft zu sprechen, die mit kranken Kindern lebt und arbeitet, werden die Fragen und Überlegungen der Kinder ernsthaft aufgenommen. Themen, über die meist geschwiegen wird, tabuisierte Themen, finden Platz in einem Gespräch mit Menschen, die aus eigener Erfahrung darüber sprechen.

Malen zu Texten oder Musik: Zu Beginn wird eine ruhige Einstimmung gewählt; die Kinder malen zu leiser Musik oder zu vorgelesenen Texten (z. B. aus „Lebenskandidaten") für sich. Entweder stellt man ihnen frei, wie sie malen, oder man schlägt vor, eine Farbe oder eine Form zu suchen, die zu dem Gehörten passt. Es ist wichtig, dass während des Hörens und nicht erst hinterher gemalt wird.

Bewahre dir immer ein Stück vom Regenbogen
auch wenn Schatten über deinem Leben aufziehen
und alles verdunkeln.
Bewahre dir immer ein Stück vom Regenbogen,
auch wenn der graue Nebel dich einhüllt
und du keinen Ausweg mehr erkennst.
Bewahre dir immer ein Stück vom Regenbogen,
denn irgendwo in deinem von Stürmen und Gewittern heimgesuchten Lebensmeer
wird sich eine stille Bucht finden,
in der du deinen Anker auswerfen kannst
und wieder Halt, Frieden und auch Freude finden wirst.
Deshalb höre nie auf, diesen Ort zu suchen.
Der Regenbogen wird dir den Weg weisen zu dieser Bucht,
die nur durch die Hoffnung zu erreichen ist.
Bea, 27.1.1992, entnommen aus "Lebenskandidaten", Attempto Verlag '94

Gespräch mit Klinikleuten: Eine Kliniklehrerin, ein Klinikseelsorger, eine Psychologin oder ein Sozialpädagoge aus der nächstgelegenen Kinderklinik setzt sich mit der Klasse zusammen, stellt sich und ihre Arbeit vor und geht dann auf die Fragen der Kinder ein. Es kann hilfreich sein, wenn die Fragen auf Papierstreifen stehen und an der Tafel hängen, so dass der Besuch einen Überblick bekommt. Die Gespräche können sehr unterschiedlich verlaufen, mal liegt der Schwerpunkt auf Fragen des Alltagslebens in der Klinik, z. B. wie der Schulalltag aussieht. Ein anderes Mal geht es um Fragen des Sterbens, wie Menschen das merken, wie man helfen kann und wie sich Einzelne den Tod vorstellen. Wichtig ist, dass von persönlichen Erfahrungen gesprochen wird und nicht nur von medizinischen Tatsachen. Dabei ist es gut, wenn die Lehrerin sich zurückhält und beobachtet, während die Klinikfachleute das Gespräch mit den Kindern führen.

Oft gestalten die Gäste den Stundenablauf mit eigenen Vorschlägen mit, weshalb ein Vorgespräch sinnvoll ist. Wichtig ist auch im Auge zu haben, welche Kinder eigene Betroffenheit mitbringen – durch Krankheits- oder Todesfälle in der Familie, im Freundeskreis oder durch eigene Krankheitserfahrungen.

Lied: Zum Abschluss ist es gut, wenn die Gruppe mit dem Gast etwas Gemeinsames tut. Das erlernte Lied „If you´re happy" bietet sich an, um es zusammen zu singen und dem Besuch beizubringen.

6. Baustein:
Wie wohl ist mir, wenn ...

Dieser letzte Baustein soll das bisher Erlebte und Gehörte zusammenführen und wieder zu dem eigenen Alltag der Kinder zurückführen. Sie sollen überlegen, was sie selbst brauchen, um mit Krankheiten und Unwohlsein umzugehen. Dabei können sie sich gegenseitig auf neue Ideen bringen und das Bewusstsein stärken, dass sie nicht nur hilflos ausgeliefert sind, dass aber umgekehrt auch Krankheiten und Unglücksfälle nicht nur Katastrophen sein müssen.

Wordpool „Was wäre wenn": Die Kinder stehen im Kreis. Auf eine von der Lehrerin gestellte Frage hin „werfen" diejenigen, denen etwas dazu einfällt, ihre Idee als Wort in die Mitte. Wenn die Vielfalt der Ideen erschöpft ist, wird eine neue Frage gestellt. Die Fragen beziehen sich auf Wunschvorstellungen der Kinder: Was würdest du mit 10.000 DM Lottogewinn machen? In welchem Land würdest du gerne ein Jahr leben? Wo oder wie wohnst du, wenn du groß bist?...

Hausbau aus Kärtchen: Einzeln überlegen die Kinder, was sie brauchen, wenn es ihnen schlecht geht, wenn sie sich unwohl fühlen und krank sind. Jedes Kind kann so viele Karten beschreiben, wie es möchte.

Anschließend werden die Kärtchen eingesammelt (bei großen Gruppen in zwei bis drei Kleingruppen) und sortiert. Dazu bekommt jede Gruppe ein großes Plakat, auf dem sie die Karten nach Zusammengehörigkeit bündelt:
z. B. Essen und Trinken; Medikamente; hilfreiche Dinge wie Kuscheltier, Cassettenrecorder, Wärmflasche oder Menschen wie Oma,

Mama, Freundin ... Jede Gruppe versucht nun, auf dem Plakat ein Haus aus diesen Kärtchen zu zeichnen bzw. zu bauen: Welche Gruppe könnte das Fundament bilden, welche Dinge gehören ins Erdgeschoss, z. B. in die Küche oder ins Wohnzimmer, welche Hilfen sind unterm Dach anzusiedeln? Dabei kleben sie die Karten auf und malen die Struktur des Hauses, möglichst auch seine Umgebung wie einen Garten oder die Straße dazu. Die „Gesundmach-Häuser" werden im Klassenzimmer aufgehängt.

Variationsmöglichkeit Collage: Statt ein Haus zu bauen, bekommt jede Gruppe Zeitschriften und hat die Aufgabe, durch eine Collage die Begriffe der Kärtchen mit Bildern zu verbinden und in ein Gesamtbild zu integrieren. Bei Älteren ist diese Version beliebter.

Gespräch mit Vereinbarungen: Im anschließenden Gespräch geht es um die erstellten Bilder und um die Erfahrungen dieser Wochen. Die Kinder sagen, wie es ihnen gefallen hat. Sie können offene Fragen stellen und weitere Wünsche äußern. Ein guter Abschluss kann gefunden werden, indem die Klasse überlegt, wie sie untereinander mit Krankheiten umgeht: Wer kümmert sich, wenn jemand in der Klasse fehlt? Wer bringt Hausaufgaben und Arbeitsblätter? Wer vertreibt die Langeweile? Vielleicht entsteht daraus eine Vereinbarung, wie in Zukunft in der Klasse verfahren wird, damit alle, die krank sind, den Kontakt halten können.

Lied: Das Lied der ersten Stunde kann als Abschluss nochmals gesungen werden. Vielleicht gibt es aber auch andere Lieder, die den Kindern zu diesem Thema einfallen? Beispiele sind: „Wenn ich glücklich bin" oder „Blinde Katharina" von Klaus Hoffmann; „Sie hört Musik nur, wenn sie laut ist" von Herbert Grönemeyer; „Lebenszeichen" von Gerhard Schöne.

Erfahrungen:

Diese Einheit hat einen besonderen Charakter, da er einen Freiraum für Gefühle und Gedanken schafft, für die sonst wenig Platz in unserer Gesellschaft vorhanden ist. Erwartet wird gemeinhin, dass gerade Kinder und Jugendliche immer zukunfts orientiert und tatkräftig sein sollen, sie sollen froh sein, wie gut sie es haben und nicht über Sorgen und Gefahren nachdenken und sprechen. Um darüber dennoch mit ihnen ins Gespräch zu kommen und ihnen dazu zu verhelfen, den angebotenen Raum zu nützen, bedarf es eines Vertrauensverhältnisses – sowohl innerhalb der Klasse als auch mit den Lehrkräften.

Die Vorgehensweise ist für viele Kinder neu und ungewohnt. Daher brauchen sie ausreichend Zeit und die immer wieder bestätigte Sicherheit, dass sie ernst genommen werden, dass sorgsam und sensibel mit ihnen umgegangen wird und dass sie selbst entscheiden können, wie viel sie von sich einbringen wollen. Auch Kinder, die nur zuhören, können für sich vieles mitnehmen. Ganz wichtig ist uns, dass mit dieser Einheit keine festgelegten Lernziele verbunden sind. Wenn die Kinder sich dem Angebot öffnen, brauchen sie die Sicherheit, dass sie ernst genommen werden, dass nicht über sie gelacht wird und dass sie nicht von „richtigen" Lösungen, Wegen oder Überlegungen überzeugt werden sollen.

If you're happy and you know it, clap your hands   (2x klatschen)
If you're happy and you know ist, clap your hands   (2x klatschen)
If you're happy and you know it and you really want to show it,
If you're happy and you know it, clap your hands   (2x klatschen).

Die folgenden Strophen lauten genauso, nur wird statt „clap your hands" variiert.

Nach der letzten Zeile jeder Strophe werden alle Bewegungen, die schon vorkamen, aneinandergehängt.

2	... slap your side	(2x mit den Händen die Hüfte klopfen)
3	... stamp your feet	(2x stampfen)
4	... snap your fingers	(2x mit den Fingern schnippen)
5	... sniff your nose	(2x schniefen)
6	... shout „we are"	(2x „We are" schreien)
7	... do it all	(alle Bewegungen hintereinander)

Arbeitsblatt 2: *Steckbrief*

Ich bin gut ...

....

....

....

Ich bin besonders ...

....

....

....

Nicht meine Stärke ist ...

....

....

....

Ich brauche Hilfe ...

....

....

....

Ich mag sehr ...

....

....

....

Ich kann nicht leiden ...

....

....

....

Meine Freunde mögen an mir ...

....

....

....

© AOL Verlag · 77839 Lichtenau · Fon (07227) 9588-0 · Nr. A640

1 Mit Olaf konnte sich so schnell keiner messen, nicht einmal Jochen, der, wenn Olaf abwesend war, das Wort für ihn führte. „Ein Adler ist stolz. Ein Adler ist mutig. Ein Adler ist verschwiegen.
5 Ein Adler lässt seine Freunde niemals im Stich." Georg sieht an den Wänden entlang. Ein Kellergewölbe, denkt er, wahrscheinlich in einer Ruine, weit draußen am Rande der Stadt; Feuchtigkeit dringt durch die Fugen der rohen
10 Steine. Dunkel, nur das Licht einer Kerze erhellt die Gesichter vor ihm. Er kennt sie alle – „die Adler" nennen sie sich. Und er möchte zu ihnen gehören. „Wer zu uns gehören will, muss seinen Mut erst beweisen", fährt Jochen fort,
15 „du kennst die Spielregeln, Georg?"

„Ich kenne sie." – „Und bist du bereit?" – „Ich bin bereit." Zettel werden verteilt. Jeder der Anwesenden außer ihm wird eine Aufgabe
20 stellen, und er wird dann mit verbundenen Augen eine der Aufgaben wählen.

„Greif vor dich in die Kiste!" Das muss Jochens Stimme gewesen sein, denkt Georg,
25 oder die Stimme von Karl, der in der Schule hinter mir sitzt.

Jochen nimmt ihm das Blatt aus der Hand und das Band von den Augen. „Du hast
30 Glück", sagt er, indem er rasch das Papier überfliegt, „die Aufgabe ist nicht allzu schwer ... Die Kasse der alten Frau am Kiosk neben dem Bahnhof. Der Ertrag geht anonym an das Waisenhaus von St. Martin." – „Was das
35 mit Mut zu tun haben soll", sagt Rolf, „die Alte schläft, wenn sie nicht gerade isst oder strickt oder eine Zeitung verkauft. Wer geht mit ihm?" – „Ich", sagt Jochen. „Wir treffen uns Punkt drei wieder hier."
40

Noch lange ist es nicht drei. Jochen und Georg halten sich in der Anlage neben dem Bahnhof verborgen, so dass sie den Kiosk ständig beobachten können.
45

„Was willst du tun?", flüstert Jochen, als Georg sich vom Rasen erhebt.

„Die Lage erkunden", sagt Georg und geht
50 dann geradewegs auf die Bude zu.

51 Die Frau sitzt hinter ihrem Fenster und strickt. Das Klappern der Nadeln übertönt Georgs Schritte; die Frau sieht erst hoch, als er vor ihr steht.
55

„Die Abendausgabe", sagt Georg, „und haben Sie Nummer acht von Mac Rooney?" - "Mac Rooney, Mac Rooney", sagt die Frau und wühlt in den Heften vorsichtig, „Nummer
60 sechs, Nummer sieben – Nummer acht ist schon weg."

„Die anderen hab´ ich", sagt Georg, „ich brauch´ was zu lesen." Er entdeckt die Kasse
65 drin in der Bude rechts in der Ecke neben dem elektrischen Kocher und dem Kaffeegeschirr. „Darf ich mir hier mal was ansehen?", fragt er und blättert in einer Zeitschrift.

70 „Klar", sagt die Frau.

„Kalt ist es hier", sagt Georg noch und nimmt ein Heft in die Hand, das die Frau vor ihn hingelegt hat. „Probenummer" steht über
75 den Titel gedruckt und darunter: „Eine Zeitschrift für Jugendliche". „Du kannst sie haben, wenn du willst", sagt die Frau, und: „Warum wartest du nicht drin in der Halle?" „Werd´ich schon tun", sagt Georg, „doch erst brauch´
80 ich was, um mir die Zeit zu vertreiben."

„Meine Schwester ist drin am kalten Büffet. Sag ihr, du kommst von mir, dann kannst du dort warten, auch wenn du nichts isst." – „Ist
85 gut", sagt Georg. „Was macht es?"

„Dreißig Pfennige kostet die Abendausgabe." Und Georg beginnt in seinen Taschen zu suchen. „Zu dumm", lügt er nach einer Weile,
90 „ich kann meine Brieftasche nicht finden. Drüben, in der Anlage auf der Bank", sagt er leise zu sich, aber so, dass die Frau es ebenfalls hört, „hab` ich sie noch gehabt. Ich komm´ eben von dort, weit kann sie nicht sein, viel-
95 leicht liegt sie noch dort, ich seh´ gleich mal nach. Die Zeitung lasse ich so lange da", sagt er laut zu der Frau.

„Hoffentlich findest du sie", ruft diese ihm
100 nach, und Georg läuft über die Straße ein

© AOL Verlag · 77839 Lichtenau · Fon (07227) 9588-0 · Nr. A640

1 Stück in die Anlage hinein. Von dort begibt er sich unauffällig zu Jochen zurück, der gut versteckt im Gebüsch auf ihn wartet. „Was ist?", empfängt Jochen ihn. „Wo hast du die Kasse?"

5 „So schnell geht das nicht", sagt Georg, „hör zu: Ich habe mir alles genau überlegt; die Frau hat eine Schwester drin an der Theke. Du gehst jetzt von der anderen Seite zum Bahn-

10 hof, gehst hinein und zum Hauptausgang vorne wieder heraus auf die Bude zu. Sie soll mal rasch zu ihrer Schwester kommen, sagst du zu der Frau, warum, wüßtest du nicht; oder lass dir was einfallen; sag einfach, ihr sei nicht gut.

15 Im gleichen Augenblick komm ich dazu, um meine Zeitung zu bezahlen, die ich zurücklegen ließ. Wir kennen uns nicht. Wenn sie mit dir geht, dann los! Das Schiebefenster vorne ist leicht zu durchschlagen." „Ist klar", sagt Jo-

20 chen. „Sieh dich erst um, ob niemand in der Nähe ist, bevor du zum Kiosk gehst."

Es verläuft alles nach Georgs Plan: Nachdem Jochen einige Worte mit der Frau ge-

25 wechselt hat, tritt Georg hinzu. Er hört gerade noch, wie Jochen sagt: „Es muss ganz plötzlich gekommen sein." – „Ich hab' sie gefunden", sagt Georg und legt dreißig Pfennig in die Glasschale auf dem Brett vor dem Fenster.

30 „Darf ich die Probenummer hier mitnehmen?", fragt er, und die Frau sieht ihn an, antwortet nicht gleich, sieht erst noch mal zu Jochen, als wolle sie abwägen, was im Augenblick dringlicher sei: Georg zu antworten oder zu ihrer

35 Schwester zu eilen. „Du könntest mir einen Gefallen tun", sagt sie dann rasch, entschlossen, keine weitere Zeit zu verlieren. „Geh einen Augenblick hier herein, ich bin gleich wieder da – ich muss nur mal rasch zu meiner Schwester."

40 – „Mach ich", sagt Georg. „Sie kommen doch sicher gleich wieder zurück." Jochen ist inzwischen gegangen. „Wenn jemand kommt", sagt Georg, „und was will, leg´ ich das Geld in die Schale. Sie können sich auf mich verlassen." –

45 „Schon gut", sagt die Frau und geht.

Georg steht unter der Tür, dem Bahnhof genau gegenüber, und sieht ihr nach. Jetzt erst sieht er ihr graues Haar, sieht ihren müden, schleppenden Schritt. Einen Augenblick denkt

51 er: wie meine Mutter, und dann hört er noch einmal: Sie können sich auf mich verlassen, die Worte, die er zu ihr sagte. Es dauert sehr lange, bis die Frau die wenigen Treppen vor

55 dem Haupteingang überwindet. Er sieht ihr noch lange nach, auch dann noch, als sie längst nicht mehr zu sehen ist. Jochen steht wieder vor ihm: „Na, was ist? Los! Worauf wartest du? Besser konnte es gar nicht klappen!"

60 „Du wirst dich wundern!", sagt Georg, jedes Wort einzeln betonend und so, als wundere er sich selbst darüber am meisten: „Ich tu´ es nicht!"

65 „Bist du verrückt geworden?", fährt Jochen ihn an. „Jetzt, wo alles ganz einfach ist? Jetzt willst du kneifen? Warum?" – „Weil ich nicht will."

70 „Du sagst, es wäre ganz einfach gewesen?", fragt Olaf. Es ist drei Uhr. Jochen und Olaf stehen sich gegenüber. Die anderen kommen aus ihrem Versteck, bilden stumm einen Kreis um

75 Jochen und Olaf.

„Es wäre alles so einfach gewesen", sagt Jochen und wiederholt noch einmal seinen Bericht. „Ich glaube, er muss plötzlich Angst be-

80 kommen haben", setzt er am Ende hinzu. „Wo ist er jetzt?", fragt Olaf.

„Auf dem Weg nach Hause. Weit kann er noch nicht sein. Er wartete auf die Alte, dann

85 redeten sie miteinander. Aber ich konnte nichts verstehen!"

Olaf denkt nach. „Ich glaube nicht", sagt er zögernd, „dass es Angst war", und dann noch

90 einmal, fest überzeugt: „Nein, Angst war es nicht! Du sagtest, er kann noch nicht weit sein?"

„Nein", sagt Jochen, „weit kann er noch

95 nicht sein." Olaf kehrt den anderen den Rücken, geht festen Schrittes über den Hof, bis das leere Gebäude ihn aufnimmt und ihn nach der Straße entlässt.

© AOL Verlag · 77839 Lichtenau · Fon (07227) 9588-0 · Nr. A640

Du bist OLAF, der Chef der Adler. Als Jochen
erzählt, dass Georg die Kasse nicht geklaut hat, findest du
das sehr mutig von ihm.
Du bist dafür, dass er aufgenommen wird.

Du bist JOCHEN. Du kommst aufgeregt zum Treffpunkt
und erzählst, was ihr erlebt habt am Kiosk. Du verstehst nicht,
warum Georg die Kasse nicht genommen hat und denkst, dass
er wohl Angst hatte.
Du findest, er soll nicht aufgenommen werden.

Du bist ROLF. Du findest die Mutprobe viel zu leicht,
Deine war viel schwieriger. Dass Georg nun nicht mal
das geschafft hat, zeigt, dass er nicht zur den Adlern passt,
sondern ein Feigling ist.

Du bist KARL, der in der Klasse hinter Georg sitzt. Ihr seid
zusammen in der Fußballmannschaft und du magst Georg
gerne. Deshalb soll er bei den Adlern dabei sein, obwohl er
die Probe nicht bestanden hat.

Du bist REGINA. Du verstehst, dass Georg Mitleid mit der alten Frau hatte und deshalb die Kasse nicht genommen hat.
Aber die Probe hat er dennoch nicht bestanden. Du weißt
nicht recht, wofür du stimmen sollst.

© AOL Verlag · 77839 Lichtenau · Fon (07227) 9588-0 · Nr. A640

Sabine Meck

✿ Wie „Ich" ins Krankenhaus kam! ✿

Ich heiße Sabine und bin jetzt schon ein gutes Jahr Patient in Tübingen! Ich möchte euch nur berichten wie alles begann:

Angefangen hat alles im August '86. Es war Hochsommer und sehr heiß. In dieser Zeit ging's mir am schlechtesten. Ich war immer müde, hatte starke Kopfschmerzen, starke Knochenschmerzen und bekam an den Füßen riesige blaue Flecken. Und weil es mir so schlecht ging, gingen wir auch gleich zum Arzt. Der Arzt untersuchte mich genau. Er horchte mein Herz ab, schaute meinen ganzen Körper an, untersuchte meinen Urin. Aber fand nicht's! Er sagte uns, wir sollen am nächsten Tag wiederkommen, da wollen wir eine Blutentnahme machen.

An diesem Tag war auch die Beerdigung meiner Oma. Also ging ich morgens mit meiner Mutter wieder zum Doktor und der nahm mir das Blut ab. Am Mittag waren wir dann auf der Beerdigung meiner Oma. Wir kamen spät abends nach Hause, weil wir noch bei Verwandten waren. Und daher wußten wir auch nicht, daß der Doktor wie verrückt nach uns gesucht hat. Er hatte einen Zettel am den Briefkasten gehängt, daß wir morgen sofort

– 1 –

bei ihm anrufen sollen. In dieser Nacht konnte ich nicht gut schlafen, weil ich immer daran denken mußte, was ich denn habe!

Am nächsten Morgen rief meine Mutter gleich dem Doktor an. Er sagte auch gleich, was los war. Die Krankheit wußte er nicht, aber im Blut würde etwas nicht stimmen. Ich müsse gleich ins Krankenhaus! Für mich war das ganz neu, denn ich war noch nie im Krankenhaus, und jetzt alles so plötzlich.

Wir packten gleich die Koffer und fuhren ins Kinderkrankenhaus nach Waiblingen. (Das kennt ihr sicher nicht, aber aus dieser Gegend komme ich her.) Dort mußte ich zuerst zum Doktor. Dann nahmen sie mir wieder Blut ab und dann ging der Doktor mit meinen Eltern ins Nebenzimmer. Nach etwa einer halben Stunde kamen sie wieder heraus. Meine Mutter muß geweint haben, weil sie sich die Nase putzte! Der Doktor kam auf mich zu, und sagte zu mir, daß ich nach Tübingen müßte, weil man nur dort diese Krankheit behandeln könnte. Aber was ich hatte, sagte er mir nicht.

Also mußten wir gleich nach Tübingen fahren! Meine Eltern sagten nun etwas von einer Blutkrankheit, aber daß ich Leukämie hatte, sagten sie mir nicht. Nach einstündiger Fahrt kamen wir endlich zur Kinder-Klinik. Dort wurde ich auch schon erwartet!

– 2 –

Ich erschrak schon geschwind, als ich die vielen Kinder ohne Haare und mit den Infusionen sah. Ich selber bekam auch einen Kopf und wurde dann ins Zimmer gebracht. Dort lag auch ein Mädchen ohne Haare.

Und dann kam der Prof. Niethammer, und der sagte mir dann, daß ich die gleiche Krankheit wie meine Oma hätte. Er sagte mir aber auch, daß es bei mir besser zu heilen wäre, wie bei meiner Oma. Meine Oma wäre viel zu alt und schwach gewesen. Für meine Eltern war es auch ganz schön schlimm. Erst stirbt die Oma, dann kommt ich selber ins Krankenhaus, mit der gleichen Krankheit.

Die ersten Nächte konnte ich gar nicht schlafen. Aber dann gewöhnte ich mich daran. Die anderen Kinder erzählten mir, was mit ihnen gemacht worden ist. Daß ich sowas auch mitmachen mußte, war mir auch klar. Und das habe ich auch. Mir wurde Knochenmark übertragen und ich habe es auch gut angenommen. Jetzt weiß ich nur nicht, wie es weitergehen soll. Ich hoffe jedenfalls, daß ich diese Krankheit nicht noch ein 2. Mal kriege. – diese schreckliche Krankheit!

ENDE

– 3 –

Geschichte von Sabine Meck aus
„Tränen im Regenbogen",
Attempto Verlag 1989, S. 131–33

© AOL Verlag · 77839 Lichtenau · Fon (07227) 9588-0 · Nr. A640

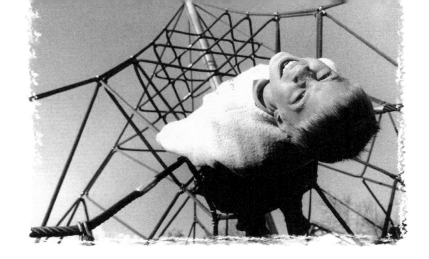

Komm mit ins Abenteuerland

Mut, Angst, Grenzen
Eine fächerverbindende Unterrichtseinheit in Sport und Deutsch

„Als ich erwachte, lagen meine Füße im Wasser, und die Sonne war untergegangen. Ich fühlte mich so erschöpft, dass ich beschloss, die Nacht auf der Landzunge zu verbringen. Nachdem ich den Strand hinaufgekrochen war, um von der Flut nicht überrascht zu werden, schlief ich schon wieder ein. ...

Meine Heimat war hier, auf der Insel der blauen Delfine. Eine andere Heimat besaß ich nicht. Ich würde auf der Insel leben, bis die weißen Männer mit ihrem Schiff zurückkämen. Doch selbst wenn sie bald kämen, noch ehe es wieder Sommer wurde, konnte ich nicht länger so leben, ohne ein Dach über dem Kopf und ohne einen geschützten Ort, wo ich meine Vorräte unterbringen konnte. Ich musste mir ein Haus bauen." (aus Scott O'Dell: „Insel der blauen Delfine, 1977)

Seit jeher sind Kinder und Jugendliche fasziniert von Geschichten, in denen sich Menschen auf Entdeckungsreisen begeben und gefährliche Situationen durch Verstand, Kraft und Witz meistern. In ihrer Freizeit suchen und erfinden Heranwachsende immer wieder Herausforderungen, um die eigenen Kräfte zu erproben, sich auszutoben und mit anderen körperlich zu messen – bei der rasanten Skateboardfahrt, dem kühnen Sprung vom Baum oder der wackeligen Fahrt mit einem selbst gebauten Floß auf einem Baggersee. Die Kehrseite davon: Jungengruppen setzen Mutproben gezielt ein, um herauszufinden, wer zu

ihnen gehört und auf wen Verlass ist, wenn die Clique etwas „Verbotenes" tut.

Der Sportunterricht bietet zahlreiche Anlässe, das Thema „Mut – Angst – Grenzen" zu behandeln. Sowohl bei den Ballspielen, beim Schwimmen als auch beim Geräteturnen sind dutzendfach Momente von Reiz und Risiko enthalten, die vor jeder Bewegungsaktion abzuwägen sind: Erreiche ich den Ball noch oder werde ich vom Gegner abgetroffen? Schaffe ich den Sprung über den Kasten, ohne mich zu stoßen? Wie viel Anlauf brauche ich dazu und kann ich es genießen? Losgelöst vom Wettkampfcharakter haben Turngeräte wie Kästen, Trampolin, Ringe, Matten usw. einen hohen Aufforderungscharakter, da sie dem Bedürfnis von Mädchen und Jungen nach lustvollem Ausprobieren entgegenkommen und vielfältige Bewegungen erlauben, die über die normierten Geräteübungen hinausgehen.

Umgekehrt ist der Sportunterricht häufig selbst Auslöser für Angst und Unsicherheit, etwa bei Leistungsdruck, motorischen Defiziten und bei Geräten, von denen man fallen und sich verletzen kann. Selten wird darüber offen geredet. Der Standardsatz „Du brauchst keine Angst zu haben", mit dem mancher Sportlehrer ein verängstigtes Kind zu beruhigen und überreden sucht, hilft in den seltensten Fällen, diese Blockade zu lösen. Häufen sich solche negativen Erfahrungen, wächst die Unlust, sich im Sportunterricht überhaupt zu bewegen. Oder wie es eine Schülerin pointiert ausdrückt: „Nein danke, ich bin gesund, ich brauche keinen Sport!"

Vor diesem Hintergrund haben wir eine Unterrichtseinheit für Klasse 5 und 6 entwickelt, die als „Abenteuerreise" konzipiert ist und die sich für die fächerübergreifende Zusammenarbeit von Sport und Deutsch eignet. Sie beginnt mit einem Planspiel im Klassenzimmer und wird im Sportunterricht fortgesetzt – nach Möglichkeit in Doppelstunden oder an einem Projekttag. An Turngeräten werden Bewegungsanreize geschaffen, die es den Kindern ermöglichen, Selbstsicherheit in der Bewegung zu gewinnen und sich in ihrer Kooperationsfähigkeit zu beweisen. Zwei Mutproben, die für alle bewältigbar sind, stehen am Ende des Abenteuerprojekts.

Parallel dazu bietet es sich an, mit der Klasse Abenteuergeschichten in Deutsch zu lesen (Entdeckungsreisen aus aller Welt, Romane von Jules Verne, Daniel Defoe, Scott O'Dell usw.). Mit dieser Einheit wollen wir die Schüler dabei unterstützen, ihre eigenen Grenzen zu spüren und zu erweitern, und wir wollen sie bestärken, mit Genuss und Risiko bewusster umzugehen. Die Vorgehensweise eignet sich sowohl für den koedukativen Unterricht als auch für getrenntgeschlechtliche Gruppen. Unter sich können die Mädchen vieles in größerer Ruhe ausprobieren und dabei den Spaß an der „riskanten" Bewegung entdecken.

1. Baustein
Wir machen uns auf die Reise

Mit einem Planspiel stimmen wir die Kinder auf das Projekt ein. Im Verlauf dieser Simulation können sie erste, kleine Handlungsstrategien

entwickeln, die bei auftretenden Gefahren hilfreich sind. Die Schiffsreise wird im Klassenzimmer in einer Doppelstunde durchgeführt.

Bewegungsspiel „Ozean": Ein Kind steht als „Steuermann" in der Mitte eines Stuhlkreises und gibt der „Mannschaft" die Kommandos: „Rudern! ... Welle von links! ... Weiterrudern, ... schneller! ... Welle von rechts!" Die Sitzenden reagieren entsprechend und rücken jeweils einen Platz weiter – entgegen der Richtung, aus der die Welle angekündigt wird. Der Steuermann versucht währenddessen, einen freien Stuhl zu erwischen. Gelingt es ihm, geht dasjenige Kind, das keinen Platz bekommen hat, in den Kreis und gibt die Kommandos.

Gespräch: Der Lehrer nimmt Bezug auf besondere Leistungen, die Menschen freiwillig oder aus der Not heraus vollbracht haben (Bergbesteigung, das Überleben nach einem Flugzeugabsturz). Was empfinden die Kinder, wenn sie so etwas erfahren? Mädchen und Jungen berichten von eigenen Abenteuererlebnissen, von Büchern oder Fernsehsendungen, die sie in der letzten Zeit gelesen und gesehen haben. Es wird ein Planspiel angekündigt, wie es Feuerwehr und Katastrophenschutz regelmäßig durchführen. Der Lehrer teilt den Kindern mit, dass er als „Kapitän" die Spielleitung übernimmt und ansagen wird, was die Kinder als „Passagiere" jeweils zu tun haben. Vorab weist er darauf hin, dass die Kinder – mit Ausnahme des Freizeitprogramms – während des gesamten Planspiels an ihren Tischen bleiben. Die Stationen, der Text und die Aufgaben der Schüler während des Planspiels lauten:

1. Die Nachricht: *Der Lehrer:* „Stell dir vor, du bist allein zu Hause beim Abendessen. Es klingelt unerwartet an der Tür. Der Briefträger überbringt dir eine freudige Nachricht. Du hast vor einiger Zeit bei einem großen Preisausschreiben mitgemacht und bist damals leer ausgegangen. Da aber einer der Gewinner überraschend krank geworden ist, kannst du an seiner Stelle auf eine mehrwöchige Schiffsreise mitfahren, die über den Atlantik in die Karibik und durch den Panamakanal bis runter nach Feuerland führt. Sie beginnt allerdings schon am nächsten Tag. Deshalb heißt es jetzt, schnell deine Sachen zu packen!"

- Der Lehrer teilt das Arbeitsblatt 1 aus, auf das die Kinder innerhalb von kurzer Zeit 8 Gegenstände schreiben, die sie auf diese Reise für ihren persönlichen Gebrauch mitnehmen wollen (1. Phase, siehe Kopiervorlage in der Anlage Seite 49. Die Kinder schreiben und malen ihre Gegenstände entlang jeder Phase auf das Blatt.)

2. An Bord gehen: *Der Lehrer (er spricht fortan als Kapitän):* „Willkommen an Bord! Leider hat unser schöner Luxuskreuzer MS Astoria einen Motorschaden und wir müssen uns mit einem kleineren Schiff begnügen. Nicht ganz so komfortabel, aber immerhin. Deshalb sind wir jetzt auf Ihre Mitarbeit angewiesen. Zuerst müssen alle Gepäckstücke ordentlich verstaut und die Schlafplätze hergerichtet werden. Jeder von Ihnen erhält zwei Kisten, in die jeweils vier Ihrer persönlichen Gegenstände zu verstauen sind."

- Die Kinder stellen ihre Tische (= Kabinen) in Reihen hintereinander dicht zusammen und schaffen eine Fläche für Bewegung (= Vordeck) im Raum. Dann verteilen sie ihre 8 Gegenstände auf zwei Kisten (2. Phase auf Arbeitsblatt 1)

3. Animation an Deck: *Der Kapitän:* „Weil wir weder Kino noch Swimmingpool an Bord haben, werden wir unser Freizeitprogramm an Deck abhalten. Und damit Sie sich besser kennen lernen und fit bleiben, machen wir einige Spiele, die zu meiner Anfangszeit als Matrose sehr beliebt waren ...", zum Beispiel:

- Die Schülerinnen stellen sich in einer Reihe auf – nach Körperlänge, nach den Vornamen im Alphabet, den Geburtstagen im Jahresverlauf. Dann greifen alle im Kreis mit geschlossenen Augen zwei Hände und versuchen, diesen „gordischen Knoten" aufzulösen, ohne loszulassen.

- Alle stehen im Kreis und ziehen einen Zettel, auf dem eine Sportart wie Eislaufen, Gewichtheben usw. notiert ist. Nacheinander stellt jedes Kind seine Sportart pantomimisch dar. Die Gruppe übernimmt und wiederholt den jeweiligen Bewegungsablauf. Da jede Sportart zweimal vor-

kommt, finden sich am Ende die Paare, die dieselbe Sportart demonstriert haben. Mit ihren Arbeitsblättern gehen sie gemeinsam an einen Tisch, den sie im weiteren Spielverlauf teilen (als ihre Kabine). Im Hintergrund läuft aktuelle Popmusik aus der Hitparade.

4. Das Unwetter: *Der Kapitän:* „Die Wettervorhersage kündigt ein Unwetter an. Bitte gehen Sie in ihre Schlafkabinen, wir müssen das Deck sichern ... Achtung, wir sind mitten in einem Sturmtief. Bleiben Sie ruhig in Ihren Kabinen ... Wir haben ein Leck im Maschinenraum. Wasser dringt ein ... Wir müssen zu den Rettungsbooten ...!"
Seine Schilderung wird von einer dramatischen Musik untermalt (z. B. „Aus der neuen Welt" von A. Dvorzak oder „Der Sturm" von P. Tschaikowsky).

- Bevor die Kinder aufstehen und sich mit ihrem Gepäck zu den Rettungsbooten (zu den Fensterbänken) begeben können, werden sie zurückgerufen.

Der Kapitän: „Halt, wir können unmöglich alles mitnehmen. Entscheiden Sie sich schnell für eine Ihrer beiden Kisten!"

- Jedes Kind wählt eine von seinen beiden Kisten aus; die andere muss zurückgelassen werden, (3. Phase; eine Kiste mit vier Gegenstände ist auf dem Arbeitsblatt durchzustreichen).

Der Kapitän verkündet: „Himmel, Donner und Zwirn! Die Rettungsboote sind durchgefault.

An alle Passagiere: Bleibt zu zweit zusammen. Klammert euch an irgendeiner Holzplanke fest, behaltet eine Kiste und packt sie gemeinsam mit den wichtigsten eurer Gegenstände. Lasst alles Überflüssige beiseite ... Möge uns Gott helfen!"

- Zu zweit setzen sich die Kinder auf ihren Tisch, auf dem nur noch Platz für eine Kiste ist. Die rettende Insel in Sicht, müssen die Paare überlegen, welche vier der letzten 8 Gegenstände nun besonders wichtig sind (4. Phase des Arbeitsblatts) und diese in ihre gemeinsame Kiste packen.

5. Auf der Insel: Der Kapitän stellt mit Erleichterung fest, dass die Schiffbrüchigen kurz davor sind, die rettende Insel zu erreichen. Da sie jeweils eine freie Hand brauchen, um durch die Brandung zu kommen, müssen alle Paare ihr Gepäck erneut reduzieren. Mit welchen zwei der vier Gegenständen können sie auf der Insel am meisten anfangen? Nach kurzer Probezeit stellen die Kinder nacheinander den Gebrauch ihrer Utensilien, z. B. von Angel, Brille, Tagebuch, Fahrtenmesser, Taschenlampe usw. pantomimisch auf der Insel dar. Die anderen raten jeweils (Variation: Die Paare beschreiben den Gegenstand verbal mit Umschreibungen, ohne den Begriff selbst zu verwenden).

6. Im Fernsehstudio: Nach ihrer glücklichen Heimkehr berichten die Kinder in einem gespielten Interview über ihre Erfahrungen. Leitfragen sind u.a.:

- Für wen war es schwierig, die Gegenstände auf zwei Kisten zu verteilen und sich dann für eine zu entscheiden?

- Konntet ihr euch mit eurem Kabinenpartner auf eine gemeinsame Kiste einigen? Wie würdet ihr euch im Ernstfall verhalten?

- Wer von euch hat schon einmal eine solch gefährliche Situation erlebt? Worauf kommt es dann besonders an?

Zum Abschluss liest die Lehrerin eine Passage aus dem Roman „Die Insel der blauen Delfine" vor und gibt eine Vorschau auf die Fortsetzung des Abenteuerprojekts im Sportunterricht.

2. Baustein:
Wir machen unsere Insel bewohnbar

In der Sporthalle gestaltet die Klasse die Insel, auf der sie schiffbrüchig gelandet ist. An Turngeräten können sich die Kinder vielfältig austoben und Neues ausprobieren. In Gruppen übernehmen sie Verantwortung für den Aufbau und die Sicherheit an den Stationen.

Das Rettungsfloß: Die Lehrerin erinnert an den kritischen Moment im Planspiel, wo das Schiff leckgeschlagen ist, und sie versammelt die Klasse an einem Hallenende auf einer Weichbodenmatte – dem „Rettungsfloß". Zwei Turnmatten, ein Kleinkasten und ein Medizinball (als zusätzliche Schwimm- und Transporthilfen) liegen daneben. Durch Umsteigen, Weiterziehen und -reichen dieser Unterlagen zur anderen Hallenseite sollen sich alle zur rettenden Insel bewegen, ohne dass eine Person den Boden berührt und damit „ertrinkt", d.h. als zusätzliche „Last" mitgetragen werden muss.

Die Insellandung: Um endgültig auf die „Insel" zu gelangen, müssen die Kinder zuerst ein Hindernis als Gruppe überwinden. Dazu wird ein Tau (etwa in Kopfhöhe) quer über eine Hallenecke gespannt. Der Boden ist mit Turnmatten ausgelegt und abgesichert. Die Kinder haben die Aufgabe sich gegenseitig zu helfen und nacheinander über das Tau zu klettern, ohne es beim Überqueren zu berühren. Als Hilfsmittel dient eine Leiter oder eine Turnbank. Sobald eine Schülerin sicher auf der anderen Seite des Taus angelangt ist, kann die Leiter von beiden Seiten des Taus gehalten werden, um den nachfolgenden Kindern die Überwindung zu erleichtern.

Gespräch: Was war an der ersten und zweiten Aufgabe schwierig, was daran reizvoll? Wodurch habt ihr es geschafft? Im Anschluss an diesen Meinungsaustausch teilt die Lehrerin den Kindern mit, dass auch in den nächsten Stunden keine Wettbewerbe durchgeführt werden, bei denen es Gewinner und Verlierer gibt, dass es vielmehr auf Teamgeist und gute Ideen bei der Überwindung von Hindernissen ankommt.

Gerätepuzzle: Mit Einverständnis der Kinder werden die Kleingruppen, die in den nächsten vier Stunden konstant zusammenbleiben sollen, per Zufall gebildet. Auf farbige Karteikarten sind Textpassagen aus dem Buch „Insel der Blauen Delfine" aufgeklebt und als Puzzle auseinandergeschnitten. Jedes Kind erhält ein solches Puzzleteil und findet seine Gruppe anhand der Farbe. Dort ergänzen die Gruppen ihren Text und lesen ihn im Plenum vor. Auf der Rückseite der jeweiligen Karteikarten sind 5 Turngeräte benannt oder aufgezeichnet

Kleine Insel: Entsprechend der angegebenen Geräte baut jede Gruppe Trampolin, Pferd, Barren, Reckstange, Turnbank, Ringe usw. zu einer Bewegungsstation zusammen, sichert sie durch Matten ab und probiert, welche Bewegungsfolgen sich daran entwickeln lassen. Nacheinander präsentieren die Gruppen ihre Ergebnisse.

Große Insel: Reihum wandern die Gruppen von Station zu Station und probieren dort die Bewegungsmöglichkeiten aus. Dann zeichnen sie ihre eigene Station auf ein Arbeitsblatt, so dass sie von ihnen in der nächsten Stunde schnell wiederaufgebaut werden kann. Zum Abschluss durchlaufen die Kinder zu zweit den Parcours und überwinden dabei alle Hindernisse.

3. Baustein: Die Expedition

Ziel der Stunde ist es, die Stationen zu einer einzigen Bewegungslandschaft, zu einer tropischen Insel, zu verbinden. Durch Aufgaben, die nur gemeinsam gelöst werden können, wollen wir die Abenteuerfantasie der Kinder anregen und ihre Bereitschaft zur Kooperation fördern.

Die Seeungeheuer: In der Halle werden Turnmatten (als „Inseln") so ausgelegt, dass die Kinder (als Inselbewohner) problemlos mit Sprüngen von einer zur anderen Matte gelangen kön-

Aus: „Offener Sportunterricht" – planen und analysieren; Rowohlt, 1982

nen. Zwei Kinder verwandeln sich in „Riesen-kraken". Sie dürfen sich als einzige auf dem Hallenboden („im Wasser") um die Inseln herum bewegen. Beim Versuch, die anderen mit ihren Armen zu fassen, dürfen sie die Matten jedoch nicht berühren. Wer abgeschlagen worden ist, wird gleichfalls zur Krake. Das Ungewöhnliche daran: Diejenigen Kraken, die drei Kinder abgeschlagen haben, werden erlöst und helfen den Inselbewohnern als „gute Geister", indem sie sich auf den Matten schützend vor sie stellen. Das Spiel endet, wenn die übrig gebliebenen Kraken „verhungern", weil sie nicht mehr an ihre Beute herankommen.

Geräteaufbau und Gespräch: Die einzelnen Gruppen rekonstruieren ihre Bewegungsstation anhand der eigenen Zeichnung: Anschließend versammeln sich die Schülerinnen auf einem Turnläufer, der in der Mitte zwischen den Gerätestationen ausgelegt ist und als gemeinsamer Versammlungsort gilt. Der Lehrer überlegt mit ihnen, wie auf der Insel ein unwegsamer Urwald entstehen kann. Welche Möglichkeiten gibt es, die Geräte zu verbinden und sich daran zu bewegen, ohne den Hallenboden fortan zu berühren, „der sich in ein gefährliches Sumpfgebiet verwandelt hat"?

Inselleben: Die Gruppen nutzen weitere Kästen, Bänke, Matten und Tücher, um ihre Geräte zu verbinden, Eingänge zu errichten und komplizierte Wege vorzugeben. Auch geben sie ihrer Station einen Namen (z. B „Höllenschlucht", „Gipfel der Zombies"). Zu Trommelmusik (live oder vom Band, z. B. von der Gruppe „Pili Pili") probieren die Kinder den neuen Parcours aus, ohne den Boden zu berühren. Bei Musikstop droht Gefahr – schnellstmöglich laufen sie zum Versammlungsplatz.

Fantasiereise: Die Schülerinnen ruhen sich an diesem sicheren Ort aus. Zu einer entspannenden Musik mit Naturgeräuschen (z. B. von Andreas Vollenweider) lesen wir eine Geschichte vor, die die Atmosphäre auf einer unberührten Insel schildert (siehe Text auf dem Arbeitsblatt 2, S. 50). hinterher sprechen wir darüber, was daran schön, reizvoll und gefährlich sein kann, in unbekannte Gegenden zu reisen und mit welchen Schwierigkeiten unterwegs zu rechnen ist.

Die Insel erkunden: Die Klasse erhält den Auftrag, die Insel als Expeditionsgruppe zu erkunden. Jede Teilgruppe startet an einem anderen Punkt des Parcours und muss eine spezielle Aufgabe lösen, um wohlbehalten nach einer Runde zum Versammlungsort zurückzukommen (siehe Arbeitsblatt 3, S. 51). Diejenigen, die zuerst ankommen oder dabei sind, eine andere Gruppe zu überholen, müssen Zusatzfragen beantworten: Welches ist der höchste Berg in Afrika? Wie kann man sich am besten vor Schlangenbissen schützen? Was ist ein Baobab? Wenn alle Gruppen ihre Runde beendet haben, berichten die Kinder, wie sie die Zusammenarbeit erlebt haben, wo es Streit gab usw. Wenn genügend Zeit vorhanden ist, zieht jede Gruppe eine andere Aufgabenkarte und macht sich erneut auf den Weg.

4. Baustein:
Spring dich frei!

Die Sprungmöglichkeiten stellen zumeist die größte Attraktion innerhalb des Geräteparcours dar. Manche Kinder würden gerne von größeren Höhen springen, trauen sich jedoch nicht oder erst nach langem Zögern. Deshalb möchten wir mit den Kindern ausprobieren, wie jeder Einzelne lustvoll springen und sicher landen kann und wir wollen zugleich mit ihnen näher an die Grenzen von Mut und Angst herankommen.

Mattenschieben: Jeweils 6 Kinder haben die Aufgabe, eine Weichbodenmatte vom einen zum anderen Hallenende zu bewegen. Sie laufen an, springen einzeln oder als Team auf die Matte und versuchen, diese möglichst weit vorwärts zu schieben. Als Steigerung wird ein Medizinball in die Mitte gelegt, der unterwegs nicht verloren werden darf.

Schwung- und Sprungallerlei: Die Lehrerin sammelt mit den Kindern Möglichkeiten, in der Halle zu springen. Gesprungen werden kann beispielsweise von Leiter oder Sprossenwand auf eine Weichbodenmatte, vom Minitrampolin über Kästen auf Matten, mit dem Schwungtau zwischen hohen Kästen, mit dem Reuter-Sprungbrett an einer Hochsprunganlage, von einem Kasten herunter mit Hilfe eines Stabs.

Zu viert bauen die Kinder eine dieser Sprungstationen auf. Im freien Springen an den einzelnen Stationen finden Mädchen und Jungen für sich heraus, was sie gerne machen, was sie sich zutrauen und wie sie sich gegenseitig unterstützen bzw. absichern können. Wer will, lässt sich etwas Neues einfallen.

Mein besonderer Sprung: Jedes Kind überlegt, welchen Sprung es steigern oder variieren will – den Abstand von Tau zum Weichboden ausweiten, von einer höheren Stufe der Kletterleiter springen oder eine Drehung versuchen. Nach einer Übungsphase führen alle ihr „Kunststück" vor.

Gespräch: Der Lehrer fragt, weshalb ihnen das freie Springen so viel Spaß macht und welche Wege sie gewählt haben. Eine braucht beispielsweise ihre beste Freundin als Hilfestellung, um sich zu trauen; ein anderer übt ganz alleine für sich; manche müssen ihr hochgestecktes Ziel nach unten korrigieren; wieder andere fangen ganz niedrig an, um sich dann jedes Mal zu übertreffen; zwei Mädchen haben entdeckt, dass es ihnen hilft, im Absprung zu schreien. An diese Aussagen anknüpfend fragt die Lehrerin nach Erlebnissen, bei denen die Schüler viel Mut gebraucht haben: Wer von euch glaubt denn, dass er oder sie besonders mutig ist? Mädchen und Jungen schildern lebhaft Begebenheiten (abends alleine zu Hause sein, älteren Jugendlichen begegnen oder im Wald einen steilen Kletterpfad hinauf müssen). Die Lehrerin schlägt daraufhin vor, zwei „Mutproben" in der Halle zu simulieren.

Hochweitsprung: Eine Treppe aus ansteigenden Turnkästen wird in Längsrichtung aufgebaut und mit Matten ringsherum abgesichert. Nach einer Demonstration durch den Erwachsenen laufen die Kinder über die Treppe zügig an und springen in die Matten. Zunächst frei, dann über eine Hochsprunglatte, die vom ihm quer zum Absprungkasten gehalten wird. Vor jedem Sprung sagen die einzelnen Mädchen und Jungen, wie hoch und wie weit entfernt die Latte vom Absprungpunkt sein soll (es sind nur Fußsprünge erlaubt; sobald am Anlauf abzusehen ist, dass ein Kind die Höhe nicht schaffen kann, nimmt der Lehrer oder eine Mitschülerin die Latte herunter).

Mit der Unterstützung der anderen findet jedes Kind nach mehreren Sprüngen die Höhe und Weite, bei der es den optimalen Genuss verspürt, die Latte sicher überqueren und auf der Weichbodenmatte landen kann.

Sprung in die Gasse: Vor einem Turnkasten stellen sich der Lehrer und etwa 10 Kinder in einer Gasse auf. Eine Freiwillige lässt sich mit den Armen voraus vom Kasten fallen und landet in den ausgebreiteten Arme der Gruppe. Wer sich sicher aufgehoben fühlt, kann sich auch rückwärts fallen lassen oder weit nach vorne in die

Gruppe, d. h. flach und mit gestreckten Armen und Beinen hineinspringen („Bauchplatscher"). Auch der Erwachsene springt, denn die Kinder können auch ihn halten.

Abschlussgespräch: Auf der Weichbodenmatte rücken die Kinder eng zusammen. Nacheinander sagen alle, was für sie der spannendste, schwierigste oder schönste Moment war. Dann wird die Schlusspassage aus der „Insel der blauen Delfine" vorgelesen. Hiermit endet unsere Abenteuerreise. Alle sind gerettet!

Erfahrungen

Das Gefühl, diese beiden letzten Herausforderungen bestanden zu haben, löst bei Mädchen und Jungen Stolz aus. Entscheidend hierfür ist, dass sich die Einzelnen nicht unter Druck fühlen, mehr zu riskieren als sie gerade möchten, und dass es ein differenziertes Bewegungsangebot gibt. Für viele Kinder (und Jugendliche) stellt der Sprung in die Gasse die größere Schwierigkeit dar – sich den anderen blindlings anzuvertrauen und gehalten zu werden, ist ungewöhnlich und erzeugt ein „tolles Gefühl". In vielen Klassen berichten Schüler von ihren Gefühlen bei „echten" Mutproben, denen sie sich bisher unfreiwillig gestellt haben; und sie kommen mit ihren Klassenkameraden häufig zu der Erkenntnis, dass: „Nein sagen manchmal mutiger sein kann als Mitmachen!"

In Zusammenarbeit mit Deutsch (Thema „Nein" sagen bei Gruppendruck) ergeben sich vielfältige Anknüpfungspunkte zwischen Lektüre, den eigenen Alltagserfahrungen und den unmittelbaren Erlebnissen im Unterricht. Viele Kinder haben Lust, ihre Abenteuererlebnisse oder -fantasien aufzuschreiben. Im Fach Sport bietet es sich an, in Richtung Turnen und Akrobatik, Kraftschulung oder Selbstverteidigung weiterzuarbeiten. An einem Projekttag können die Kinder daraus eine Abenteuergeschichte entwickeln, die Elemente von Schnitzeljagd, Schatzsuche oder Nachtwanderung enthält und Geräte wie Autoreifen, Sprungtücher und Fallschirm einbezieht (Anregungen hierzu finden sich in U. Baer: „Spielpraxis, eine Einführung in die Spielpädagogik").

Viele Sprungformen und Kooperationsaufgaben lassen sich mit Spaß und Spannung im Schwimmbad durchführen (etwa als Einstieg ins Rettungsschwimmen).

Unsere Erfahrung zeigt, dass auch Jugendliche an dem Planspiel „Schiffsreise", an den Kooperationsaufgaben und den „Mutproben" Gefallen finden, wenn sie draußen fortgesetzt werden – so bei Kletterübungen an einer Wand, beim Stabweitsprung über einen Bach oder beim Bau einer Brücke, wozu nur Seile und herumliegendes Holz verwendet werden dürfen.

Eine Hürde bei der Durchführung dieser Einheit ist das „Sport-Denken", das bei vielen Kindern bereits ausgeprägt ist. Wenngleich Mädchen und Jungen großen Spaß an den freien Bewegungsformen haben und sich gegenseitig helfen, wird nach mehreren Stunden unweigerlich die Frage gestellt: „Wann machen wir denn mal wieder richtigen Sport?". Deshalb erfordert diese Unterrichtseinheit auch Mut und Motivation auf Seiten der Lehrerinnen und Lehrern, ihr Sportkonzept zu erweitern (und Kritik von Kollegen angesichts der leeren Gerätekammern auszuhalten). In der Möglichkeit, die Schülerinnen und Schüler künftig besser einschätzen zu können und offen mit ihnen über Unsicherheiten und Ängste als auch über den Spaß an der Bewegung zu sprechen, liegt der sportpädagogische Wert dieser Vorgehensweise!

Arbeitsblatt 1: *Die Schiffsreise – Anleitung für die Lehrer*

Herzlich Willkommen an Bord der MS Astoria. Fülle bitte die Felder aus, wenn der Kapitän dich dazu auffordert.

1. Phase:

Schreibe acht Gegenstände auf, die du gerne auf eine solche Reise mitnehmen möchtest – für die Freizeit, deinen persönlichen Gebrauch und für alle Fälle. Von der Größe sollen sie alle in einen Seesack hineinpassen.

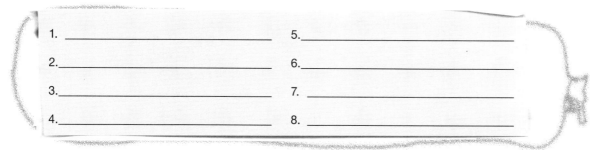

1. _____ 5. _____
2. _____ 6. _____
3. _____ 7. _____
4. _____ 8. _____

2. Phase:

Verteile deine acht Gegenstände nun auf die beiden Kisten, wie es der Kapitän angeordnet hat.

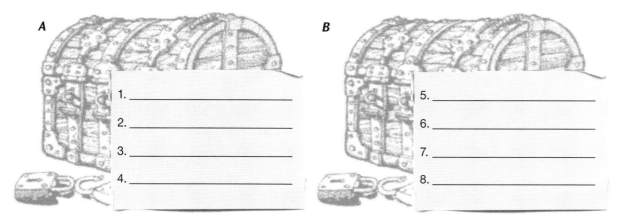

A
1. _____
2. _____
3. _____
4. _____

B
5. _____
6. _____
7. _____
8. _____

3. Phase:

Jetzt muss es schnell gehen. Entscheide dich für eine dieser beiden Kisten, die du mit zum Rettungsboot mitnehmen willst und streiche die andere durch. Du darfst keine Gegenstände austauschen.

4. Phase:

Nun heißt es trotz aller Gefahr gut überlegen und sich mit deinem Partner zu einigen. Welche vier Gegenstände packt ihr nun aus euren beiden Kisten in eine gemeinsame Kiste? Was könnt ihr auf der Insel gebrauchen?

5. Phase:

Herzlichen Glückwunsch zur Rettung auf der Insel! Mit welchen beiden eurer verbleibenden Gegenstände fangt ihr jetzt am meisten an? Entscheidet euch und zeigt uns dann pantomimisch deren Gebrauch.

1. _____
2. _____
3. _____
4. _____

Unsere gemeinsame Kiste

Herzlich Willkommen an Bord der MS Astoria. Fülle bitte die Felder aus, wenn der Kapitän dich dazu auffordert.

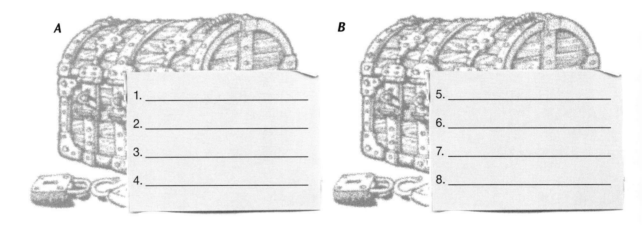

1. _____ 5. _____
2. _____ 6. _____
3. _____ 7. _____
4. _____ 8. _____

A

1. _____
2. _____
3. _____
4. _____

B

5. _____
6. _____
7. _____
8. _____

Ⓐ   Ⓑ

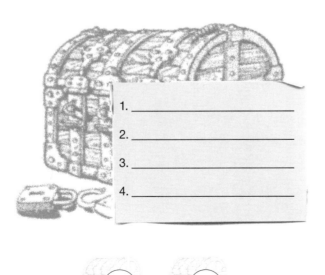

1. _____
2. _____
3. _____
4. _____

①   ②

© AOL Verlag · 77839 Lichtenau · Fon (07227) 9588-0 · Nr. A640

1 Die Kinder strecken sich auf den Turnläufern aus, nehmen eine angenehme Haltung ein und schließen die Augen. Im Hintergrund läuft Entspannungsmusik, nach Möglichkeit mit Natur-
5 geräuschen (gibt es in großer Auswahl in Buchhandlungen oder Musikgeschäften). Der Lehrer liest mit Pausen vor:

„Stell dir die Insel vor, auf der wir nach dem
10 Sturm gelandet sind. Sie liegt in der Karibik, einige hundert Kilometer weg von Jamaica und ist noch nie von einem Mensch betreten worden. Erschöpft, aber froh am Leben zu sein, haben wir die Nacht am Strand verbracht. Die Kleider
15 sind rasch getrocknet, doch es ist wenig Proviant gerettet worden. Der Kapitän glaubt, dass es irgendwo Wasser geben muss. Früh am Morgen brechen wir von unserem Lager auf und nehmen alle Gefäße mit, die wir in unserem spärli-
20 chen Gepäck finden können. Zuerst gehen wir am Strand entlang, ziehen die Schuhe aus und spüren den Sand und das Wasser an den Füßen. Wir entdecken Muscheln, kleine Krebse und sogar ein Seepferdchen.
25 Bald kommen wir zu einer steilen Felswand, an der sich die Wellen meterhoch mit großer Wucht brechen. Hier kommen wir am Ufer nicht mehr weiter. Der Kapitän zeigt auf seinem Kompass, dass wir uns nach Nord-Osten wenden müssen.
30 Dort ragt der Gipfel eines Berges aus dem dichten Baumwerk hervor.

Langsam dringen wir in den Urwald ein und suchen unseren Weg mühsam über knorrige
35 Wurzeln von riesigen Bäumen. Sie sind von Schlingpflanzen bewachsen und lassen kaum Sonnenlicht durch. Die Luft ist warm, feucht und erfüllt vom Duft seltener Pflanzen und exotischer Früchte. Wir pflücken Mangos und ma-
40 chen uns gierig über das saftige Fruchtfleisch her. Von allen Seiten hören wir fremdartige Vogelstimmen, dann wieder ist es kurz still. Da: Ein Papagei flattert vor uns auf und plappert vor Aufregung.
45

Hinter dichtem Buschwerk raschelt es verdächtig. Der Kapitän gibt uns ein Zeichen zum Stehenbleiben. Er greift sich einen losen Ast und wagt sich vorsichtig vor. Wir anderen blei-
50 ben zurück, warten gespannt, was passiert. Mit

51 lautem Schrei springt er einen Schritt vor – und bleibt wie angewurzelt stehen: Vor uns auf einer kleinen Lichtung sehen wir einen mannshohen Ameisenhaufen und einen Ameisenbär, der mit
55 seiner langen, klebrigen Zunge die Ameisen aufsammelt. Er dreht sich langsam um, schaut uns eine halbe Ewigkeit an, als wolle er seinen Augen nicht trauen. Dann trottet er gemächlich von dannen.
60

Die Suche nach Wasser macht durstig. Der Weg wird steiler und wir kämpfen uns durch das stachelige Buschwerk. Es wird lästig, Dosen und Kannen zu tragen, weil wir beide Hände
65 brauchen, um unsere Körper zu schützen. Je weiter wir den Berg hochkommen, desto lauter ertönt ein Rauschen. Wir hasten vorwärts, trotz aller Dornen. Die Mühe hat sich gelohnt: Vor uns sehen wir einen Wasserfall, der von einem Fels-
70 vorsprung über uns herab in ein kleines Wasserbecken stürzt.

Vor Freude werfen wir die Kleider ab, tauchen, schwimmen und trinken, bis wir nicht
75 mehr können. Glücklich legen wir uns am Ufer nieder und schlafen erschöpft ein. Nach der Anstrengung genießen wir die Wärme der Sonne und haben das sichere Gefühl, auf der Insel willkommen zu sein – was auch immer passieren
80 mag."

© AOL Verlag · 77839 Lichtenau · Fon (0/722/) 95888-0 · Nr. A640

Arbeitsblatt 3: *Die Expedition*

Auf einer Karteikarte erhält jede Gruppe ihre Aufgabe, die sie bei ihrem Rundgang über den Parcours lösen muss. Hier zum Kopieren und Ausschneiden:

Bei eurer Expedition auf der Insel dürft ihr niemals den Boden berühren, da ihr euch in einem morastigen Sumpfgebiet befindet. Unterwegs merkt ihr, dass sich euer Funker eine Blutvergiftung zugezogen hat und in Lebensgefahr schwebt. Einer aus eurer Gruppe spielt diese Rolle. Er darf sich nicht bewegen und muss schnellstmöglich über alle Hindernisse zum Camp transportiert werden, da er als Einziger den Kontakt zur Außenwelt aufnehmen kann.

Euer Jeep, den der Kapitän an Bord mitgeführt hat, ist wegen Benzinmangel stehen geblieben. Nun geht es darum, die Ausrüstung zu retten. Ihr müsst entscheiden, wie viele Teile der Ausrüstung (Volley- und Basketbälle, Reifen und Stäbe ...) ihr zurück zum Lager mitnehmen könnt. Kein Gerät darf unterwegs abgelegt werden. Jedes fallen gelassene Gerät gilt als verloren und darf nicht wiedergeholt werden.

Ihr habt ein Schlauchboot (Turnmatte) mitgenommen, um einen Fluss zu überqueren. Es darf unterwegs nicht beschädigt werden und ihr müsst aufpassen, dass der Proviant (zwei Bälle, die nicht festgehalten werden dürfen) oben bleibt.

Das Wetter hat sich zugezogen und Nebel breitet sich aus. Damit ihr niemand verliert und alle Hindernisse gemeinsam überwindet, müsst ihr euch mit einem Seil fest an der rechten Hand halten. Nur so ist es möglich, wohlbehalten ins Lager zurückzukehren.

Eure Dolmetscherin, die sich als einzige mit den Eingeborenen verständigen kann, leidet seit Tagen an einer Augenerkrankung. Um sich zu schützen, muss sie die Augen schließen. Versucht, sie durch eure Anweisungen heil ins Lager zu geleiten, ohne sie – wegen einer eventuellen Ansteckungsgefahr – zu berühren.

© AOL Verlag · 77839 Lichtenau · Fon (07227) 95880 · Nr. A640

„Music was my first love and it will be my last ..."

Laut und locker – Mein Körper als Instrument

Eine fächerverbindende Unterrichtseinheit für Musik, Sport und Biologie

Aus fast jedem Jugendzimmer dröhnt voller Power Musik. Egal, ob beim Lernen, wenn Besuch da ist oder zum Ausruhen, für Jugendliche ist Musik – ihre Musik – existenziell wichtig. Sie spiegelt ihre inneren Zustände wider, ihre Vorstellungen vom Leben und vor allem auch von der Liebe. Dabei mitzusingen, sich zu bewegen. Musik ist ein wichtiges Medium, um Ausdruck zu finden für all die widersprüchlichen Gefühle und Empfindungen. Sie hilft, sich anzutörnen, gute Laune zu bekommen, schlechte abzureagieren und sich gegen die Außenwelt abzuschotten (Walkman). Die bevorzugte Musik macht deutlich, zu welcher Gruppe man sich zugehörig fühlt, welche Einstellungen und Weltanschauung man vertritt und wogegen man sich abgrenzt. Musik hilft unangenehme Dinge wie Hausaufgaben oder Abwasch zu erledigen (für Erwachsene meist ein Rätsel, wie man sich dabei konzentrieren kann), Kontakte zu knüpfen, Erinnerungen und Träumen nachzuhängen, aber auch Erwachsene oder andere Jugendgruppen zu provozieren.

Unter „musike" verstand man bei den Griechen den musischen Gesamtausdruck des Menschen in Wort, Ton und Bewegung. Die meisten Jugendlichen setzen Musik aber nur rezeptiv ein, nur wenige von ihnen können selbst singen oder Musik machen und damit ihre eigenen Gefühle direkt umsetzen. Dabei wünschen sich die meisten Jugendlichen diese Fähigkeiten und die Geschichte der Beatles, die mit angeblich nur drei Gitarrengriffen begonnen haben, weckt auch heute noch Hoffnungen.

Sich ausdrücken zu können, ist für Kinder und Jugendliche aber die zentrale Fähigkeit, um zu ihren Gefühlen Zugang zu finden, zu ihnen zu stehen und sie nach außen hin zu vertreten. Umgekehrt ist es wichtig, genau zuhören zu können, um andere zu verstehen, um auch Feinheiten und Zwischentöne wahrzunehmen. Dieses genaue Hinhören ist für Jugendliche ein spannendes Erlebnis. Genau zu hören und herauszufinden, welche Geräusche wie erzeugt werden, ist eine Mischung aus Rätsel und Krimi und erzeugt Spannung, die Jugendliche einfach genießen können. Das Umsetzen in eigene Körperaktivität hilft, diese Spannung abzubauen, sich auszuprobieren, sich zu erfahren.

Gerade im Musikunterricht darf dieser Aspekt nicht zu kurz kommen. Das Wissen um Musikstile und Komponisten führt nicht unmittelbar zum eigenen Verständnis oder gar Tun. Erfahrungen mit sich selbst zu machen fördert Interesse und Motivation, um sich mit Musik verschiedener Epochen und Kulturen auseinanderzusetzen, sich dafür zu öffnen. Nicht zuletzt ist die Anknüpfung an der Musik und damit an dem Alltag der Jugendlichen wichtig, um sie als Handelnde und Akteure zu gewinnen für einen Unterricht, der mit ihnen als Person zu tun hat.

Ziel dieser Einheit ist es, mit den Jugendlichen auszuprobieren, was sie hören, was sie mit ihrer Stimme alles ausdrücken können und welche Bandbreite ihr Körper ihnen als Instrument zur Verfügung stellt.

Im Vordergrund stehen:
- Körperwahrnehmung und -erfahrungen
- die differenzierte Wahrnehmung von Gefühlen und das Umsetzen in Ausdruck
- die Einbeziehung eines zentralen Mediums von Jugendlichen
- die Erarbeitung eines Repertoires an Liedern
- das Zuhören und aufeinander reagieren
- Entwicklung und Schulung der Ausdrucksfähigkeit
- Erlaubnis zum Lautsein

Diese Einheit ist für einzelne Schulstunden beschrieben, sie ist aber ebenso als Workshop oder bei Projekttagen umsetzbar. Sie richtet sich an die Altersgruppe der 12–16-jährigen, wobei bei Älteren manche Methoden gestrafft werden müssen. Auch wenn „Musik" das zentrale Thema ist, bietet sich die Zusammenarbeit mit Sport (Körperwahrnehmung) und Biologie (Atmung) an.

1. Baustein: Klingen

In der ersten Stunde geht es darum, die Jugendlichen spielerisch auf das Thema einzustimmen, mit verschiedenen Methoden und Spielformen Spannung zu erzeugen und Lust zu machen, an diesem Thema zu arbeiten, mehr darüber herauszufinden.

Instrumente ausprobieren: Die Jugendlichen wählen sich ein Instrument aus dem Orffschen Instrumentarium und probieren aus, wie man

diese Instrumente spielen kann: mit Schlegel oder Hand, auf verschiedene Körperteile klopfen etc ... Hilfreich ist es, wenn die Lehrerin Vorschläge macht und anregt: „Erst sollen alle ganz leise Geräusche machen, nun sehr laut, nun besonders schnell, jetzt ganz vielfältig ..." Um mit diesen Vorschlägen gehört zu werden, empfiehlt es sich, mit einer Glocke o. ä. Beginn und Ende der Probierphase anzukündigen.

Rhythmen nachspielen: Jemand gibt einen Rhythmus auf seinem Instrument vor, alle versuchen, ihn nachzuspielen. Nach einigen Durchläufen werden die Instrumente in Metall-, Holz- und Fellinstrumente aufgeteilt und die Schüler spielen verschiedene Teile der Rhythmen nach. Je nachdem, wie gut es klappt, kann das sehr aufregend werden.

Gespräch: „Können wir Musik machen mit Mitteln, die allen zur Verfügung stehen?" Was fällt euch dazu ein? Welche Musik mögt ihr? Was könnt ihr singen oder spielen? Was würdet ihr gerne in diesem Bereich besser können, lernen oder ausprobieren?" Der Lehrer erklärt, welche Schwerpunkte in dieser Unterrichtseinheit vorgesehen sind und dass er mit den Jugendlichen erproben will, welche Möglichkeiten in Stimme und Körper als Ausdrucksmittel liegen. Illustrativ können Beispiele vorgespielt werden – von der Arie der „Königin der Nacht" aus der Zauberflöte, bis zu Bobby Mc Ferrin und Nina Hagen.

Klangmemory: Da genaues Zuhören ein notwendiges Moment ist, wenn man sich mit Musik und Stimme beschäftigt, wird nun ein Klangmemory erstellt und gespielt. Je nach Zeit kann die Lehrerin das daheim vorbereiten oder alle gemeinsam gestalten es im Unterricht. In schwarze Filmdöschen (die im Fotogeschäft gesammelt werden) werden verschiedene Dinge gefüllt: Nudeln, Zucker, Streichhölzer, Steinchen, Wasser, Mehl, Rosinen ... Jeweils zwei Döschen bekommen den gleichen Inhalt. Auf den Boden werden Etiketten geklebt, auf denen Zahlen stehen, wobei die Paare ganz unterschiedliche Zahlen bekommen sollen. Bevor die Döschen geschlossen werden, wird die Lösungskombination auf einem Blatt festgehalten. Beispielsweise haben 1 und 23 den gleichen Inhalt oder 7 und 12. Dann werden alle Döschen geschlossen und gemischt. Nun muss durch Schütteln und Hören gefunden werden, welche Döschen Paare sind. Wird das Spiel in der Klasse gemeinsam erstellt, bekommen Kleingruppen von 4-5 Personen jeweils den Auftrag, ein Memoryspiel mit 15 Paaren zu erstellen. Füllmaterial kann man mitbringen oder auch draußen suchen. Die Kleingruppen geben dann ihr Spiel an eine andere Gruppe zum Spielen und bekommen dafür deren Döschen.

Singen: Gemeinsam wird ein Wunschlied gesungen, dabei kann, wer mag, ein Rhythmusinstrument dazu spielen.

Hausaufgabe: Die Jugendlichen sollen Lieder und Texte für ein Liederbuch mitbringen, die sie gerne singen oder lernen wollen. Außerdem sollen sie ihre Lieblingssongs auf Cassette oder CD mitbringen.

Kommentar: Die Anfangsübungen dieser Einheit fangen mit bekannten Mitteln an, um den Jugendlichen den Einstieg zu erleichtern. Das gemeinsame Basteln und Raten macht sie zu Beteiligten, die Spaß daran bekommen, auf feine Unterschiede zu hören, verschiedene Klänge in den Döschen auszuprobieren und damit zu spielen.

2. Baustein: Hören

Diese Stunde greift zuerst das differenzierte Hören auf. Genau zuzuhören, um die Unterschiedlichkeit von „Äußerungen" zu erkennen und zu deuten ist das Ziel. Noch geht es um Geräusche als Vorbereitung für das Ausdrücken von bewusst gewählten Stimmungen und Gefühlen. Im zweiten Teil der Stunde setzen wir bestimmte Geräusche in körperlichen Ausdruck, in Bewegung und in Stimme um.

Instrumente raten: Die Orffschen Instrumente werden auf den Boden gelegt, alle sitzen mit dem Rücken dazu. Ein Ton wird gespielt, alle raten, mit welchem Instrument dieser gespielt wurde. (Für Jugendliche in der Hauptschule

oft wirklich unbekannte Töne.) Nach mehreren Ratedurchgängen dreht sich nun nur ein Kind um, ein anderes spielt eine Folge aus drei Tönen auf einem Instrument. Die Raterin muss versuchen, das Instrument herauszufinden und diese Töne richtig nachzuspielen. Das ist keine einfache Aufgabe, daher dürfen die gespielten Töne nicht zu extrem auseinanderliegen.

Ton heraustragen: Ein Schüler verlässt den Raum. Die anderen einigen sich auf einen Ton, den sie summen. Einer von ihnen „trägt" diesen Ton heraus. Der Rater kommt mit dem Ton, so wie er ihn gehört hat, wieder herein. Stimmt der Ton? Dieses Spiel muss man vielfach wiederholen, denn es ist sehr schwer, den gehörten Ton richtig zu reproduzieren.

Bienenkorb: Nun summen alle im Raum einen Ton vor sich hin. Auf ein Zeichen hin soll sich die gesamte Gruppe auf einen Summton zu einigen versuchen, natürlich ohne zu sprechen. Für Klassen oder Gruppen eine ganz spannende Form: Wie einigen wir uns? Wer setzt sich wie durch? Welchen Ton haben wir am Schluss, einen „extrem" hohen oder tiefen? Können wir daraus einen Gruppendreiton entwickeln?

Trommeln sortieren: Trommeln aller Art stehen im Klassenzimmer (Musiksaal). Die Klasse versucht, die verschiedenen Trommeln nach ihrer Tonhöhe zu ordnen. Alle beraten sich, bis es eine gemeinsame Lösung gibt (bei großen Klassen besser in Kleingruppen).

Ton-Bewegungs-Parcours: Alle Jugendlichen bewegen sich im Raum, auf einen Trommelschlag hin erstarren sie. Sie bekommen die Aufgabe, sich in drei verschiedenen Schrittarten zu bewegen: Sie trampeln zum Tambourin, schleichen zur leisen Rassel, hüpfen zur Triangel. Es wird schnell gewechselt, die Jugendlichen müssen spontan reagieren. Nun werden zusätzlich Geräusche eingebracht: Schreien zum Trampeln, Lachen zum Hüpfen und Flüstern zum Schleichen. Ein sehr lautes, lustiges Spiel!

Bewegungskanon: Die Jugendlichen markieren einen Kreis, in dem bei bestimmten Wegzeichen die Schrittart und Geräuschform wechselt, d.h. ein Teil ist das Trampelfeld, einer der Schleichpfad und einer das Hüpfgebiet. Alle bewegen sich durch den Kreis. Wie kann es gelingen, dass alle Kanonteile zu hören sind? Daraus kann man versuchen, mit konzentrischen Kreisen eine Tanzform zu entwickeln.

Lieder gestalten: Die Jugendlichen versuchen, für ein mitgebrachtes Lied auf Cassette, auf das sie sich einigen (oder in Kleingruppen je ein Lied), ein ähnliches Bewegungsfeld zu entwickeln. Sie probieren aus, welche Bewegungen zu diesem Lied passen und einigen sich dann auf einen Ablauf. Z. B. bei „An Angel" der Kelly Family kann man den Rhythmus stampfen, die Melodie im Dreierschritt tanzen, den Chor hüpfen. Wichtig ist, zunächst nicht mehr als zwei bis drei verschiedene Bewegungsformen anzustreben und sich das Lied oft genug anzuhören (d. h. Cassettenrecorder für alle, u. U. auch mehrere Räume), bis alle mitsingen können und sich dazu bewegen. Sind es mehrere Gruppen, kann das Ergebnis bei einer Vorführung mit Applaus gewürdigt werden.

Kommentar: Dieser Baustein ist laut, es tut den Jugendlichen gut, einfach mal laut und vielleicht sogar albern sein zu dürfen. Die Scheu, sich in der Gruppe mit ganz einfachen Bewegungen und Tönen zu zeigen, ist oft groß, so dass dieser Spielraum sehr wichtig

ist, und die Chance bietet, Widerstände abzubauen und sich mehr zu trauen, als zu Beginn. Deshalb sind die so einfach wirkenden Vorgaben ausreichende „Krücken" für bewegungsungeübte Jungen und leise Mädchen.

3. Baustein: Tönen

Diesmal wird verstärkt an Geräuschen gearbeitet, die man mit Stimme und Körper produzieren kann. Dabei erleben die Schülerinnen und Schüler, wie vielfältig die Möglichkeiten sind und welch großen Spielraum jede Einzelne von uns zur Verfügung hat. Es wird deutlich, welch unterschiedliche Bedeutung Worte und Geschichten durch Stimmhöhe, Stimmlage und -variation bekommen können.

Vorgänge intonieren: Die Jugendlichen werden aufgefordert, Geräusche nur mit ihrem Körper zu machen und zwar eine Katze, Regen, eine knarrende Tür, Pferdegetrappel, ein Motorrad, Blitz und Donner, rauschendes Gras, Einschenken von Cola ... Dabei auf den Einsatz von Tisch und Stühlen zu verzichten ist schwierig, manches muss erst ausprobiert werden. Es ist spannend festzustellen, wie unterschiedlich Einzelne diese Töne erzeugen.

Geräuschgeschichte: Eine Geschichte wird vorgelesen, in der Geräusche eine Rolle spielen, z.B. ein Gewitter, knarrende Dielen, leise Schritte, Tiere ... Dazu lassen sich viele Geschichten verwenden, die in dieser Hinsicht etwas bearbeitet werden müssen, z. B. Kurzkrimis. Ein Beispiel liegt als Arbeitsblatt bei (S. 63). Die Klasse wird in Kleingruppen zu je drei, vier Personen eingeteilt, jede Gruppe bekommt eine Nummer. Während des Vorlesens hebt die Leserin immer dann, wenn ein Geräusch gemacht werden soll, eine beliebige Nummer hoch. Die Gruppe mit dieser Zahl macht jetzt das beschriebene Geräusch. Da keine Gruppe weiß, wann sie an die Reihe kommt, steigert das die Spannung. Wichtig ist, dass die Geschichte fortlaufend gelesen wird und dass keine Diskussionspausen entstehen. Hinterher kann man die Geräusche sammeln, überlegen, welche Ideen besonders gut waren oder welche Möglichkeiten es noch gegeben hätte.

Körpergeräusche weitergeben: Summen, Brummen, Hauchen, Händereiben, Schnippen etc., solche Geräusche werden im Kreis weitergegeben. Nicht für alle ist jedes Geräusch einfach; es ist spannend zu sehen, wer welche Ideen und Möglichkeiten hat. Dabei kann der Lehrer auch das Tonvolumen nach oben und unten ausprobieren lassen – welches Volumen habe ich, in welcher Tonhöhe fühle ich mich am wohlsten beim Singen, beim Sprechen, beim Schreien?

Tomatensalat: Eine Jugendliche wird rausgeschickt, die anderen teilen sich ein mehrsilbiges Wort in Gruppen auf, jede Gruppe bekommt eine andere Silbe, die alle gleichzeitig vor sich hin singen. Die Draußenstehende kommt herein und versucht das Wort zusammenzusetzen. Im ersten Durchgang kann die Silbe immer wieder gesprochen werden, im zweiten können alle Silben auf einer Tonhöhe gesungen werden, dann auf lauter verschiedenen Tonhöhen. Wie lässt es sich am besten herausfinden? Zunehmend können auch ganze Sätze oder Liedzeilen, z.B. von Lieblingssongs, verwendet werden.

Kommentar: Dieser Baustein ist eine Experimentierstunde, sie lässt viel Raum, um auszuprobieren, mit der eigenen Stimme zu spielen. Die Methoden fordern die Jugendlichen heraus, selbst zu versuchen, wie das bei ihnen klappt. Das macht Spaß, verbindet die Klasse, ohne dass manche es „nicht können" und deshalb ausbrechen müssen. Dieser Erfahrung genug Zeit zu geben ist in dieser Einheit wichtig.

4. Baustein: Schreien

Diesmal geht es um eine spezielle Form der Äußerung, um das Schreien. Gerade für Jugendliche, denen oft vermittelt wird, dass sie so laut seien, ist es sehr wichtig, tatsächlich zu spüren, wie sie ihrer Stimme Ausdruck verleihen können und dass Schreien für viele von ihnen gar nicht so einfach ist. Da diese Stunde sehr laut wird, ist es gut, sie in der Sporthalle oder draußen abzuhalten.

Bildbetrachtung: Als Einstieg wird das Bild „Der Schrei" (von Eduard Munch) den Jugendlichen als Plakat oder Dia gezeigt. Sie assoziieren, was sie auf dem Bild sehen, welche Geschichte sie dahinter vermuten, was passiert sein könnte, welche Merkmale ihnen auffallen und welchen Titel sie dem Bild geben würden.

Worte finden: Als Ergänzung wird von Nina Hagen „Auf dem Friedhof" eingespielt und ihr „Schreien" versuchen die Jugendlichen zu beschreiben: Schrill, quietschig, kieksend, laut ... Dazu lassen sich noch andere Musikbeispiele

heranziehen: Königin der Nacht in der Zauberflöte, ACDC-Titel, Stockhausen ...

Schreiübungen: Alle stehen im Kreis. Auf Anweisung der Lehrerin schreien alle in verschiedenen Tonlagen: erst ganz tief, dann ganz hoch, jetzt einen langgezogenen Ton, nun viele kurze Töne, eine Tonfolge von oben nach unten, eine von unten nach oben ... Nach jedem Versuch gibt es eine kurze Reflexion, ob es leicht oder schwer war und was am lautesten ist.

Jetzt sucht jede die für sie günstigste Tonlage für einen möglichst kräftigen Schrei und wir versuchen, die Lautstärke zu steigern. Das kann man am Verstärker überprüfen oder auch daran, ob sich Leute auf der Straße umdrehen. Jetzt soll der Schrei mit einem Ausfallschritt auf die Mitte zu verbunden werden. Verändert das etwas? Ein Gegenstand wird in die Mitte gelegt, der angeschrien werden soll (das Klassenbuch, ein großes Stofftier oder auch die Lehrerin selbst). Wie wirkt das? Als nächstes schreien alle einzelne Worte: Ja, Nein, hau ab ... Wie wirkt der Schrei am lautesten?

Erklärung und Gespräch: Die Lehrerin erklärt, wie Atmung und Stimme zusammenhängen, welche Rolle das Zwerchfell spielt, warum unterschiedliche Tonhöhen für die Einzelnen besser sind. Auf dem Hintergrund dieses theoretischen Wissens überlegen die Jugendlichen, was für sie wichtig war, um laut und kräftig sein zu können, und auch, wie sie weiter üben können, wozu sie das brauchen.

Musik überschreien: Alle setzen sich an eine Wand, eine Jugendliche an die Wand gegenüber. Musik wird angestellt. Die Jugendliche versucht sie zu überschreien, während die Musik immer lauter gedreht wird, die anderen an der Wand signalisieren, wie lang sie sie hören. Das wollen viele ausprobieren!

Chefin-Sekretär: Alle sitzen im Kreis, die sich gegenübersitzenden Schülerinnen bilden ein Paar. Eine bekommt Papier und Bleistift als Sekretär, die andere einen kleinen Text als Chefin. Im Kreis sollte möglichst abwechselnd eine Chefin neben einem Sekretär sitzen. Auf ein Startzeichen fangen alle Chefinnen gleichzeitig an, ihren Text zu diktieren; alle Sekretäre versuchen ihr Diktat aufzuschreiben. Nach zwei Minuten wird gestoppt und alle berichten, was und wie viel sie verstanden haben bzw. wie sie versucht haben, sich verständlich zu machen. Es ist erstaunlich, welche Techniken es gibt, um sich durchzusetzen.

Kommentar: Diese Stunde ist sehr laut (warnen Sie deshalb Kollegen vor), aber auch sehr intensiv und schön. Die Jugendlichen sind oft fasziniert von den Erfahrungen, die sie dabei machen. Viele von ihnen, besonders Mädchen, können nämlich gar nicht so laut schreien, wie sie dachten, sondern müssen zunächst lernen, Stimme und Atmung einzusetzen. Die Koordination von Stimme, Atmung, Bewegung und Ziel zeigt, was wir brauchen, um wirklich klar und laut zu sein.

5. Baustein: Atmen

Diese Stunde fällt aus dem Rahmen, da wir vorschlagen, eine Sängerin oder einen Sänger einzuladen, um mit der Klasse die Erfahrungen der letzten Stunde zu vertiefen. Für Jugendliche ist es spannender und realistischer, durch einen Profi Hinweise zu bekommen als durch die Lehrerin und so auch ein bisschen Einblick in ein ihnen völlig fremdes, aber oft auch bewundertes Berufsfeld zu bekommen.

Singen: Gemeinsam singt die Klasse ein Lied. Wenn die Jugendlichen wollen, können sie eine ihrer Bewegungsumsetzungen von Liedern vortragen. Dann singt der Sänger ein Lied, um das Volumen, den Klang und die Vielfalt seiner Stimme zu zeigen. Gerne bitten die Jugendlichen um weitere Songs oder Tonfolgen.

Stimm- und Atemübungen: Nun zeigt der Profi, wie er an seiner Stimme arbeitet und sie übt. Dabei lässt er die Jugendlichen ihr eigenes Zwerchfell fühlen, damit sie spüren, wie es mitarbeitet und welchen Zusammenhang es zur Atmung gibt. Er macht Übungen, um verschiedene Modulationen (weich, hart, voll, leise) herauszuarbeiten. Gut ist es, wenn die Jugendlichen durch Einzel- und Paaraufgaben selbst dieses Training mitmachen können und gleichzeitig erfahren, warum dies gemacht wird.

Atemvolumen messen: Besondere Begeisterung ruft das Messen des Atemvolumens mit einem Gerät hervor, das jede Sängerin besitzt und zeigt, dass das Volumen durch Atemtechnik und nicht alleine durch Kraft oder Stärke des Blasens zu beeinflussen ist. So können die Jugendlichen messen und spüren, welche Einflussmöglichkeiten sie auf ihre Stimme haben und lernen, wie sie ihrer Stimme Kraft, Volumen und Ausdruck verleihen.

Kommentar: Die Unterstützung durch einen Berufsmusiker steigert den Reiz am Ausprobieren und Erspüren von eigenen Möglichkeiten. Das Thema Singen wird positiv und reizvoll erlebt; die Verbindungen zu ihrer eigenen Musik werden verstärkt. Hier zeigen sich ferner kulturelle Unterschiede (Jugendliche aus östlichen Ländern singen oft daheim und erreichen einen hohen Volumenwert bei der Messübung). Ein positiver Nebeneffekt: Auch das Thema Rauchen taucht in dieser Stunde häufig auf, da die Schüler wissen wollen, wie sich Zigaretten auf ihre Atmung und sportliche Leistungsfähigkeit auswirken.

6. und 7. Baustein: Senden

Dieser Baustein umfasst ca. 1,5 Stunden und muss daher u. U. in zwei Teile aufgeteilt werden. Es geht um das kreative Umsetzen des Gelernten in Kleingruppen, um das Geübte zu festigen und damit zu spielen, d.h. auszuprobieren, ob das, was man ausdrücken möchte, auch ankommt und verstanden wird.

Stimmvielfalt: Als Einstieg probieren alle miteinander aus, was man mit der Stimme alles machen kann: Hauchen, Zischen, Jauchzen, Pfeifen, Quietschen, Jammern, Brummen ... Wem etwas einfällt, bringt einen Vorschlag ein.

Gruppenbildung: Jede erhält einen Zettel, auf dem steht, welches Geräusch sie oder er machen soll (Türknarren, Grasrascheln, Regentropfen, bei kleineren Kindern auch Tierstimmen oder Liedanfänge). Jeweils vier Jugendliche haben die gleiche Aufgabe und sollen sich im allgemeinen Geräuschgetümmel als Kleingruppe zusammenfinden. Die so entstandene Kleingruppe arbeitet nun gemeinsam weiter.

Werbespots in Kleingruppen: Jede Kleingruppe bekommt eine Werbeseite aus einer Zeitschrift (z. B. Parfum, Milch, Hustensaft, Kleidung o.ä., bitte keine Alkohol- oder Zigarettenwerbung). Für dieses Produkt soll nun jede Gruppe einen Radiowerbespot entwickeln, den die Gruppenmitglieder nur mit ihren Stimmen, also ohne Instrumente, gestalten.

Damit der Geräuschpegel während der Probezeit nicht zu hoch wird, sind mehrere Räume sehr hilfreich. Nach intensiver Probe- und Vorbereitungsphase, in der die Lehrkraft herumgeht und Hilfe anbietet, werden die Ergebnisse hinter einem Vorhang (Leintuch) vorgetragen.

Singen: Ein guter Abschluss ist es, wenn gemeinsam gesungen werden kann, vielleicht auch mit Instrumenten, die den Song unterstützen. Zur nächsten Stunde sollen alle Lie-

der und Texte gesammelt werden, die die Klasse gerne für die Abschlusssession haben und u.U. in ein Klassensongbook aufgenommen haben will. Dazu sollen alle Lieder, die sie zu Hause singen, mitbringen. Außerdem auch solche Lieder, die ihre Eltern mögen (oder mochten), die die Oma hört ...

Kommentar: Einen Werbespot zu erstellen ist eine Herausforderung und führt dazu, dass die Klasse vieles von dem Erarbeiteten der vorigen Stunden umsetzt. Für alle ist es spannend, die Vielfalt der Möglichkeiten zu sehen und wie die Zusammenarbeit in Kleingruppen ermöglicht, dass alle sich kreativ beteiligen können. Dennoch ist es für Jugendliche nicht leicht, auf Hilfsmittel wie Instrumente oder Cassetten zu verzichten. Daher brauchen sie genügend Zeit, um zu experimentieren und sich etwas einfallen zu lassen.

8. Baustein: Sammeln

In vielen Klassen und Jugendgruppen sind verschiedene Kulturen und Hintergründe der Kinder versammelt, die als solche auch wahrgenommen und „genutzt" werden sollen. In den Familien wird sehr unterschiedliche Musik gehört, in manchen wird musiziert, in anderen gibt es kaum Bezug dazu. Gerade in Familien aus anderen Kulturkreisen hat Musik einen besonderen Stellenwert. In dieser Stunde wollen wir hören, wie Musik in anderen Ländern klingt, wie sie zu anderen Zeiten klang, wie verschieden es ist, was als schön empfunden wird und wie unterschiedlich in Familien und

Kulturen mit Musik, Singen und Tanzen umgegangen wird. Das Hören vieler Musikbeispiele (russischer Balladen, asiatischer Gammelanmusik, Elvis-Lieder des Vaters und Operettenhits der Oma) macht Spaß und regt an, über die Entwicklung des eigenen Musikgeschmacks nachzudenken.

Wer Beispiele mitgebracht hat, stellt sie vor und erzählt, woher dieses Musikbeispiel kommt. Wenn einzelne Lieder nicht per Recorder, sondern life vorgetragen werden, umso besser. Während ein Musikbeispiel läuft, sollen die Jugendlichen auf ein Papier ihre Assoziationen schreiben, allerdings ohne Wertungen. Also nicht: scheußlich, sondern laut, verschwommen, romantisch ... Am Ende dieser Einheit wird gemeinsam überlegt, welche Lieder und Musikstücke die Jugendlichen gerne in ihr Klassensongbook aufnehmen wollen.

9. Baustein: Üben

Dieser Baustein bereitet den Abschluss der Einheit vor, indem eine gemeinsame Session geplant wird. Ein Fest als Abschluss bietet sich bei dem Thema an, macht allen Spaß und führt die Einheit nochmals an die Musik heran, die den Jugendlichen im Moment wichtig ist.

Tongeschichte: An der Tafel steht eine Tongeschichte (siehe Skizze), die die Gruppe miteinander einübt. Gemeinsam überlegen wir, welche Worte oder welche Geschichte dazu pas-

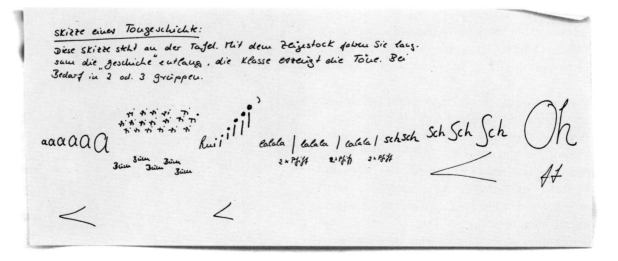

sen könnte. In Kleingruppen bekommen die Jugendlichen eine Overheadfolie, auf die sie eine Tongeschichte zeichnen sollen, die dann alle miteinander ausprobieren.

Vorbereitung der Session: In Kleingruppen stellen wir aus der mitgebrachten Musik unser Programm für den Abschluss zusammen. Je nach Wunsch – Ideen können gemeinsam an der Tafel gesammelt werden – werden Textbücher vervielfältigt, eine Play-back-Show vorbereitet (im Sinne von: Sing mit, nicht stumme Imitation), es können Tänze geübt oder ein Musikstück kann mit Instrumenten geprobt werden. Gemeinsam wird ein kleines Repertoire an Liedern ausgewählt und die Texte werden zusammengestellt, so dass tatsächlich alle mitsingen können. Zwei Stunden sollten dafür zur Verfügung stehen.

Kommentar: Jetzt können die Jugendlichen noch mal deutlich zeigen, was ihnen wichtig ist und kommen mit ihrem Musikgeschmack zum Zuge. In diesem Rahmen hat die Unterschiedlichkeit des Musikgeschmacks auch Reize und weckt die Bereitschaft, sich gegenseitig zuzuhören, aber auch, sich auf Gemeinsames zu einigen.

10. Baustein: Singen und Feiern

Das Fest verbindet, macht den Abschluss einer guten Zusammenarbeit deutlich und gibt Gelegenheit, vieles von dem Gelernten in der eigenen Realität umzusetzen. Aus den vorbereiteten Teilen wird das Programm gestaltet, aber auch spontane Ideen haben ihren Platz.

Die Erwachsenen können ihre Musik natürlich ebenso einbringen wie die Jugendlichen. Das Fest mit Musik, Bewegung, Imitation, mit der Wiederholung mancher Tongeschichten und dem Singen beendet diese Einheit mit Aktivität und Spaß.

Erfahrungen

Die Beschäftigung mit der eigenen Stimme ist für viele Jugendliche ganz fremd. Singen scheint altmodisch oder man empfindet sich selbst als unmusikalisch, zahlreiche Blockaden wurden im Laufe der Jahre errichtet. Um sich an diesen Bereich heranzutrauen, ist es nötig, vom klassischen Singen wegzukommen. Schreien, Quietschen und vielfältige Geräusche in der Gruppe zu machen ist weniger angstbesetzt, kann Spaß machen und eröffnet einen altersgemäßen Zugang zu dem Thema. Da die Erfahrung am eigenen Körper, das Spüren von Abläufen ein zentrales Ziel dieser Einheit ist, wird dem Experimentieren möglichst viel Raum gegeben. Nach unserer Erfahrung ist diese Einheit oft laut, es wird viel gelacht. Gleichzeitig sind intensive Momente von Spannung zu erleben, wenn genau gehört werden soll. Die Balance zwischen diesen beiden Polen führt zu ergiebiger Arbeit. Das „Ergebnis" einer solchen Einheit kann ein Songbook sein, wesentlicher sind aber die gewonnenen Erfahrungen der Jugendlichen. Aus diesen ergeben sich Anknüpfungspunkte für unterschiedliche Fächer: in Biologie der Aufbau des Atembereichs, für Sport Körpererfahrungen im Bereich des Tänzerischen und in Musik die Weiterarbeit im Bereich Singen und Gesang.

1 Endlich, nach langen Ermahnungen, vielen Er-
klärungen und Anweisungen sind Sofies Eltern
aufgebrochen, um ein Wochenende in Wien zu
verbringen.

5

Jetzt hat Sofie das ganze Haus für sich alleine
und kann anstellen, was sie will. Zuerst trampelt
sie die Holztreppe auf die Bühne hinauf, was ihr
sonst nicht erlaubt wird. Dort oben steht in

10 einem fast schalldichten Raum das Schlagzeug
ihres Vaters. Sofie setzt sich auf den Hocker vor
das Schlagzeug und rutscht ihn sich zurecht.
Ganz ruhig bleibt sie erstmal sitzen, horcht. Hier
ist es absolut still. Dann nimmt Sofie in eine

15 Hand den Schlagbesen, in die andere den Stock
und fängt an, auf die verschieden großen Trommeln zu schlagen. Zuerst ganz leise, es klingt
fast zärtlich. Dann lauter und schneller und
immer lauter. Jetzt hören sich die Töne an wie

20 fröhliche lebenslustige Trommelwirbel. Ob sie
auch Traurigkeit oder Wut damit ausdrücken
kann? Sofie versucht es mit der großen Trommel, schlägt ganz langsam und gleichmäßig mit
dem Stock. Es klingt wirklich irgendwie traurig.

25 Dann versucht sie Wut auszudrücken und haut
wie wild auf die Instrumente ein. Es macht ihr
richtig Spaß und sie merkt, dass sie nicht nur
Gefühle ausdrücken, sondern sie übers Trommeln auch loswerden kann. Sie hört erst auf, als

30 ihr Arme und Handgelenke weh tun.

Sofie trampelt so laut sie kann die Treppe wieder runter. Sie setzt sich auf den Schaukelstuhl
im Wohnzimmer und schaukelt hin und her. Der

35 Holzfußboden knarrt bei jeder Bewegung.
Während sie überlegt, was sie nun tun könnte,
hört sie das Telefon im Flur läuten. Sie springt
auf und rennt in den Flur, doch als sie sich meldet, hört sie nur ein Klicken in der Leitung. Da

40 muss sich wohl jemand verwählt haben, denkt
Sofie und geht in die Küche. Die Kirchturmuhr
schlägt viermal ganz tief und zehnmal hell. Sofie
nimmt sich ein Knäckebrot aus dem Brotkasten,
geht in ihr Zimmer, setzt sich aufs Bett und nagt

45 gemütlich an ihrem Brot. Sie hört das Holz im
Haus knarren, es hört sich fast so an, als würde
jemand den Flur entlang laufen. Sofie versucht,
sich die langsam aufkommende Furcht auszure-
den. Für jedes Geräusch überlegt sie sich eine

50 logische Begründung.

51 Es hat begonnen zu regnen. Dicke Tropfen
klatschen an ihr Fenster. Sofie hört den Wind in
den Bäumen rauschen. Jetzt wird es ihr wirklich
unheimlich zumute, ganz allein in dem großen

55 Haus. Blitzschnell zieht sie sich aus, schlüpft in
ihr Nachthemd und verkriecht sich unter der
Bettdecke. Sie fröstelt, Schauer laufen den
Rücken herunter, die Zähne klappern leise aufeinander. Huch, da zuckt zu allem Überfluss

60 auch noch ein Blitz am Himmel. Sofie fängt an
zu zählen, eins, zwei, drei, vier und schon hört
sie den Donner grollen. Bei Gewittern hat sie
immer schreckliche Angst. Wenn es sonst
nachts gewitterte, war sie immer zu ihren Eltern

65 ins Bett geschlüpft. Doch jetzt ist niemand da,
bei dem sie Schutz suchen kann. Nun gefällt ihr
das Alleinsein gar nicht mehr, und sie wünscht
sich sehnlichst ihre Eltern herbei.

70 Der Sturm wird immer heftiger und heult ums
Haus. Fensterläden klappern und draußen fallen
irgendwelche Sachen um. Blitz und Donner folgen immer schneller aufeinander. Sofie fängt an
zu weinen, so verzweifelt ist sie. Dabei hatte sie

75 sich so darauf gefreut, einmal alleine zu sein.
Aber so hat sie sich das nicht vorgestellt. Nie
hätte sie gedacht, dass sie die Eltern, die sie
sich sonst manchmal auf den Mond wünschte,
so vermissen würde. Sie zieht die Decke über

80 den Kopf und hält die Ohren zu. So ist der Donner nur noch ganz gedämpft zu hören.
Sofie schlägt die Augen auf und ist erstaunt,
draußen blauen Himmel und Sonnenschein zu
sehen, Vögel zwitschern zu hören. Anscheinend

85 hat sie doch schlafen können. Juhu, diese
Gewitternacht ist überstanden. Sofie dehnt und
streckt sich, gähnt nochmal lautstark und
springt mit einem Satz aus dem Bett. Fröhlich
pfeifend geht sie ins Bad. Zwei wunderbare

90 Alleinseintage liegen vor ihr.

© AOL Verlag · 77839 Lichtenau · Fon (07227) 9588-0 · Nr. A640

Das Gefühls-ABC:

G *wie großzügig oder gemein*
E *wie ernsthaft oder eigensinnig*
F *wie fröhlich oder furchtsam*
Ü *wie übermütig oder überheblich*
H *wie heiter oder hilfreich*
L *wie lustig oder langweilig*
E *wie ehrenkäsig oder eifersüchtig*

Gefühle sind die Farben des Lebens

Eine fächerverbindende Unterrichtseinheit zu Maskenbau und darstellendem Spiel in Bildender Kunst und Deutsch

Ein Pokerface aufsetzen, jemanden entlarven, gute Miene zum bösen Spiel machen, sein Gesicht nicht verlieren wollen, immer cool bleiben – jeder von uns kennt solche Redensarten und ihre emotionale Doppeldeutigkeit. Gerade für Heranwachsende ist das Spiel mit der Verstellung reizvoll; doch mit zunehmendem Alter lernen sie, dass es nicht immer günstig ist, seine wahren Gefühle zu zeigen. Mädchen und Jungen brauchen Spielräume, um Nähe und Distanz, Träume und Ängste, positive und negative Emotionen auszudrücken, ohne mit den realen Konsequenzen des Alltags belastet zu sein.

In dieser Unterrichtseinheit geht es um die Wahrnehmung und den Ausdruck von Gefühlen und um das Verhältnis von Echtheit und Verwandlung. Übungen zur Bildbetrachtung, Zeichnung und darstellendem Spiel stehen am Anfang, um die Schüler für die Vielfalt des emotionalen Ausdrucks zu sensibilisieren und sie für die Arbeit mit Gipsmasken zu interessieren. Diese Technik fördert ihr handwerkliches Geschick und partnerschaftlichen Umgang. Daraus entwickeln wir Formen des Darstellenden Spiels. Der Schutz der Maske erlaubt es den Kindern, sich auszuprobieren und Gefühlsäußerungen zu verstärken, zu kombinieren oder ins Gegenteil zu verkehren, schließlich Szenen zu gestalten und die jeweilige Wirkung zu erleben. In Verbindung mit den Fächern Sport und Musik kann daraus ein Projekt „Bewegungstheater" entstehen.

Im Verlaufe der Einheit möchten wir die Schüler anregen,

- ihre Aufmerksamkeit auf die eigene Erscheinung zu richten, die sich in der pubertären Phase zunehmend verändert und doch einzigartig bleibt: Wie sehe ich aus? Was unterscheidet mich von anderen?

- ihr körpersprachliches Repertoire zu erweitern und differenzierte Darstellungen von Gefühlen zu entdecken: Wie kann man Trauer im Gesicht und mittels Farben darstellen? Wie Freude in einer Skulptur oder hinter einer Maske?

- ihre emotionale Wahrnehmungsfähigkeit im Umgang mit anderen zu erweitern: Wie erleben und verhalten sich die anderen? Wie kann ich darauf reagieren? Wann ist es gut, seine Wut rauszulassen, zu helfen oder einfach still zu sein?

Was ist das?

Man kann sie nicht riechen oder sehen.
Sie sind immer da – manchmal stärker, manchmal schwächer.
Jeder von uns hat sie,
sie verändern sich ständig und sie begleiten uns.
Man kann sie nicht kaufen, aber beeinflussen
durch angenehme Musik, schlechte Noten ...
Ohne sie wäre das Leben farblos.
Was ist das?

1. Baustein:
Menschen wie Ich und Du

Über die Beschäftigung mit Bildmaterial nähern wir uns schrittweise dem Thema „Gefühle" und arbeiten mit den Kindern die Vielschichtigkeit von Emotionen heraus. Partnerarbeit und nonverbale Verständigung sind dabei wesentliche Lernformen.

Bilderrätsel: Die Lehrerin liest ein Rätsel vor („Was ist das?", Seite 65). Sobald es von den Kindern gelöst ist, erhalten sie ein Bilderrätsel (siehe Arbeitsblatt 1, Seite 73). Zu zweit versuchen sie, den Satz „Ge-fühle sind die Far-ben des Le-bens" (Hermann Hesse) aus einer Kombination von Bildern und Buchstaben (Rebus) zu ermitteln. Die Paare, die die Lösung gefunden haben, schreiben ihre Vornamen in einzelnen Buchstaben unter das Rätsel und sammeln Eigenschaftswörter, die mit diesen Buchstaben beginnen.

Gespräch: Was ist mit diesem Satz gemeint? Welche Gefühle kennt ihr? Die Kinder lesen die von ihnen gefundenen Eigenschaftswörter vor; diejenigen Begriffe, in denen Gefühle oder Stimmungen anklingen (zornig, eifersüchtig, gelangweilt), werden an der Tafel notiert.

Bildbetrachtung: Mit Tageslicht- oder Diaprojektor werden 5-6 Bilder an die Wand projiziert. Sie zeigen Menschen mit einem starken Gefühlsausdruck in den unterschiedlichsten

Situationen und Epochen, darunter z. B. James Dean, den „Harlequin" von Picasso, eine Siegerin im Sport (neben enttäuschten Konkurrentinnen), jemand, der bedroht wird usw. Hierzu können Fotos aus Zeitungen, Illustrierten, Filmkalendern oder Zeichnungen von Picasso, Renoir, Degas, Dürer, Frieda Kahlo, usw. benutzt werden.

Bei jedem Bild assoziieren die Kinder zu den Fragen: Was spricht euch bei diesem Bild an? In welcher Stimmung befinden sich die dargestellten Personen? Was könnte als Situation vorausgegangen sein?

Auf meinem Foto sehe ich: Die Schüler setzen sich mit ihren Partnern Rücken an Rücken. Jeweils einer der beiden erhält eine Postkarte bzw. ein Foto, das zwei oder mehrere Personen zeigt. Aufgabe ist es, dem anderen die Situation auf dem Bild und den vorherrschenden Gefühlsausdruck zu beschreiben.

Nachdem sich beide das Bild angeschaut und über die Aussage verständigt haben, werden die Rollen getauscht. Jedes Paar erhält ein neues Bild.

Bildhauer und Modell: Wir legen die Bilder für einen Moment beiseite und schaffen Platz im Raum. Die Lehrerin verkündet, „dass wir uns in einer Künstlerwerkstatt befinden, in der es innerhalb kürzester Zeit möglich ist, täuschend echte Figuren für ein Museum herzustellen". Die Kinder bleiben mit ihrem bisherigen Partner zusammen und einigen sich, wer zuerst die Rolle des Bildhauers übernimmt. Dieser hat die Aufgabe, den anderen – sein Modell – in einen Tennisspieler zu verwandeln. Dazu dürfen die Bildhauer die Arme, Beine, Hände und Kopf ihres Modells in die entsprechende Position rücken und sie in dieser Haltung fixieren. Zuletzt geben sie eine Mimik vor, die ihr Tennisspieler in seinem Gesicht übernehmen muss.

Bei diesem Vorgang wird nicht gesprochen; die Modelle dürfen weder Widerstand leisten, noch eigenmächtig ihre Position verändern. Wenn alle Bildhauer ihr Werk vollendet haben, schauen sie die von ihnen geschaffenen Skulpturen im Rundgang an. Dann erfolgt ein Rollentausch und die bisherigen Modelle werden zu Bildhauern. Nacheinander werden auf diese Weise jeweils die Hälfte der Schüler zu

Seiltänzern (ängstlich), Clowns (traurig) oder zu Gespenstern (wütend) geformt und von den anderen bewundert.

Bildregisseure: Die Kinder kehren an ihren Platz zurück und schauen sich nochmals die Fotos aus der Übung zur Bildbetrachtung an. „Welches Paar hat nun Lust, eines ihrer beiden Fotos hier im Raum nachzustellen?" Vor den Augen der anderen wählt das erste Paar Mitspieler aus und stellt sie in Positur, um die Personen und Situation auf dem Filmfoto bzw. auf der Postkarte nachzubilden.

Das Publikum meldet sich erst zu Wort, wenn dieser Prozess abgeschlossen ist, kommentiert dann die Szenerie und macht Verbesserungsvorschläge. Sofern großes Interesse bei den Kindern an einer Fortsetzung dieser Methode („Standbilder") vorhanden ist, teilen wir die Klasse in Gruppen zu je drei bis fünf Kindern ein. Dort wird jeweils ein Foto und eine Regisseurin ausgewählt, die das Bild nachstellt. Im Rundgang schauen wir uns die Ergebnisse der einzelnen Gruppen an.

Bilderrahmen: Zum Abschluss dieses gestalterischen Prozesses erhalten die Kinder Gelegenheit frei zu zeichnen. Hierzu entscheiden sich die Paare für eines der beiden Fotos, die sie sich vorher gegenseitig beschrieben haben, und kleben es auf ein Zeichenblatt. Mit Wachsstiften zeichnen sie einen Bilderrahmen um das Foto, um die für sie darin erkennbare Stimmung farblich und mit Symbolen zu verstärken.

Vor Beginn wird vorgeschlagen, diese Aufgabe ohne Worte zu probieren. Die Bilder werden aufgehängt. Wer will, gibt dem Bild einen Titel: „Der traurige Charlie Chaplin"; „Ich gehöre immer noch dazu!"; „Heute sind wir Marx-brothers wieder supercool drauf" oder „Komm mir nicht zu nahe!".

Abschlussgespräch: Folgende Fragen sind hilfreich: Wenn ihr die Farben und Formen vergleicht, die die Einzelnen von euch um die Fotos gemalt haben – ist das beliebig? Wie ist das bei einer Trauernachricht oder einer Hochzeitskarte? Habt ihr beim Zeichnen des Rahmens Anregungen vom Partner aufgegriffen? Wer hätte lieber allein gemalt?

Hausaufgabe: Die Kinder sollen zur nächsten

Stunde ein Handtuch, Creme und eigene Masken mitbringen. Alle fertigen bis dahin eine Collage aus Gesichtern an, die sie aus alten Zeitschriften herausschneiden.

2. Baustein: Masken-Bau-Zeit!

Übungen zur Vertrauensbildung gehen der Herstellung der Gesichtsmaske voraus. Wir legen Wert darauf, dass die Kinder den Arbeitsprozess selbstständig durchführen.

Mein Phantomgesicht: Jedes Kind erhält ein leeres Blatt Papier, das es sich vor das Gesicht hält. Mit einem Stift gilt es, in etwa einer Minute die eigenen Gesichtskonturen so gut wie möglich zu zeichnen. Die lustigen Ergebnisse werden in der Klasse gezeigt, mit Namen versehen und aufgehängt.

Impuls und Gespräch: Der Lehrer setzt eine Maske auf: Kann jemand von euch meinen Gesichtsausdruck erraten? Was glaubt ihr, was ich gerade denke oder fühle? Angeregt durch die „Gesichtscollagen" und Masken, die die Schüler mitgebracht haben, sprechen wir in der Klasse über die Herkunft und Vielfalt von Masken (was sie verbergen oder erlauben und bei welchen Anläßen sie heute noch in aller Welt getragen werden).

Paarfindung: In Anlehnung an das Spiel „Zublinzeln" stellen sich alle Schülerinnen im Kreis auf. Ohne Worte zwinkern sich diejenigen mit den Augen zu, die als Paar weiterarbeiten wollen. Wer einen Partner gefunden hat, tritt jeweils einen Schritt aus dem Kreis zurück.

Annäherung: Ein Partner sitzt mit dem Rücken zum anderen, schließt die Augen und muss die Begriffe (Berufe oder Tierarten) erraten, die ihm der andere in einzelnen Buchstaben auf den Rücken schreibt und jeweils (wie im Sand) wegwischt. Nach dem Wechsel setzen sich die Partner mit dem Gesicht zueinander und einigen sich, wessen Maske zuerst hergestellt wird. Derjenige schließt nach Möglichkeit die Augen. Der andere zeichnet die Konturen des Gesichts langsam mit den Fingern nach und fettet es vorsichtig mit Creme ein.

Herstellung der Masken: Die Arbeitsschritte werden vorab von der Lehrerin beschrieben und an der Tafel festgehalten (siehe Arbeitsblatt 2 Seite 74). Die Lehrerin unterstützt, wo es notwendig wird. Wer fertig ist, hilft anderen Kindern oder räumt auf, wenn die Stunde zu Ende geht.

3. Baustein:
Die Maske deiner Wahl

Die Kinder freunden sich mit ihren Masken an, gestalten sie mit Farben und geben ihnen einen Gefühlsausdruck. Einleitende Übungen tragen dazu bei, die Wahrnehmung, Fantasie und genaue Vorstellung der Kinder anzuregen.

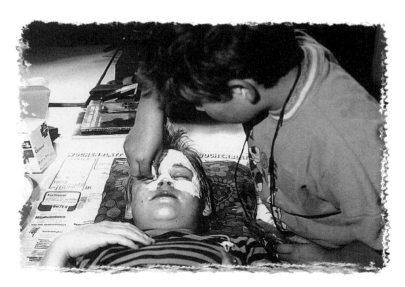

Erkenne deine eigene Maske: Die Kinder gehen mit vorgehaltener Maske durch den Raum. Der Lehrer ruft eine Zahl und die Kinder bilden rasch entsprechend große Gruppen. Nach mehreren Durchgängen wird eine Zahl zwischen fünf und acht (entsprechend der Schülerzahl) gerufen. In diesen Gruppen legen die Mädchen und Jungen ihre getrockneten Masken auf einen Tisch und schließen dann die Augen. Die Masken werden vom Lehrer durchmischt. Nach einer (stillen) Betrachtungsphase zeigt jedes Kind auf die eigene Maske. Erst wenn alle Gruppenmitglieder glauben, ihre Maske entdeckt zu haben, wird die getroffene Wahl anhand der Namen auf der Innenseite überprüft: Woran habt ihr eure Maske erkannt? Was ist daran und an eurem Gesicht unverwechselbar?

Gesichter malen: Aus jeder Gruppe kommt ein Mitglied zur Lehrerin und bekommt ein Gefühl ins Ohr geflüstert. Am Tisch beraten sich die Kleingruppen und zeichnen den entsprechenden Ausdruck von Augen, Mund usw. in eine ovale Gesichtsform hinein, die auf einem Papierbogen vorgegeben ist. Diese Zeichnungen werden an der Tafel aufgehängt und miteinander verglichen. Die Lehrerin: An welchen Gesichtspartien kann man Freude, Wut usw. besonders gut erkennen? Wie verändern sich jeweils Augen, Mund oder Stirn und durch welche Farben kann der Gefühlsausdruck weiter verstärkt werden?

Traumreise und Gestaltung: Die Kinder nehmen auf ihren Stühlen eine angenehme Körperhaltung ein. Die Lehrerin liest den Text der Traumreise „die Maske deiner Wahl" langsam vor (siehe Arbeitsblatt 3, Seite 75). Anschließend gestalten die Schülerinnen ihre eigenen Masken durch Farbgebung und Musterung und geben ihr einen Namen.

4. Baustein:
Die Masken zum Leben erwecken

In dieser Unterrichtsphase arbeiten wir intensiv an der Darstellung mit den Masken. Abhängig von Zeit, Alter und Interessen in der Klasse folgt eine Aktion in- oder außerhalb des Kunstraums, damit sich die Schülerinnen im

Schutz der Maske ausprobieren und eigene Grenzen in der Darstellung erweitern können. Nachfolgend sind Übungen und Projekte skizziert, die wir in 4-6 Unterrichtsstunden in verschiedenen Klassen durchgeführt haben.

Maskenschau: Zuerst werden die Tische nach außen geräumt, um eine Spielfläche in der Mitte zu bekommen. Die Schülerinnen stehen im Kreis und sortieren sich mit ihren Masken nach dem Ausdruck und den Farbkombinationen. Die Lehrerin: „Es gehen alle in Gruppen zusammen, die in ihrer Maske ... viel Rot/Blau/Gelb ... haben; ... die darin zwei Farben/drei/vier Farben haben; ... die eher schön/häßlich oder fröhlich/wütend aussehen wollen ...“

Im Kreis stellen sich die Kinder als Figur mit ihren Masken vor, nennen dazu den Fantasienamen, den sie sich für ihre Maske ausgedacht haben („Ich bin Filippo, der kleine Drache“ oder: „Ich bin Sarah, die wilde Königin“) und zeigen mit einer Geste an, ob sie heute eher traurig, müde, gelangweilt, gespannt, lustig gestimmt sind. Der Rest der Gruppe wiederholt jeweils die Geste und den Namen der Figur.

Gefühlspanorama: Die Schüler setzen sich auf die Tische mit Blick zur Raummitte. Wer will, zieht einen Zettel und stellt mit der eigenen Maske nach kurzer Vorbereitungszeit die Aussage dar: „Ich bin begeistert.“ oder: „Ich bin erschrocken, ... erstaunt, ... mies gelaunt, ... enttäuscht, ... cool, ... gelangweilt“ usw. Dies zuerst im Stehen, im Sitzen oder – je nach Anweisung – mit dem Rücken zum Publikum. In der zweiten Runde lautet die Anweisung: „Stelle uns eine typische Situation vor:

* Ich freue mich immer, wenn ... ;
* Ich bin traurig, wenn ... ;
* Ich fürchte mich, wenn ... ;
* Wenn ich wütend bin, möchte ich am liebsten ...“.

Gefühlswandel: Ein Kind kommt mit Maske auf die Bühne und setzt die Aufgabe um: „Beginne in einer traurigen Haltung und finde einen Gedanken oder einen Gegenstand, der dich hier im Raum anspricht, und der dich fröhlich macht. Nimm dir für diesen Weg ausreichend

Zeit“ (Die gleiche Aufgabe mit „Ich bin wütend und bekomme Angst“ usw.). Diese Darstellung kann von mehreren Kindern gleichzeitig ausgeführt werden, ohne dass sie beim pantomimischen Spiel Kontakt zueinander aufnehmen.

Zu zweit stellen die Kinder folgende Spielanweisung dar: „Zuerst ist einer von euch beiden traurig und der andere fröhlich. Was passiert, damit sich die Gefühle umdrehen?“

Gefühlsstandbilder: Als „Bildhauerteams“ entwickeln die Kinder in Vierergruppen eine Situation, die sie aus ihrem Alltag kennen – etwa einen Streit auf dem Schulhof – und spielen sie als Momentaufnahme der Gefühle vor: „Eine/r von euch ist gerade wütend, traurig ..., weil ...“ (siehe Arbeitsanregung 4, Seite 76).

Bei der Vorführung stellt jede Gruppe ihre Situation als Standbild bewegungs- und wortlos

dar. Da man den Gesichtsausdruck hinter den Masken schwer einschätzen kann, beschreiben die Zuschauer jeweils, was sie an den Haltungen der einzelnen Akteure und an der Gruppenkonstellation erkennen. Die Aussagen lauten beispielsweise: „Der Stefan ist traurig, weil die anderen wahrscheinlich zum Eisladen gehen, ohne ihm was davon zu sagen ..."; „Die Melanie ist hocherfreut, weil sie gerade die beste Klassenarbeit zurückbekommen hat, während die anderen nicht so gut waren und jetzt neidisch sind ..."

Wenn die Situation von den Zuschauern erfasst und von den Akteuren bestätigt worden ist, wählen wir bei jeder Gruppe, die ihr Standbild vorstellt, eine der folgenden Rollenspieltechniken:

- Jede Darstellerin spricht einen Satz in Ich-Form zu ihrer augenblicklichen Empfindung in der Rolle, z.B. Melanie: „Klasse, auf die Eins habe ich gehofft. Jetzt bekomme ich endlich ein neues Fahrrad!" Ein anderes Kind: „Wieso fällt mir das in der Arbeit immer so schwer und der Melanie so leicht?"

- Die zuschauenden Kinder treten hinter die einzelnen Darsteller und verbalisieren deren Gefühle und Gedanken. In unserem Beispiel: „Diese blöde Kuh, kein Wunder, dass die Melanie so gut ist. Die sitzt ja sowieso den ganzen Nachmittag vor ihren Büchern ..."

- Zum Abschluss geht jeder Darsteller in das Gegenteil. Wer fröhlich war, wird traurig. Und umgekehrt. Dies nach Ansage der Lehrerin in Zeitlupe oder in Zeitraffer. Alle Kinder werden mit Beifall aus ihren Rollen entlassen.

Masken und Texte: Der Lehrer liest eine Kurzgeschichte vor und macht nach jedem Satz eine Pause. In unserem folgenden Textbeispiel „Die Aufregung" bewegen sich vier Kinder parallel zu den Anweisungen – als „Mann", „Polizistenduo" bzw. „Rotkehlchen". Die anderen achten als Zuschauer auf jede Gefühlsregung (Die Szene kann mit den Schülern weiter ausgebaut und mit Musikinstrumenten begleitet werden vgl. die Unterrichtseinheit „Laut und Locker").

Die Aufregung

Ein Mann wacht nachts in seinem Haus auf, hört seltsame Geräusche und befürchtet, dass Einbrecher am Werk sind. Er bekommt Angst, schließt sich in seinem Schlafzimmer ein und alarmiert die Polizei. Die Geräusche im Haus scheinen bald näher, bald weiter weg zu sein. Nach einer qualvollen Wartezeit klingelt es und ihm wird langsam wohler. Die beiden Polizisten durchsuchen das ganze Haus und finden ein Rotkehlchen, das verzweifelt gegen ein angelehntes Fenster fliegt und nicht heraus kann. Die Polizisten befreien das Tier und haben ihren Spaß. Der Mann ist erleichtert, und zugleich ist ihm die ganze Angelegenheit furchtbar peinlich ...

Mini-Dramen: Im zweiten Schritt erhalten die Schüler kurze Texte, in denen die Emotionen der handelnden Personen deutlich zutage treten. Dazu eignen sich Zeitungsberichte (Regenbogenpresse, BILD-Zeitung), Märchen, Balladen (z. B. „John Maynard" von Theodor Fontane) oder Erzählungen („Die drei Wünsche" von Johann Peter Hebel). In Kleingruppen lesen die Schüler den Text, fügen Details hinzu und teilen die Rollen ein. Während ein Gruppenmitglied den Text vorliest, wird er von den anderen in Bewegung umgesetzt. Daraus entwickeln die Mädchen und Jungen Ideen für eigene Mini-Dramen, die sie außerhalb des Unterrichts schreiben, proben und in der Abschlussstunde aufführen.

Masken in der Natur: Im Mittelpunkt steht die Begegnung von Natur und Mensch, die durch die Masken eine skurrile und ästhetische Note erhält. Dazu verlassen wir in dunkler Kleidung mit den Masken das Schulgelände und suchen eine Wiese nahe eines Waldstücks auf (vorzugsweise mit älteren Schülern, Klasse 7 bis 9).

Ochs vorm Berg: Zur Einstimmung spielen wir eine Variation dieses alten Kinderspiels. Alle nehmen eine Ausgangshaltung ein (freundlich, traurig ...) und versuchen, diese allmählich zu verändern. Ein Kontrolleur geht in der Gruppe umher. Diejenigen, die er bei einer Bewegung erwischt, müssen zurück zu ihrer Ausgangsposition und einen Ton von sich geben, der zum eigenen Ausdruck passt. Ziel der anderen ist es, unbemerkt vom Kontrolleur einen Partner zu fassen und sich zu Gruppen zusammenzufinden. Wie geschickt stellen sich die Einzelnen an?

Mit den Masken hören: Alle sind still, hören und reagieren auf die Geräusche der Natur, dann auf die Töne einer Flöte, Trommel oder eines anderen Instruments, das der Lehrer oder ein Mitschüler spielt. Gemäß dem Trommelschlag bewegen sich die Schüler langsam oder schnell und sie folgen dem Trommler als homogene Gruppe.

Die Natur blind erspüren: Paarweise erkunden die Schülerinnen das Gelände. Eine Partnerin ist blind und sie wird von der anderen sicher geführt, sie kann Bäume ertasten usw. Zurückgekehrt zum Ausgangspunkt muss sie nun mit offenen Augen den Weg wiedererkennen, auf dem sie geleitet worden ist.

Begegnungen: In Kleingruppen probieren die Schüler Begegnungssequenzen aus, die sie als Standbilder, in Zeitlupe und Realzeit vorführen. Die Anleitung hierfür erhalten sie auf Karteikarten. Zum Beispiel:
- Wie bewegt sich eine Person in der Natur, die allein sein will, die Angst hat, die sich verbergen will, sich verirrt oder einen Schatz gefunden hat?
- Zwei Menschen begegnen sich auf einem engen Weg. Der eine ist fröhlich, der andere ist traurig. Was passiert?
- Eine Person wird von drei anderen verfolgt, ohne dass sie es zunächst bemerkt. Was kann sie tun außer wegzulaufen oder zu kämpfen?
- Räuber teilen ihr Diebesgut. Einer fühlt sich hintergangen. Was kann er tun, um seinen Anteil zu bekommen?
- Ein Mädchen begegnet einem Fremden im Wald und entdeckt in ihm den lang vermissten Bruder. Woran erkennen sie sich?

Die Klasse wandert jeweils von Szene zu Szene. Klassenkameraden halten die wesentlichen Momente mit dem Fotoapparat fest. Sofern ein Text im Unterricht szenisch erarbeitet worden

ist, wird er gleichfalls im Wald gesprochen und umgesetzt (z. B. eine Passage aus dem Sommernachtstraum).

Masken in der Stadt: Wie reagieren andere Menschen auf unsere Masken? Um die Wirkung auszuprobieren, geht die Klasse – vorzugsweise an einem Markttag – in die Stadt. Nach Möglichkeit sollten zwei Lehrkräfte bei dieser Aktion mitwirken. Um es den Kindern zu erleichtern, verwandeln wir uns mit ihnen in eine Zirkustruppe, die am Ort einen Auftritt hat und sich die Zeit bis zur Nachmittagsvorstellung in der Innenstadt vertreibt.

In der Stadt ziehen die Kinder frei los und wir vereinbaren einen Ort, wo wir uns anschließend treffen. Paarweise gehen sie auf Marktverkäufer und Passanten zu und stellen ihnen Fragen, die sie sich vorher im Unterricht überlegt haben, z. B. „Haben sie Angst vor Monstern? Finden Sie mich hässlich? Können sie uns Äpfel zum Jonglieren oder Geld zum Telefonieren geben? Haben Sie eine Blume, die so aussieht wie ich? Wissen Sie den Weg zum Zirkus, wir haben uns verlaufen?" Diejenigen Mädchen und Jungen, die unsicher sind, erhalten von den Lehrern Unterstützung bei den ersten Kontaktaufnahmen. Mit der Zeit entstehen originelle Dialoge mit Passanten, die bereitwillig mitspielen.

Gruppenbilder: Am Treffpunkt stellen sich die Schüler in einer Reihe auf und geben nacheinander vor dem Straßenpublikum das Gefühl weiter, das die Lehrerin jeweils nennt und es entsteht eine freudige, traurige, ängstliche „la Ola-Welle". Auf Zuruf der Lehrerin verwandeln sich die Kinder danach schnell in eine Gruppe von Rockstars, in einen Kirchenchor, in eine Fitness-Gruppe usw. Für einen Moment frieren sie jedesmal als Foto ein. Auch Zurufe von Passanten sind willkommen und werden sogleich umgesetzt.

Zum Abschluss geht die Klasse mitsamt den Masken in die Eisdiele. In den Gesprächen nebenbei berichten die Kinder über die Reaktionen, die sie mit ihren Masken bei den Passanten ausgelöst haben.

Erfahrungen

Dieser letzte Baustein ist ein Abenteuer für die Kinder, das für viele einen großen Schritt zum Erleben und Ausdrücken von Gefühlen bedeutet. Der Zugang über die äußere Perspektive – „Menschen wie Du und Ich" – ist hilfreich für die Kinder. Die Fülle der auf den Bildern dargestellten Emotionen weckt ihr Interesse. Die Frage „Gibt es eigentlich richtige und falsche Gefühle?", die meist gestellt wird, entfacht rege Gespräche in einer Klasse.

Da die Projektidee aus dem gemeinsamen Tun erwächst, geht es in dieser Phase betriebsam zu. Wesentlichen Anteil am Gelingen haben – neben einer guten Organisation – die offene Haltung der Lehrer gegenüber den Wünschen der Kinder. Dies bedeutet, manches ganz bewusst als „Experiment" anzugehen und mit den Kindern auszuprobieren, ohne sich daran festzubeißen. Die Unterrichtseinheit ist nach 8-10 Stunden abgeschlossen, das Thema „Gefühle" bleibt jedoch ein Dauerbrenner!

1. Erratet mit eurem Partner die einzelnen Silben, die einen Sinnspruch ergeben. Dazu müsst ihr die Begriffe
   für die einzelnen Bilder finden und jeweils einzelne wegstreichen oder durch die angegebenen Buchstaben ersetzen.

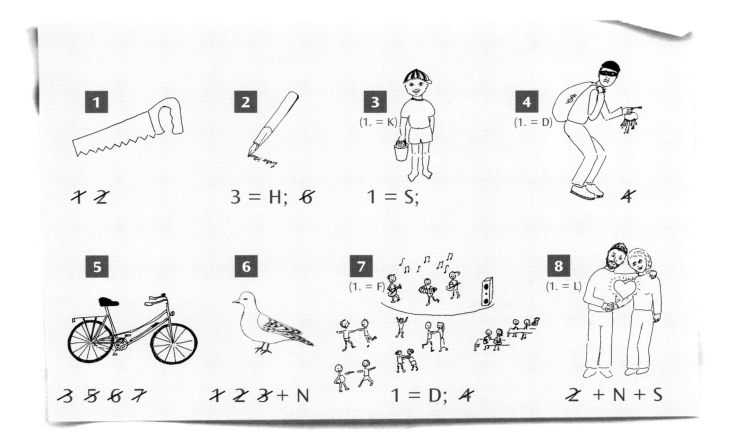

Der Lösungssatz lautet: . . . .

2. Wenn ihr die Lösung gefunden habt, schreibt eure Vornamen in einzelnen Großbuchstaben untereinander und sucht dazu jeweils Eigenschaftswörter, die mit diesem Buchstaben anfangen.

- _   • _
- _   • _
- _   • _
- _   • _
- _   • _
- _   • _
- _   • _
- _   • _

© AOL Verlag · 77839 Lichtenau · Fon (07227) 9588-0 · Nr. A640

Arbeitsblatt 2: *Masken-Bau-Zeit.*

Die Anleitung zum Herstellen von Gesichtsmasken in Kurzform

● Schaffe dir mit deinem Partner ausreichend Platz.

● Legt Zeitungen aus und stellt eure Materialien auf den Tisch (Gipsbinden, Schere, Handtuch, Spiegel, Haarband, Gesichtscreme, Wasserschüssel).

● Entscheidet, wessen Maske zuerst angefertigt wird. Für denjenigen heißt das dann:

● Nehmt die Haare mit einem Haarband aus eurem Gesicht.

● Legt euch ein Handtuch um die Schultern.

● Zeichnet mit einem Schminkstift auf eurem Gesicht den Umriss und die Linien um eure Augen, Nase und Mund, lehnt euch dann entspannt zurück und schließt die Augen.

● Lasst euch das Gesicht von euren Partnern eincremen.

Hinweis an die Partner:

● Schneidet die Gipsbinden in kleine Streifen und weicht sie ganz kurz in Wasser ein.

● Legt die eingeweichten Gipsbinden auf das Gesicht und verstreicht den Gips gleichmäßig. Augen und Nasenlöcher (und Mund) bleiben frei.

● Nehmt die Maske vorsichtig vom Gesicht, wenn der Gips fest ist.

● Durchbohrt die Maske an zwei Stellen, wo später das Gummiband befestigt wird, und schreibt den Namen eures Partners hinein.

© AOL Verlag · 77839 Lichtenau · Fon (07227) 9588-0 · Nr. A640

Arbeitsblatt 3: *Traumreise – „Die Maske Deiner Wahl"*

Lesen Sie folgenden Text langsam vor, wenn Ihre Schüler zur Ruhe gekommen sind:

„Entspanne dich und schließe die Augen. Atme tief durch und konzentriere dich dann auf dein Gesicht.

Spüre dein eigenes Gesicht mit den Fingern. Stell dir vor, wie ein Pinsel sanft über deine Gesichtszüge gleitet und wie eine Maske aus angenehm weichen Material entsteht, die ganz deutlich zeigt, wer du bist. Atme tief ein und aus. Nimm in Gedanken diese Maske von deinem Gesicht ab.

Stell dir nun vor, du setzt eine Maske der Schönheit auf. Lass die Maske irgendein Bild tragen, das für dich Schönheit darstellt. Suche dir dazu angenehme Farben aus. Spüre, wie Schönheit auf deinen ganzen Körper einwirkt, während du weiter ruhig und entspannt bist. Atme tief ein und aus. Nimm die Maske dann ab."
(Dieselbe Textpassage kann für Wut, Angst, Trauer, Hässlichkeit und/oder Freude wiederholt werden.)

Dann: „Stell dir eine Maske mit einem Gefühl deiner Wahl vor. Schaffe dir deine ganz persönliche Maske. Welche Farbe hat sie, welche Form, wie fühlt sie sich an?

Spüre das Gefühl in deinem Körper. Nimm nun diese neue Maske ab und komm langsam hierher zurück.

Nimm dir ein Blatt Papier und zeichne die Maske deiner Wahl."

(im Hintergrund läuft ruhige Musik, z. B „Opera Sauvage" von Vangelis; der Text ist gekürzt und abgewandelt nach Andrea Olsen „Körpergeschichten", S. 154)

Jede Gruppe erhält die Anweisung für die Darstellung einer Gefühlsqualität auf einer Karteikarte.
Hier der Text zum Ausschneiden:

Für ein modernes Museum sollt ihr eine Figur herstellen, bei der alle aus eurer Gruppe mitwirken und mit ihren Masken in einer Körperhaltung festgefroren sind. Die Überschrift eures Kunstwerkes lautet: „Einer von uns ist gerade traurig, weil ihn die anderen gerade ...“

Für ein modernes Museum sollt ihr eine Figur herstellen, bei der alle aus eurer Gruppe mitwirken und mit ihren Masken in einer Körperhaltung festgefroren sind. Die Überschrift eures Kunstwerkes lautet: „Eine von uns ist gerade wütend, weil die anderen sie gerade ...“

Für ein modernes Museum sollt ihr eine Figur herstellen, bei der alle aus eurer Gruppe mitwirken und mit ihren Masken in einer Körperhaltung festgefroren sind. Die Überschrift eures Kunstwerkes lautet: „Eine von uns ist gerade hocherfreut, weil die anderen ihn gerade ...“

Für ein modernes Museum sollt ihr eine Figur herstellen, bei der alle aus eurer Gruppe mitwirken und mit ihren Masken in einer Körperhaltung festgefroren sind. Die Überschrift eures Kunstwerkes lautet: „Einer von uns ist gerade ängstlich, weil die anderen ihn gerade ...“

© AOL Verlag · 77839 Lichtenau · Fon (07227) 9588-0 · Nr. A640

Manchmal fühl' ich mich so wunderlich ...

Erwachsenwerden – ein Thema für die Schule?

Ein fächerverbindendes Projekt für den Deutsch-, Biologie-, Sport-und Religionsunterricht.

Die Pubertät ist eine der schwierigsten Lebensperioden, in der sich junge Menschen völlig neu orientieren müssen. Eltern berichten von Türknallen, Tränenausbrüchen und lauter Musik. Im Schulalltag zeigen sich die Veränderungen durch fehlende Konzentration, Widerspruchsgeist oder völliges Desinteresse. Zentrale Entwicklungsaufgaben beschäftigen und absorbieren die Jugendlichen:

- Identitätsfindung
- Geschlechtsidentität
- Aufnahme sexueller Beziehungen
- Ablösung von den Eltern/der Familie
- Entwicklung einer unabhängigen Moral und eigener Ideale
- Abschied von der Kindheit

All das stürmt von verschiedenen Seiten auf die Heranwachsenden ein, sie sind überfordert damit, sehnen sich nach Nähe und Geborgenheit und müssen sich gleichzeitig abwenden von dem bisher Vertrauten.

Die Schule kann diese Prozesse nicht ignorieren. Wenn sie die Jugendlichen weiterhin erreichen will, muss sie sich neben der Vermittlung von Fachwissen auch mit den Fragen der Jugendlichen nach ihren Lebenszielen und Vorstellungen beschäftigen. Sonst entfernen sich die Interessen und Bedürfnisse der Jugendlichen immer weiter von dem, was in der Schule gemacht wird. Denn um lernen zu können, müssen sie das Gefühl haben, dass es Platz für sie und ihre Anliegen gibt, nicht nur Platz für den Lehrplan. Die Anbindung dieser Themen an Lehrplaninhalte ergibt sich vor allem in Deutsch und Religion, aber auch in Biologie und Sport (Körpererfahrungen).

Ziel dieser Einheit ist es, die Jugendlichen in ihren momentanen Veränderungen zu begleiten und ihnen Raum zu geben, um sich darüber auszutauschen, um sich gegenseitig zu bestätigen, um gemeinsame Erfahrungen zu machen und zu durchdenken.
Konkret geht es darum:

- die Selbstwahrnehmung zu fördern: Wer bin ich, wo stehe ich, wohin möchte ich?
- die Geschlechtsrollenfindung zu begleiten: Was heißt Frau/Mann sein in unserer Gesellschaft, was verändert sich, wie will ich werden?
- über die Liebe, den Kontakt zu anderen, über Kommunikation, über Fremd- und Eigenwahrnehmung nachzudenken,
- Träume, Sehnsüchte, persönliche Ziele wahrzunehmen.

Konzipiert ist die Einheit für die Mittelstufe, vor allem für Klasse 8 und 9. Der unterschiedliche Entwicklungsstand von Mädchen und Jungen muss dabei beachtet werden. Um beide Gruppen zu erreichen, ist eine geschlechtsspezifische Schwerpunktsetzung in geteilten Gruppen sinnvoll und notwendig. Als Material empfehlen wir zwei Filme zum Thema Sexualität und Liebe, die sich als Einstieg, Informationshilfe und Auflockerung anbieten. Ebenso raten wir dazu, Experten zu bestimmten Teilen einzuladen, z. B. Beraterinnen von Pro familia, die als Außenstehende bestimmte Themen besser ansprechen können als etwa die Englischlehrerin, die in der nächsten Woche eine Arbeit bewertet oder ein Elterngespräch hat.

Filmserie „Sechs mal Sex und mehr"

eine Produktion des SFB, 1994, Farbe, jeder Film ist ca. 26 Minuten lang. 6 Teile mit unterschiedlichen Schwerpunkten
1. *Das erste Mal*
2. *Frauensache*
3. *Halbe Hemden, ganze Kerle*
4. *Ich werde ich*
5. *Liebe und so weiter*
6. *Homo – Hetero – Bi – oder was?*

Film: „Sex – eine Gebrauchsanweisung für Jugendliche"

Statens–Film–Central, Dänemark, 1987, ab 12 Jahre, 18 Minuten lang, in Farbe

beide Filme sind als Video über Kreisbildstellen auszuleihen.

Sinnvoll ist es, eine solche Einheit außerhalb der Schule durchzuführen. Der Wechsel des Ortes, befreit von Zwängen des Stundenplans und der Stundentafel, ermöglicht das „unbeobachtete" Arbeiten und führt die Jugendlichen intensiver zusammen – natürlich auch mit den Lehrern. Diese Einheit empfehlen wir daher als Projekt 2 bis 3 Tage in einem Schullandheim durchzuführen. Der Ablauf dieser Tage soll mit den Schülerinnen und Schülern gemeinsam vorbereitet werden, damit ihre Bedürfnisse und Fragen Eingang finden. Für diese Einheit beschreiben wir Bausteine in Zeitabschnitten von 1,5 bis 2 Stunden, die über drei Tage in einem Schullandheim oder auch, wenn nicht anders möglich, im Unterricht über mehrere Schulwochen verteilt werden können.

1. Baustein: Wer bin ich?

Zu Beginn konzentrieren sich die Jugendlichen auf sich selbst und versuchen, sich darüber klar zu werden, wo sie gerade stehen, was ihnen wichtig ist und welche Themen für

---

Menschenkenntnis

Ich zog einen Sommerrock an,
eine adrette Bluse,
lockte mir die Haare
und schminkte mich dezent.
Da war ich eine junge Dame
– vielversprechend und angenehm.

Ich zog Lederhose an,
T-Shirt und Weste,
ließ die Haare
verwuschelt im Wind.
Da war ich eine Rockerbraut
– eine von den „Verlorenen".

Ich zog einen Schlitzrock an
und ein tiefes Dekolletee,
hochhackige Schuhe
und schminkte mich grell.
Da war ich eine Prostituierte
– eine von denen.

Ich zog einen langen Rock an,
eine weite Bluse darüber,
steckte mir eine Blume
in mein wildes Haar.
Da war ich ein Hippiemädchen
– eine, die nicht arbeitet.

Ich zog ein Sommerkleid an,
nach der neuesten Mode,
trug die Haare nett frisiert
und nahm einen Kinderwagen mit.
Da war ich eine junge Mutter
– MANCHE WISSEN'S EBEN GANZ GENAU!

von Kristiane Allert-Wybranietz

---

sie vorrangig sind. Dies mit anderen auszutauschen, Gemeinsamkeiten und Unterschiede zu entdecken, die einerseits bereichern, andererseits das Unverwechselbare ausmachen, ist ein wichtiger Schritt, um sich auf die Auseinandersetzung mit dem eigenen und dem anderen Geschlecht einzulassen.

Gedichte: Zum Einstieg werden zwei oder drei Gedichte vorgelesen, die sich mit Identität beschäftigen (Textbeispiele: „Ich" von Christina

Jensen und „Menschenkenntnis" von Kristiane Allert-Wybranietz). Diese sollen zum Nachdenken anregen, eigene Assoziationen wecken.

Fragebogen: „Wer bin ich". Der Fragebogen (Arbeitsblatt 1, Seite 89, in Anlehnung an den Fragebogen aus E. Bilstein, A. Voigt-Rubio: „Ich lebe viel") fordert die Jugendlichen heraus, sich über sich selbst Gedanken zu machen, Positionen zu beziehen und Worte zu suchen für bestimmte Befindlichkeiten.

Kleingruppe: Zu dritt tauschen sich die Jugendlichen über diejenigen Fragen aus, die sie wichtig finden und deren Antwort sie sich gegenseitig erzählen wollen. Dann sprechen sie über den Fragebogen: Welche Fragen waren schwer zu beantworten, welche leicht? Welche waren für sie selbst spannend? Was wollen sie voneinander wissen? Welche Fragen hätten sie aufgenommen und wichtig gefunden?

Variante Ratespiel: In einer Gruppe von 6-8 Jugendlichen werden die Fragebögen gemischt, jemand zieht und liest eine Antwort vor. „Wisst Ihr schon, wer das geschrieben haben könnte?" Wenn nicht, werden weitere Antworten vorgelesen, bis die Autorin erraten wird. Diese Variante ist nur möglich, wenn in der Gruppe fair und respektvoll miteinander umgegangen wird. Meist braucht die Klasse Erfahrungen mit solchen Methoden und Gesprächen, um dieses Vertrauen ineinander setzen zu können.

Gruppenmalen: In der Kleingruppe wird ein großer Papierstreifen ausgerollt, der in entsprechend viele gleich große Teile aufgeteilt wird, wie Gruppenmitglieder mitarbeiten plus einem Teil für die Gesamtgruppe in der Mitte. Zu ruhiger Musik (z.B. Mozart Hornkonzert oder Jan Gabarek) malt jede ihren Teil aus mit Farbe oder Symbolen, die sie für sich wählt. Dabei soll nicht gesprochen werden. Dann malt jeder in die Gruppenmitte etwas hinein. Ob dabei Verbindungen hergestellt werden oder nicht, bleibt der Gruppe überlassen. Gemeinsam hängen alle das Bild auf und lassen die Vielfältigkeit auf sich wirken, ohne dass darüber gesprochen werden muss. Das Klassenzimmer oder der Gruppenraum erhalten so eine gute Atmosphäre, in der die Einzelne und die Gruppe sich widerspiegeln.

Feedback mit Gegenständen: Zum Abschluss legt die Lehrerin eine gemalte Sonne in die Mitte des Raumes, alle stehen in einem großen Kreis darum. Jeder nimmt einen kleinen Gegenstand von sich in die Hand (Ring, Uhr, Stift, Halstuch, Schuh) und legt ihn jeweils in die Entfernung von der Sonne, die die richtige Distanz scheint auf die Frage, die die Lehrerin stellt: „Wie hat mir diese Einheit gefallen? Wie offen war das Gespräch in unserer Gruppe? Wie angenehm ist es mir, von mir zu sprechen?"

Kommentar: Dieser erste Baustein überrascht die Jugendlichen meist durch die „anderen" Methoden. Damit umzugehen, müssen die Schülerinnen erst lernen, Albereien helfen manchmal über Unsicherheiten hinweg (z.B. beim gemeinsamen Malen), ohne dass damit der Sinn dieser Arbeitsform in Frage gestellt wird. Es muss deutlich werden, dass jeder selbst entscheiden kann, wie intensiv er sich einbringt, die angebotenen Möglichkeiten für sich nutzt und dass niemand „gezwungen" wird. Eine Absprache, was passiert, wenn jemand nicht mitmachen kann oder will, ist oft hilfreich, wie z. B. rausgehen bis zur nächsten Pause, sich mit etwas zu lesen in eine Ecke zurückziehen, einfach still dabei bleiben ...

2. Baustein:
Hier steh' ich, und wohin geh' ich?

Dieser Baustein vertieft die Beschäftigung mit dem Selbstbild und den Vorstellungen, wie man sein möchte. Sich selbst in eine Idealrolle zu begeben, heißt, sich klar zu werden über das, was man gerne erreichen oder verkörpern will. Dafür spielerisch Ausdruck zu finden, macht Auseinandersetzung möglich. Der Film „Wer bin ich" aus der Serie „6 Mal Sex und mehr" ergänzt die eigenen Vorstellungen durch die Bilder anderer Jugendlicher und regt zum gemeinsamen Nachdenken an: „Wer sind wir und was wollen wir? Was verbindet uns und was unterscheidet uns?"

Symboltisch: Ein Tisch mit vielen Gegenständen des Alltags steht bereit (Kuscheltier, Teebeutel, Kerze, Bild, Parfum, Ball ...). Jede sucht sich einen Gegenstand aus, der zu ihrer momentanen Stimmung passt. Im Kreis sit-

zend erzählen die Einzelnen, warum sie diesen Gegenstand gewählt haben, wie sie gelaunt sind und was sie heute erwarten. „Ich habe den Teebeutel mit Schwarztee gewählt, weil ich erst richtig wach werden muss, aber auch, weil ich heute Anregendes erwarte" oder „Ich habe die Murmel gewählt, weil die etwas Geheimnisvolles in sich hat und ich gespannt bin, was wir heute machen" sind Beispiele für solche Aussagen.

Fantasiereise „Die Hauptrolle": In dieser Fantasiereise wird der Gang durch einen riesigen Film- und Theaterfundus beschrieben. Die Jugendlichen werden an berühmten Kleidungsstücken vorbeigeführt (Rock von Marylin Monroe, Westernhut von Gary Grant, Schuhe von Tom Hanks, Ballkleid von Scarlett ...). Dort sollen sie sich ein Kleidungsstück heraussuchen, das sie in ihre Traumhauptrolle versetzt. Sie bewegen sich in diesen Kleidern und in ihrer Rolle: An welchem Ort, in welcher Zeit sind sie? Wer ist noch dabei? ... Dann kommen sie wieder in den Raum zurück. (Der genaue Text liegt als Arbeitsblatt 2, S. 90 bei.)

Etikettenspiel mit den Hauptrollen: Jeder schreibt seine Rolle auf ein Klebeetikett und klebt es jemanden aus der Gruppe auf den Rücken. Alle gehen im Raum herum und versuchen herauszufinden, welche Person sie durch das Etikett geworden sind. Dazu stellen sie Fragen an andere, auf die diese mit „Ja" oder „Nein" antworten können. „Bin ich eine Frau?" „War ich schon mal in den Nachrichten zu sehen?" „Lebe ich noch?" ...

Variante Personenraten: Jede verkörpert ihre eigene Figur, die anderen versuchen durch Raten herauszufinden, wer die Einzelnen sind. Dabei kann jede ihre eigene Identifikationsfigur beibehalten. Das Spiel eignet sich gut, um es in Kleingruppen zu spielen, die sich dann der Großgruppe vorstellen.

Standbilder: Wenn alle Figuren geraten wurden, stellen sie sich vor und finden sich zu Gruppen zusammen, die etwas miteinander zu tun haben: alle, die schon tot sind, alle in Beziehungsfilmen, alle in Komödien, alle mit tragischem Ende ... Die Untergruppen stellen sich gemeinsam als Standbild auf, so zeigen sie sich der Restgruppe. Die Einzelnen sagen einen für sie wichtigen Satz im Standbild, manchmal entstehen daraus kleine Szenen.

Film: Die großen Kinofilme zeigen oft die große Liebe und regen unsere Vorstellung davon an, wie Liebe sein kann. Der Film „Wer bin ich?" aus der Serie „6 mal Sex und mehr" (ist ca. 28 Minuten lang) eignet sich gut, um das Thema auf die Alltagsrealität von Jugendlichen zu beziehen: „Was stellst du dir unter der großen Liebe vor? Gibt es das? Kann sich jemand in mich verlieben?" Mit Bildern und Interviews wird dieses Thema mit Jugendlichen zwischen 12 und 20 Jahren geöffnet. Als Gesprächsanregung reichen die ersten 14 Minuten des Films aus, um darüber zu sprechen und in das Thema des nächsten Bausteines hineinzufinden: Wie stelle ich mir mein Leben als Mann/Frau vor?

Gespräch: Angeregt durch den Film überlegen die Jugendlichen, welche Vorstellungen ihnen wichtig sind, was sie sich erhoffen, was sie befürchten ... Dieses Gespräch soll in geschlechtsgetrennten Gruppen geführt

Wunschtorte

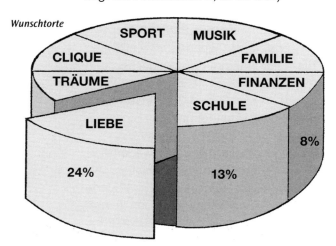

werden, da es sonst schwer ist, Offenheit zu erreichen.

Wunschtorte (S. Grafik S. 80): Wie soll mein Leben in einem, in zwei, in fünf Jahren aussehen? Jeder teilt für sich auf einem Blatt eine „Torte" auf: Was soll in meinem Leben wie viele Teile einnehmen? Was soll zu meinem Leben gehören und was nicht mehr? ... Die Torten werden mit Worten, Farben und Symbolen gekennzeichnet und anschließend als Ausstellung aufgehängt. Ein Gespräch darüber ist nicht notwendig, aber möglich.

Kommentar: Der Wechsel zwischen Ruhe und Bewegung bestimmt diesen Baustein, was den Jugendlichen einfach Spaß macht. Beim Etikettenspiel muss man manchmal helfen, die richtigen Fragen zu stellen, um Frust zu vermeiden. Der gezeigte Film bietet nach dem intensiven Beginn die Möglichkeit, wieder etwas Distanz zu finden, worüber manche Jugendliche erleichtert sind.

3. Baustein:
Eine Frau ist eine Frau, ist eine ...

Von Beginn an soll dieser Baustein in geschlechtsgetrennten Gruppen ablaufen. In der Gruppe des eigenen Geschlechtes ist es leichter, offen zu sein, von sich selbst zu sprechen, ohne dass man das Gefühl hat, sich eine Blöße zu geben. Für Mädchen ist das meist einfacher als für Jungen, die es weniger gewohnt sind, untereinander vertraute und offene Gespäche zu führen. Daher ist es wichtig, dass die Gruppe von einem sensiblen Mann geleitet wird, der beispielhaft von sich erzählt, der Gesprächsregeln mit den Jungen erarbeitet und kreativ und flexibel mit ihrem Unbehagen umgeht. Ebenso wird in der Mädchengruppe erst ausgehandelt, was Regeln des Gesprächs sein sollen, so dass alle sich sicher fühlen können. Die Regeln der themenzentrierten Interaktion (TZI) können dazu eine Hilfe sein (siehe Seite 102).

Als Tier wäre ich: Jede überlegt für sich, was für ein Tier sie wäre, beschreibt das Tier, und warum sie es für sich gewählt hat. Die anderen können beisteuern, was sie für Vorstellungen mit diesem Tier verbinden.

Plakate in Kleingruppen: Zu viert beschriften die Jugendlichen Plakate mit allen Begriffen, die zu Frauen bzw. Männern gesagt werden (Tussi, Puppe, Emanze, Alte, Maus ... bzw. Oller, Bekannter, Softi, Lover ...). Anschließend umkringeln sie mit drei Farben, welche Begriffe ihnen für sich gut gefallen, welche sie treffend finden und verwenden und welche sie nicht mögen. „Tussi ist zwar kein schönes Wort, so will ich nicht genannt werden, aber für bestimmte Mädchen trifft es einfach zu." „Typ ist für mich neutral, so kann jede zu mir sagen." Dabei können sehr unterschiedliche Auffassungen aufeinander treffen, die im Gespräch ausgehandelt werden müssen.

Gemeinsames Gespräch: Wie will ich als Mädchen/Junge von dem anderen Geschlecht gesehen werden? Was sagen Anreden aus, welche Begriffe kränken mich, welche schmeicheln mir? Was sagen einzelne Begriffe über deren Anwenderinnen aus?

Collagen: Frau sein/Mann sein. Aus vielen Zeitschriften stellen die Jugendlichen zu zweit ihr Frauenbild/Männerbild zusammen. Welches Bild wird in Werbung und Öffentlichkeit transportiert, wie finden wir uns darin wieder? Womit kann und will ich mich identifizieren? Alle Bilder werden aufgehängt und gemeinsam betrachtet (ob gemeinsam oder in getrennten Gruppen wird mit den Jugendlichen entschieden). Warum herrschen diese Bilder vor? Hat das etwas mit dem anderen Geschlecht zu tun?

Mein Schicksal: Einzeln vervollständigen die Jugendlichen folgende Satzanfänge, jeweils mit drei verschiedenen Aussagen: Wenn ich ein Junge wäre, müsste ich ... Wenn ich ein Junge wäre, dürfte ich ... Weil ich ein Mädchen bin, muss ich ... Weil ich ein Mädchen bin, darf ich ... (Für Jungen umgekehrt). Anschließend tauschen sich Kleingruppen darüber aus. „Als Junge dürfte ich abends länger weg. Als Mädchen muss ich mich wehren gegen Anmache. Als Mädchen darf ich auch mal Schwäche zeigen." sind Beispiele für Aussagen, die die Jugendlichen machen. Welche Einschränkungen oder Bereicherungen empfinden alle? Welche unterschiedliche Bewertung gibt es? Woher kommen diese Einschränkungen?

Austausch in der Großgruppe: Wenn die Jugendlichen es wollen, ist ein Austausch in der Gesamtgruppe, also mit Jungs und Mädchen, reizvoll und spannend, um die unterschiedliche Wahrnehmung zu hören und darüber zu diskutieren, wie beide Geschlechter sich erleben. Dieses Gespräch wird von der Lehrerin moderiert.

Blind aufeinander zugehen: Eine Körperübung soll zum Schluss die Sprachlastigkeit auflockern. Um sinnbildlich sensibel zu werden dafür, wo jemand anderes steht, und dies ohne Worte zu spüren, werden Paare gebildet, die sich mit einem Abstand von ca. 6 m gegenüberstehen. Nun gehen alle mit geschlossenen Augen und ausgestreckten Händen auf ihre Partnerin zu. Im langsamen Vorwärtsgehen versuchen sie zu spüren, wann sie diese erreicht haben, um stehen zu bleiben, bevor die ausgestreckten Hände sich berühren. Diese Übung sollte wiederholt werden, um besser zu spüren, wie man vorgeht, – ob man ganz schnell losläuft oder eher langsam abwartet, dass die Partnerin kommt ...

Kommentar: Die Trennung in Geschlechtergruppen bedeutet, einen unterschiedlichen Verlauf in beiden Gruppen zu akzeptieren. Die Themen, die Mädchen wie Jungen beschäftigen, werden ganz verschieden angegangen. Mädchen können sich häufig leichter auf das direkte Gespräch einlassen, für Jungen ist Tun

meist einfacher als Reden. Man darf nicht zu viel verlangen; mit diesen Methoden wird ein Anfang gesetzt für eine Auseinandersetzung, die vielleicht erst später zur Entfaltung kommt.

4. Baustein: Wie erlebe ich meinen Körper

In diesem Baustein geht es um Körpererfahrung und Körperveränderung. Die Jugendlichen sollen – in geschlechtsgetrennten Gruppen – ihrem Körperempfinden nachgehen und versuchen, für sich zu klären, was sich verändert und wie es ihnen damit geht. In der Gruppe zu merken, dass auch andere an ähnlichen Stellen Erfahrungen oder Probleme haben, hilft diese Entwicklungen besser anzunehmen und dem eigenen Körper zu vertrauen.

Körperbild zu zweit malen: Nach einem Vorgespräch über den Ablauf dieses Bausteins zeichnen die selbstgewählten Paare gegenseitig ihre Körperumrisse auf einen großen Papierbogen. Dazu legt sich eine der Jugendlichen darauf, die andere fährt den Umriss nach. Die dadurch entstehenden Körperbilder werden nach der Entspannungsübung weiter gestaltet.

Progressive Muskelentspannung nach Jacobsen: Möglichst im Liegen oder im bequemen Sitzen einzelne Körperteile anspannen, die Spannung halten und wieder entspannen. (Hände, Arme, Schultern, Bauch, Po ...) Der Anweisungstext findet sich im Kapitel „Was Lehrerinnen und Lehrer brauchen" S. 96.

Traumreise durch den Körper: Die Lehrerin leitet eine Reise durch den Körper zu ruhiger Musik (George Winston, Andreas Vollenweider), bei der die Jugendlichen jeden Körperteil spüren und sich erinnern, wann er sich das letzte Mal „gemeldet" hat. In der Anleitung kann ein Licht durch den Körper wandern oder die einzelnen Körperteile werden einfach beschrieben. Die Jugendlichen sollten dazu möglichst entspannt sitzen oder liegen können; wer mag, kann die Augen schließen, bei wem es nicht klappt, der soll einfach die Pause genießen.

Körperbild malen: Das vorgezeichnete Ganz-körperbild (oder bei Zeitnot auch ein Arbeits-blatt mit kopiertem Körperschema) wird von den Einzelnen mit verschiedenen Farben an-gemalt: „Was hat sich verändert in letzter Zeit (grün)? Was mag ich an mir (rot)? Was tut mir weh oder gefällt mir gar nicht (blau)?" Für Jun-gen ist eine solche Beschäftigung mit dem Körper ungewohnt, und sie tun sich damit schwerer als Mädchen. Dennoch ist das kein Grund, es ihnen nicht zuzutrauen. Selbst wenn die Geschlechtsteile von Einzelnen schwarz übermalt werden, kann das ein wichtiger An-knüpfungspunkt für das Gespräch sein.

Gespräch: Jede legt ihr Körperbild vor sich und sagt dazu, so viel sie möchte. Das Ge-spräch entwickelt sich stets unterschiedlich: Ist das Thema die Menstruation und Schmer-zen dabei oder dick und dünn sein? Oft zeigt sich auch große Verunsicherung, ob sich alles richtig entwickelt. Wenn für die nächste Ein-heit ein Beratungsteam von Pro familia einge-laden wird, lassen sich Fragen für das Ge-spräch mit den Experten sammeln. Da Jungen erfahrungsgemäß wenig sagen zu ihrem Kör-perempfinden, ist die Rolle des männlichen Erwachsenen besonders wichtig, der da-durch, dass er über sich spricht, zeigt, dass auch Männer für solche Themen offen sind. Er muss sehr sensibel erspüren, welchen Zu-gang die Jungen „aushalten" können, und sie nicht zu Offenheit zwingen.

Wettermassage/Ballmassage: Zum Abschluss massieren sich die Jugendlichen paarweise nach Anleitung der Lehrerin den Rücken. „Stell Dir vor, Du gehst spazieren. Du fühlst die Sonnenstrahlen auf deinem Rücken, ein Käfer krabbelt quer hinüber, dann beginnt der Wind kräftig zu blasen und die ersten Regentropfen fallen, erst ganz vereinzelt, dann immer dicker und schwerer ..." Die Beschreibung wird als Massage auf dem Rücken des jeweiligen Part-ners umgesetzt. Bei Gruppen, die noch distanziert miteinander umgehen, empfiehlt sich die Massage mit Tennisbällen, die ange-nehm ist, aber direkte Berührung vermeidet. Für Jungengruppen ist das leichter, oft brau-chen sie nach dem Gespräch zunächst eine Kraftübung, z. B. sich Po an Po über eine Linie schieben.

Filme: Um diese Thematik fortzusetzen, kann man mit den getrennten Gruppen die Filme: „Frauensache" und „Halbe Hemden, ganze Kerle" aus der Serie „6 mal Sex und mehr" an-sehen, in denen die Körperlichkeit offen ange-sprochen wird. (Leider ist der Film für Mädchen viel besser als der für Jungen, da hier sehr intellektuell wirkende Jungen über sich sprechen.)

Kommentar: Die direkte Beschäftigung mit dem Körper wird von Mädchen oft als sehr positiv und hilfreich empfunden; der Aus-tausch mit anderen tut gut, er entlastet, es entstehen intensive Gespräche. Bei Jungen gestaltet sich das Gespräch unterschiedlich. Es verlangt eine gewisse Flexibilität, darauf einzugehen und nicht auf einem entworfenen Programm zu beharren.

5. Baustein: Was ich schon immer mal wissen wollte

Dieser Baustein befasst sich mit der Bezie-hung zum anderen Geschlecht, mit Kontakt-aufnahme, mit Wünschen aneinander und mit Sexualität. Der Besuch einer externen Fach-kraft ermöglicht eine intensivere Auseinander-setzung mit diesen sensiblen Themen. Es ist wünschenswert, weiterhin in getrennten Grup-pen zu arbeiten.

Achteck an Wolke (Sprachsymbole): Wörter zum Thema Sexualität werden auf einer Wand-zeitung notiert (bei großen Gruppen auf meh-reren). Nun sollen die Jugendlichen Bildsym-bole neben die einzelnen Begriffe malen, wobei ein Begriff ruhig mehrere Symbole be-kommen kann: z. B. Liebe hat ein Herzchen, zwei Ringe oder eine Blume; Penis hat einen aufgerichteten Pfeil, ein Männerzeichen und ein Würstchen ... Wörter, die auf diese Liste kommen, können gemeinsam gesucht oder von der Lehrerin vorgegeben werden: Strei-cheln, miteinander schlafen, Orgasmus, Vö-geln, Ständer, Schwanz, Petting ... Auch unter-schiedliche Begriffe, die das Gleiche bedeu-ten, sind sinnvoll. Anschließend bespricht die Gruppe, welche Begriffe einen Beigeschmack haben, welche sie gerne verwenden und wel-che sie abstoßen, was an den Symbolen oft gut erkennbar ist. Besonders in der Jungen-gruppe empfiehlt sich ein Vorgespräch: „Wollen wir uns an Tabus wagen? Können wir die Übung ernst nehmen und trotzdem lachen? Kann derjenige rausgehen, dem es zu peinlich ist?"

Film: „Sex – eine Gebrauchsanleitung für Jugendliche." Dieser Film erklärt Begriffe, greift Themen auf, die in der Übung vorher zur Sprache kamen und hilft auf eine lockere Art, die Jugendlichen an das Thema heranzu-

führen. Als Einstieg in ein Gespräch mit einer Fachperson ist der Film geeignet (Oft haben die Fachleute aber auch eigene Ideen).

Alternativ-Film: „Das erste Mal" aus der Serie „6 mal Sex und mehr". Hier geht es weniger um Informationen als um Anregungen zum Thema „erste Erfahrungen" vom Ansprechen eines Menschen bis hin zu Petting und Verhütung. Vor allem die erste Hälfte des Filmes ist mit guten Bildern und Songs sehr anregend.

Gespräch mit Pro familia: Eine gleichgeschlechtliche Fachperson (z. B. von Pro Familia) stellt sich den Jugendlichen zur Verfügung für die Fragen und Themen, die sie betreffen und beschäftigen. Die Fragen können vorher anonym in eine Schachtel gesteckt werden, die möglichst schon während Einheit 3 und 4 zur Verfügung steht. Oft ist es hilfreich, wenn die Lehrkräfte an diesem Gespräch nicht teilnehmen, um keine Hemmungen hervorzurufen als Erwachsene, die am nächsten Tag wieder Noten geben.

Kommentar: Das Gespräch mit Fachleuten zum Thema Sexualität hat für Jugendliche große Bedeutung, es verschafft ihnen eine oft ersehnte Möglichkeit, heikle Fragen in einem Schutzraum anzusprechen. Als Lehrerin versuchen Sie zu klären, ob Sie bei dem Gespräch lieber außen vor bleiben.

6. Baustein: Dr. Sommer antwortet

Das Thema der Beziehung zum anderen Geschlecht wird in diesem Baustein vertieft und spielerisch thematisiert. Ziel ist es, die Erfahrungen der letzten Einheit anhand konkreterer Fragestellungen von Jugendlichen anzuwenden bzw. zu überprüfen, um in Zukunft das gewonnene Verständnis füreinander auch zu nutzen und umzusetzen. Ob nun wieder in der Gesamtgruppe oder weiterhin in Geschlechtergruppen gearbeitet wird, lassen wir die Jugendlichen entscheiden.

Postleitzahlen: Jede Jugendliche bekommt eine Spalte aus dem Telefonbuch oder dem Postleitzahlenbuch. Einzeln lesen sie diese vor und zwar so, dass sie trotz dieses unzusammenhängenden Textes versuchen, eine Stimmung zu vermitteln, die ihnen auf einem Zettel gezeigt wird: Lies wütend, zärtlich, deprimiert, erschöpft, begeistert ... Die Restgruppe versucht nach dem Vorlesen (ca. 1 Min.) zu erraten, welcher Gefühlszustand gemeint war. Dies ist eine witzige und doch aufschlussreiche Übung für den Zusammenhang von Gefühlen, Mimik, Gestik und Stimme.

Dr. Sommer-Teams: Es werden Kleingruppen gebildet, die sich selbst Fragen suchen oder schon ausgewählte Leseranfragen bekommen, die in Bravo-Heften an das Dr. Sommer-Team gestellt werden. Gemeinsam müssen sie versuchen, diese Fragen zu verstehen und so zu beantworten, dass ihrer Meinung nach der Fragerin wirklich geholfen ist.

Eines dieser Probleme und ihrer Antworten versuchen sie als Szene (z. B. als Interview oder als Mutter-Tochter-Gespräch) vorzubereiten, um sie nachher den anderen zu zeigen.

Darbietung: Alle Gruppen zeigen sich gegenseitig ihre Szenen. Anschließend wird darüber gesprochen, ob die Antworten wirklich hilfreich sind, was man sich von solchen Ratgebern erhofft und warum sich so viele Jugendliche dorthin wenden, wo weitere Anlaufstellen sein können ...

Kommentar: Dieser Baustein ist oft lebhaft und lustig, was nach den vorigen Bausteinen auch gut ist. Die Jugendlichen genießen die spielerische Auseinandersetzung und haben Spaß an der Darstellung. Selbst wenn manche Szenen übertrieben dargestellt werden, weil das Lachen es leichter macht, sich mit heiklen Fragen zu beschäftigen, wird der ernste Kern dennoch wahrgenommen. Auch hier bietet sich der Film aus der 5. Einheit nochmals an, falls er vorher noch nicht gezeigt wurde.

7. Baustein: Was nehmen wir mit?

Dieser Teil beendet vorerst die intensive Beschäftigung mit Themen der Pubertät. Zum einen soll der Abschluss aufzeigen, inwieweit die gewonnenen Erfahrungen und Erkenntnisse in den Alltag mitgenommen werden können. Außerdem soll es ein schöner, lockerer

■ Mein Freund vertraut mir nicht mehr

Weil ich in den letzten Wochen Lust hatte, mit meinen Freundinnen wegzugehen, habe ich meinem Freund vorgeschwindelt, daß ich Babysitten bin. Aber einer seiner Kumpels hat mich in der Disco gesehen. Jetzt ist mein Freund total wütend und glaubt mir kein Wort mehr. Wie kann ich ihn beruhigen? *Iris (16)*

Ich liebe meine Ex-Freundin immer noch

Ich ging bis vor kurzem mit einem gleichaltrigen Mädchen, das nach einem halben Jahr Schluß gemacht hat. Ich war sehr enttäuscht, da ich sie immer noch liebe. Kurz nachdem sie Schluß machte, lernte ich durch Freunde meiner Eltern ein viel jüngeres Mädchen kennen. Sie ist wohl ganz niedlich, aber eigentlich gehe ich nur mit ihr, um meiner Ex zu beweisen, daß es auch ohne sie geht. Aber es geht nicht!! Jedesmal, wenn wir uns begegnen, gibt es eine große Streiterei, in der ich ihr Wörter an den Kopf werfe. Ich meine das aber gar nicht so. Danach tut es mir sehr leid. Wie kann ich mich bei ihr entschuldigen? Langsam fühle ich mich wie ein Versager. *Rainer, 14, Paderborn*

■ Ich war noch nie richtig verliebt!

Wenn ich irgendwo Liebespärchen turteln sehe, werde ich immer total traurig. Ich wünsche mir so sehr einen Jungen, in den ich mich verlieben kann, der mit mir schmust und mit mir händchenhaltend durch den Park spaziert. Das muß wirklich wunderschön sein, aber ich war noch nie verliebt. Ich hatte auch noch nie einen richtigen Verehrer. Wann habe ich endlich Glück in der Liebe? Ich halte das nicht mehr aus! *Manuela (16)*

und lustvoller Abschluss sein, der auch den sinnlichen Umgang mit dem Thema möglich macht.

Anmache-Rollenspiel: Zum Auftakt werden an freiwillige Paare kurze Szenenbeschreibungen vergeben, die sie aus dem Stegreif vorspielen. Dabei geht es um verschiedene Arten von „Anmache": Nach der Uhrzeit fragen, direkt ansprechen, intensiv ansehen ... Hinterher tauschen sich die Jugendlichen in geschlechtshomogenen Kleingruppen aus, welche „Anmache" sie gut finden, welche sie verletzt oder ärgert, welche sie sich zutrauen. Eine „Ergebnisliste" teilen sie sich dann gegenseitig im Plenum mit. Ein Beispiel ist: „Wir finden Fragen nach etwas Konkretem (Uhrzeit, Zigarette, Feuer) nicht besonders einfallsreich, aber o.k. Gleich auf das Aussehen anzusprechen, finden wir meist doof. Fragen persönlicher Art (in welche Schule gehst du) sind zu direkt, erzählen wir doch nicht jedem. Körperliche Berührung, wie Po klatschen oder zufälliges Stolpern, ist bescheuert und übel ...

Fantasiereise: In entspannter Sitz- oder Liegeposition hören die Jugendlichen die Beschreibung eines Wegs auf einen Hügel hinauf, von dessen Kuppe aus sie eine Landschaft sehen, in der sie sich einen Ruhe- und Erholungspunkt suchen. Der Weg dorthin wird geführt, das Bild selbst lassen die Jugendlichen vor ihrem inneren Auge entstehen und bringen es mit zurück. (Der Anweisungstext ist als Arbeitsblatt 3, auf Seite 91.)

Ruhebild: Ohne zu sprechen, malen die Jugendlichen mit vorher bereitgestellten Farben (möglichst Wasser oder Nass in Nass) ihr persönliches Bild, um es mit nach Hause zu nehmen, wo sie mit Hilfe des Bildes vielleicht leichter einen Zustand von Entspannung oder Erholung finden können. Ein Gespräch danach wirkt meist eher aufgesetzt als hilfreich.

Bewegungspause: Nach dieser ruhigen Phase müssen sich alle kurz durchbewegen. Etwa indem alle einmal ums Haus rennen, durch ein Spiel mit einem Softfrisbee oder ein Fangspiel.

Gespräch und Auswertung: Im Gespräch wird zusammengetragen, was in diesen Tagen alles vorkam und welche Themen, Erfahrungen oder Erkenntnisse im Projektverlauf besonders wichtig waren. Hilfreich ist es dabei, den Ablauf nochmal auf einem Plakat zu skizzieren (u. U. vom Lehrer vorbereitet). Beim Feedback können pro Person 5 Klebepunkte verteilt werden, die sie zu der Arbeitsphase oder Methode kleben, die ihnen besonders gut gefallen haben.

Wunschzettel an jemand Wichtiges: Nun bekommt jede Einzelne den Auftrag, einen Wunschzettel an einen wichtigen Menschen in ihrem Leben, z. B. an die Eltern, die beste Freundin, den Freund oder die Traumfrau zu schreiben. Die Wünsche sollen positiv formuliert werden: dass du mich häufiger in den Arm nimmst, dass wir mehr Zeit miteinander verbringen, dass du immer ganz ehrlich bist, dass du mir sagst, wenn ich dich nerve ... Dieser Wunschzettel wird in einem Umschlag verschlossen; jede kann sich entscheiden, ob sie ihn weitergeben oder für sich behalten will. Es empfiehlt sich, diese Übung und das vorausgehende Gespräch in der geschlechtsspezifischen Gruppe durchzuführen, da die ruhige Atmosphäre in der vertrauteren Gruppe leichter zu finden ist.

Regeln vereinbaren: Die Gesamtgruppe trifft sich wieder, um Regeln für ihr weiteres Zusammenleben in der Klasse zu erstellen. In Kleingruppen schreiben die Jugendlichen Regeln auf, die sie gerne gewährleistet haben wollen und die sie für realistisch halten. Diese bringen sie auf Papierstreifen mit ins Plenum. Regeln können sein: Keine sexualisierten Schimpfworte, keine körperlichen Auseinandersetzungen zwischen Mädchen und Jungen, kein Hänseln mit Äußerlichkeiten wie Pickel, Busen oder Klamotten ... Aus diesen Regeln wird gemeinsam ein möglichst realistisches Regelwerk für die Gruppe erstellt, und es wird überlegt, wie für Einhaltung gesorgt wird. Muss man bei einem Verstoß in die Klassenkasse zahlen, oder gibt es ein Strafpunktesystem, wird nur verwarnt; entscheidet jeweils der Klassenrat?

Variante-Selbstbeobachtungsbogen: Ist eine Gruppe noch nicht so weit, einen Konsens bei den Regeln zu erstellen, ist ein Selbstbeobachtungsbogen hilfreich. Über zwei Wochen bekommen die Schülerinnen und Schüler jeden Tag einen Bogen, den sie am Ende eines Schulvormittags ausfüllen. Dafür bekommen sie 10 Minuten der letzten Stunde. Was der Schwerpunkt des Bogens sein soll, muss die Gruppe entscheiden bzw. die Lehrkräfte vorgeben. Beispiele wären: Ich hatte körperliche Auseinandersetzungen ..., mit Jungen ..., mit Mädchen ..., ich war gekränkt ... von Mädchen ... von Jungen ..., ich bin beschimpft worden ... ich habe beschimpft ... ich habe mich wohlgefühlt ... ich habe mich gefreut ...

Fete mit Musik, Texten, Tanzen: Nun ist genug gearbeitet, die Jugendlichen sollen Spaß haben und zwar bei einem Fest in ihrem Stil, mit ihrer Musik, ihrer Art zu tanzen, vielleicht mit etwas zum Essen ...Wo und wie das stattfinden kann, hängt von der Situation ab. Auf jeden Fall soll es genossen werden!

Kommentar: Dieser Baustein verlangt noch einmal viel von den Jugendlichen, was schwierig werden kann, wenn alle übernächtigt sind. Die Lehrerin sollte genau überlegen, wie viel Reflexion noch möglich ist. Das Ruhebild ist z.B. auch im Kunstunterricht nachzuholen, die Regelvereinbarung in der nächsten Deutschstunde. Das Fest dagegen ist als Abschluss ganz wichtig, damit die Kopflastigkeit wieder ausgeglichen wird und die Jugendlichen für sich einen gemeinsamen guten Endpunkt haben.

Erfahrungen:

Diese Einheit ermöglicht ungewöhnliche Erfahrungen für die Klasse und die begleitenden Lehrerinnen und Lehrer, weil es sehr intensive Situationen gibt; dann wieder sind Verweigerung und Unsicherheit zu spüren. Es ist wichtig, sich nicht zu konkrete Vorstellungen zu machen über das, was die Jugendlichen von sich zeigen, wovon sie sprechen sollen und wollen. Auch zuhören oder nur zu spüren: „Oh, das regt mich richtig auf." ... „ Da trau ich mich nicht mitzureden." ... sind wichtige Erfahrungen. Daher wird von den Erwachsenen Flexibilität und Toleranz verlangt, um den einzelnen Jugendlichen auch differenzierte Umgangsweisen zuzugestehen.

Die gesamte Einheit fordert die Erwachsenen. Wägen Sie vorher ab, wie viel Sie sich zutrauen, wie viel Unterstützung Sie brauchen (von Kollegen, von Experten) und wie gut die Vorbereitung mit den Jugendlichen abgestimmt werden kann. Die Arbeit an diesem sensiblen Thema an einen anderen Ort zu verlegen bewährt sich sehr. Einzelne Bausteine oder eine verkürzte Version dieser Einheit sind auch möglich und können ein guter Einstieg sein.

Die Arbeit in getrennten Geschlechtergruppen ist für die Jugendlichen wie für die Erwachsenen meist ungewohnt. Besonders in der Jungsgruppe kann dies Irritation auslösen, da erst ausgetestet werden muss, wie offen in diesem Rahmen gesprochen werden kann, wie viel andere von sich zeigen und wie mit den vereinbarten Regeln umgegangen wird. Formulieren Sie ihre Sorgen und Befürchtungen, versuchen Sie die Jungen bei der Suche nach Lösungen einzubeziehen und verzichten Sie auf „schultypische" Disziplinierung. Sie können nur ein Angebot schaffen, jeder Jugendliche muss selbst entscheiden, wie er dies für sich nutzt. Gelingt es bei einem Baustein nicht, die Jugendlichen zur Mitarbeit zu gewinnen, kann das nach einem der gezeigten Filme oder dem Gespräch mit Pro Familia schon wieder anders sein. Die zeitliche Planung ist wichtig, man sollte nicht in Zeitdruck kommen. Kalkulieren Sie daher lieber großzügig und lassen Sie Teile weg.

Auch wenn es Mut und Engagement erfordert, sich an diesen Baustein zu wagen, wir wollen sie dazu ermuntern, weil er sehr positive und schöne Erfahrungen zwischen den Jugendlichen, wie auch zwischen Erwachsenen und Jugendlichen möglich macht.

Durch diesen Fragebogen will dich jemand kennen lernen.

Bitte vervollständige folgende Sätze.

Ich bin ein Mensch, der gerne . . . .

. . . .

Das Beste an mir ist . . . .

. . . .

Ich mag nicht besonders an mir . . . .

. . . .

Ich bin glücklich, wenn . . . .

. . . .

Es ärgert mich besonders, wenn . . . .

. . . .

Wenn ich Sorgen habe, dann . . . .

. . . .

Wenn ich mich freue, dann . . . .

. . . .

Wenn ich krank bin, brauche ich . . . .

. . . .

Wenn ich eine Pflanze wäre, dann wäre ich . . . .

. . . .

Mein größter Wunsch ist . . . .

. . . .

Arbeitsblatt 2: *Die Hauptrolle*

Text für die Traumreise

Setz oder leg dich bequem hin, achte darauf, dass dich nichts drückt oder stört ...
Nehme deine Schultern herunter und atme tief durch ...
Wenn du willst, schließe die Augen ...

Stell dir vor, du bist in einem Theater. Mit einer Gruppe wirst du hinter die Kulissen geführt, du schaust dich um, alles ist sehr fremd und ungewohnt. Ihr geht einen Gang entlang. Am Ende des Ganges öffnet die Führerin eine Tür. Du trittst in eine dämmrige große Halle, in der viele, viele Regale und Kleiderständer stehen. Erstaunt schaust du dich um, siehst Kostüme aus alter Zeit, Hüte und Waffen ...

Die Führerin leitet euch an einigen Regalen vorbei. Sie zeigt euch den Westernhut von Gary Grant ...Probierst du ihn auf? ... Jetzt lässt sie dich den weißen Rock von Marylin Monroe anfassen. Wie fühlt er sich an? ... Auf einem Regalbrett zeigt sie dir die Schuhe von Tom Hanks. ... Du kommst an einem Kleiderständer vorbei, auf dem das Ballkleid von Scarlett O'Hara hängt ...

Die Führerin fordert dich auf, jetzt alleine durch die Halle zu streifen und dich umzusehen. Du entdeckst faszinierende Kleidungsstücke ... Erkennst du sie aus einem Film oder einem Theaterstück wieder? ... Du wählst eines aus ... ziehst es an ... Wer bist du? Du lebst in diesem Kleidungsstück, du spielst deine Traumrolle. ... Wo befindest du dich? ... Wer spielt noch mit? ... Was passiert? ...

Der Film geht langsam zu Ende. Du ziehst das Kleidungsstück wieder aus, legst es auf ein Regal. Du blickst dich nochmals in der Halle um, dann verlässt du sie und kommst wieder hierher zurück, wo diese Fantasiereise begonnen hat.

© AQL Verlag · 77839 Lichtenau · Fon (07227) 9588-0 · Nr. A640

Arbeitsblatt 3: *Fantasiereise Ruhebild*

Anleitungstext für die Lehrer:

Lege dich bequem auf eine feste Unterlage, den Kopf etwas erhöht, oder setze dich bequem hin. Nun atme mehrfach tief durch, dann versuche, deinen eigenen Atemrhythmus fließen zu lassen. Versuche genau zu spüren, wie du liegst bzw. sitzt. Welche Körperteile haben Berührung mit dem Boden? Wie fühlt dieser sich an? Versuche dich ganz schwer zu machen, dich ganz auf den Boden oder Stuhl zu stützen. Wo fühlst du in deinem Körper Kälte, wo Wärme? Lasse jetzt die Schultern bewusst fallen, atme tief in den Bauch.

Nun versuche, nach den folgenden Worten deine inneren Bilder kommen zu lassen und ihnen zu folgen. Bleibe bei deinen eigenen Bildern, auch wenn diese dem Text nicht genau entsprechen.

Du steigst einen Berg hinauf, eine letzte Kehre liegt noch vor dir –
Du bist etwas müde – deine Glieder sind schwer -
Jetzt erreichst du die Spitze des Berges und setzt dich hin –
um dich herum ist Ruhe – klare Luft –
du fühlst dich wohl – du ruhst dich aus.

Du schaust dir deine Umgebung an –
du siehst die Erde, das Gras, Blumen –
Vögel zwitschern – ein Schmetterling umtanzt dich – du fühlst den Boden unter dir.

Du siehst den Berg hinunter und entdeckst einen wunderschönen Platz –
wie sieht er aus? – Stehen Bäume dort? –
Siehst du Wasser? – Sind dort Tiere oder Menschen?

Du siehst dir diesen Platz genau an –
du siehst seine Farben – hörst seine Geräusche –
du blickst in den Himmel – zum Horizont –
und nun wieder zu diesem Platz.

Du genießt die Ruhe, die er ausstrahlt –
du gehst hin, suchst dir die bequemste Stelle –
und spürst, wie die Ruhe sich in dir ausbreitet –
du bist schwer, warm und ganz ruhig –
der Atem geht ruhig und gleichmäßig –
du bist ganz ruhig und entspannt.

Schau dich nochmals genau um, nimm das Bild in dir auf –
jetzt kommst du zurück in den Raum, in dem du liegst –
bewege Beine und Arme, räkle und dehne dich –
nun gähne kräftig und öffne langsam die Augen.

Der Text ist entstanden in Anlehnung an Else Müller: „Spürst du unter deinen Füßen das Gras".

Was Lehrerinnen und Lehrer brauchen
Entspannen und Kraft gewinnen für den Schulalltag

Wie können sich Kinder und Jugendliche gesund und wohl fühlen? Welche Fragestellungen und Probleme setzen an ihren Alltagserfahrungen an? Welche Themen und Methoden sind für sie interessant und geeignet?

Bei der Umsetzung unserer Konzepte im praktischen Schulalltag haben wir bei vielen Kolleginnen (sehr viel mehr bei Frauen als bei Männern) große Bereitschaft und Offenheit gefunden, sich mit diesen Fragen zu beschäftigen. Zunehmend aber stießen wir auf Schwierigkeiten und Probleme, die im Wesentlichen im System Schule liegen. Besprechungen kosten Zeit. Zeit, die zusätzlich zu allen bisherigen Aufgaben aufgebracht werden muss. Im Team zu arbeiten verunsichert; die eigene Herangehensweise an Schüler und Unterricht öffentlich zu machen, muss gelernt, erprobt und erfahren werden. Dem Willen und der Begeisterung für Engagement stehen jedoch häufig Müdigkeit und Erschöpfung, Überforderung und Überdruss gegenüber, wofür es vielfältige Gründe gibt.

Pädagogische Ideen und Konzepte, die neue Lernformen und Inhalte in die Schule hineintragen, können nur dann Fuß fassen, wenn sie alle Ebenen dieses komplexen und schwerfälligen Systems einbeziehen. Da wir nicht das Gesamtsystem in Angriff nehmen wollen, ist eine unserer Folgerungen, die Situation von Lehrkräften in den Vordergrund zu rücken, zu verstehen und zu begleiten. Nur wenn es gelingt, den Lehrern selbst Wege aufzuzeigen, ihr persönliches Wohlbefinden und ihre individu-elle Umgangsform mit Belastungen, Stress und Schwierigkeiten ernst zu nehmen und weiterzuentwickeln, können sie sich für Neues im Unterricht öffnen und die beschriebenen Unterrichtsbausteine mit Lust, Engagement und Erfolg in den Klassen einsetzen. Gesundheitsförderung an Schulen macht nur Sinn, wenn sie nicht als zusätzlicher Stressfaktor und Belastung der Lehrer wirkt, sondern auch für sie selbst positive, kreative und erholsame Aspekte einbezieht.

Was also brauchen Lehrerinnen und Lehrer, um sich an solche Unterrichtseinheiten zu einem fächerübergreifenden Thema heranzumachen? Wie finden sie im Alltag Entlastung und Raum für Neues? Was macht diese Bausteine attraktiv? Welche Probleme werden auftauchen und welche „Hilfsmittel" können wir dazu anbieten? Wo finden Lehrerinnen und Lehrer weitere Unterstützung? In diesem Sinne stellt sich letztlich die zentrale Frage der Gesundheitsförderung für und als Pädagogen: Wie ist sinnvolles, engagiertes und befriedigendes Arbeiten möglich? Oder auch: Was kann ich mir Gutes tun, um mir mein Engagement zu bewahren? (vgl. Zeitschrift Pädagogik 1/93).

Im Folgenden skizzieren wir die Alltagssituation von Lehrerinnen und Lehrern, mit ihren Problempunkten und Belastungen und zeigen Möglichkeiten auf, um Ressourcen freizulegen, Ideen einzubringen und um sinnvoll und engagiert arbeiten zu können.

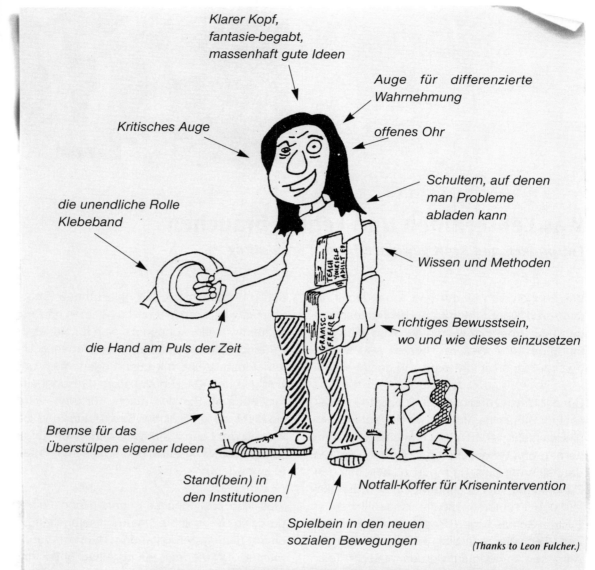

Klarer Kopf,
fantasie-begabt,
massenhaft gute Ideen

Auge für differenzierte
Wahrnehmung

Kritisches Auge

offenes Ohr

Schultern, auf denen
man Probleme
abladen kann

die unendliche Rolle
Klebeband

Wissen und Methoden

richtiges Bewusstsein,
wo und wie dieses einzusetzen

die Hand am Puls der Zeit

Bremse für das
Überstülpen eigener Ideen

Stand(bein) in
den Institutionen

Notfall-Koffer für Krisenintervention

Spielbein in den neuen
sozialen Bewegungen

(Thanks to Leon Fulcher.)

*„Der Gesund-
heitspädagoge"*

1. Die Situation für Lehrerinnen und Lehrer

Auch wenn gemeinhin der Beruf des Lehrers mit Ferien und viel Freizeit assoziiert wird, mehren sich die Erkenntnisse, dass der Lehrberuf vielfach chronische Überforderung und enorme Belastungen mit sich bringt. Bis zu 90% aller deutschen Lehrkräfte erwägen eine frühzeitige Pensionierung, da sie sich den Anforderungen nicht mehr gewachsen fühlen. In Hamburg leiden 62% aller dienstunfähigen Lehrerinnen und Lehrer an psychischen Krankheiten, was als repräsentativ gelten kann (Zeitschrift Pädagogik 1/93 G. Leuscher, F. Schirmer).

Diese Zahlen sind eine Aufforderung, sich die beruflichen Anforderungen und Belastun-

gen genauer anzusehen, denen Lehrkräfte in ihrem Berufsalltag ausgesetzt sind. Lehrkräfte sind im Unterricht zum Dauerhandeln verpflichtet, sie müssen in einer Unterrichtsstunde bis zu 200 Entscheidungen auf ganz unterschiedlichen Ebenen treffen: sachliche, soziale, formale, disziplinarische, langfristige, kurzzeitige ... (R. Kretschmann: Stress im Lehrerberuf, 1992). Dies über Jahre und Jahrzehnte auszuhalten, ist schwer möglich, was zu dem bekannten Burn-out-Syndrom führen kann. Lärmpegel, Ich-Bezogenheit und „Sozialblindheit" (Gerold Becker) nehmen zu. Die Familien überlassen immer mehr Verantwortung und Sozialisationsaufgaben der Schule, während die Fähigkeit, sich im Unterricht zu konzentrieren und zu lernen, bei vielen Kindern und Jugendlichen nicht mehr ausreichend vorhanden ist. Für viele Lehrkräfte führt das zu Gefühlen der Überforderung, ja der Angst vor manchen Situationen.

Aber der Beruf der Lehrerin bietet auch reizvolle Möglichkeiten: Die große Freiheit in der Gestaltung des Unterrichts, die selbstverantwortliche Organisation eines großen Teils des Arbeitsalltags, die Möglichkeit, persönliche Schwerpunkte zu setzen.

„Ich bin Dompteuse, Alleinunterhalterin und Psychotherapeutin zugleich und das Schlimmste dabei ist, dass ich für keinen der drei Berufe ausgebildet bin. Ich habe ‚nur‘ Unterrichten gelernt ..." (R. Miller: Sich in der Schule wohl fühlen" S. 22). Dieser Satz verdeutlicht das Ausmaß an Verunsicherung und Überforderung bei manchen Kolleginnen. Erschwert wird dies durch die kaum messbaren „Erfolge" im Lehrberuf. Jeder Mensch braucht die Bestätigung von außen, dass seine Arbeit gut ist und das „Produkt" erfolgreich. Für Lehrer und Lehrerinnen ist diese Anerkennung schwer zu bekommen. Die positive Entwicklung von Schülerinnen können sie sich persönlich selten zuschreiben, da so vielfältige Einflussfaktoren die Kinder prägen.

Leuscher und Schirmer stellen fest, dass das Erholungsverhalten von Lehrerinnen und Lehrern oft mangelhaft ist. Zum einen ist die Arbeit nie definitiv beendet, es gibt immer noch etwas vorzubereiten, zu verbessern oder zu korrigieren. Zum anderen führt das kollektive Älterwerden der Kollegien zu weniger aktiver, d. h. bewegter Berufs- und Freizeitgestaltung.

Eine Zusammenfassung der verschiedenen Reibungspunkte gibt Barbara Bochynek in Pädagogik 1/1993:

„1. Die Kinder haben sich verändert. Oft ist das Verhalten Einzelner als Verhalten der Gemeinschaft untragbar. Das Gemeinschaftsverhalten muss in der Schule erst mühsam antrainiert werden.
2. Es gibt keinen Konsens mehr zwischen Eltern, Lehrern und Gesellschaft, was angemessenes Verhalten ist. Das führt zu Unsicherheit über die eigene Rolle.
3. Oft schotten sich jüngere und ältere Kolleginnen und Kollegen gegenseitig ab, es werden Fronten aufgebaut. Ältere KollegInnen, die auf traditionellen Formen beste-

hen, um ihre Vorstellungen von Unterricht zu verwirklichen, erscheinen in den Augen der jüngeren als verknöchert und unflexibel.
4. Der Dienstherr verlangt zuviel. Für die Umsetzung neuer Richtlinien und Lehrpläne und für die Erstellung von Stoffverteilungsplänen gibt es weder ausreichende Fortbildungen noch eine Ermäßigung der Unterrichtsverpflichtung."

Um diesen hohen Anforderungen und den vielen Belastungspunkten standzuhalten, ist ein hohes Maß an sozialer und persönlicher Kompetenz notwendig. Diese stellt die Möglichkeiten und Methoden der flexiblen Gestaltung, der Entspannung nach Anspannung, der Delegation und Kooperation zur Verfügung. Weder in der Ausbildung noch in den gängigen Fortbildungsveranstaltungen sind dies aber Inhalte, die entsprechend ernst genommen und vermittelt werden.

Die Frage ist daher, wie Lehrerinnen lernen können, sich die oben genannten Fähigkeiten zu eigen zu machen und sie immer wieder aufzufrischen, um aus diesen Stärken Kraft zu ziehen und nicht auszubrennen. Wir wollen in den folgenden Kapiteln einfache Methoden für die einzelne Lehrerin, für ein Kollegenteam oder auch für die Umsetzung in der Klasse vorstellen, die den Berufsalltag begleiten können, die helfen, Ressourcen zu nutzen und Spielräume zu erkennen.

2. Etwas für mich tun!

Was brauchen Lehrerinnen für sich persönlich, um überhaupt Lust und Interesse, Kraft und Verständnis für neue Unterrichtseinheiten, neue Methoden und fächerübergreifende Inhalte haben zu können? Es ist eine wichtige Aufgabe, sich selbst sensibel zu begegnen und eigene Bedürfnisse bzw. Schwächen ernst zu nehmen. Dazu gehört auch, sich Entspannung und Ausgleich zu verschaffen, sich Möglichkeiten zu suchen, die „Auftanken" erlauben, und die Erwartungen an sich selbst nicht zu hoch zu schrauben.

a) Entspannung, Meditation

Wir schlagen dazu sowohl Körperentspannungen als auch „Kopfentspannungen" vor, bei denen man eher über Assoziationen, Malen oder Formulieren zur Ruhe kommen kann. Die Zeit, die Sie dafür benötigen, beträgt ca. 5-15 Minuten. Für diese Übungen suchen Sie sich einen ruhigen gemütlichen Platz. Sorgen Sie dafür, dass Sie nicht gestört werden. Es sollte warm genug im Raum sein, um während der Entspannung nicht zu frieren.

Körperentspannung in Anlehnung an Jacobsen: Legen Sie sich bequem auf den Rücken auf eine feste Unterlage, den Kopf möglichst auf ein kleines Kissen, damit die Wirbelsäule entlastet ist. Atmen Sie mehrmals tief durch und versuchen Sie dann zu ihrem eigenen Atemrhythmus zu finden; wenn Sie möchten, schließen Sie die Augen. Nun werden Sie

ihren Körper durch gezielte An- und Entspannung verschiedener Muskelgruppen lösen und entspannen. Beginnen Sie mit den Händen. Ballen Sie die Hände zur Faust, spannen Sie sie fest an und halten Sie diese Spannung ca. 7 Sekunden (anfangs hilft inneres Mitzählen), dann entspannen Sie beide Hände und spüren diesem Gefühl nach. Wiederholen Sie diesen Teil der Übung zweimal. Wichtig ist es, dass Sie dabei nicht die Luft anhalten, sondern ruhig weiteratmen (das klingt anfangs fast unmöglich, wird aber mit der Zeit selbstverständlich). Nachdem Sie die Hände dreimal angespannt und entspannt haben, fahren Sie mit den Armen auf die gleiche Weise fort: anspannen, Spannung halten, entspannen, wiederholen. Versuchen Sie während der Anspannung die einzelnen Muskeln möglichst gut zu spüren. In der Entspannung fühlen Sie in sich, was sich verändert hat, ob sich ein Gefühl von Wärme, Kälte oder Wachstum einstellt. (Wenn nicht, ist das nicht falsch!) Sie setzen diese Übung auf die gleiche Art mit allen Körperteilen fort: Nach den Armen kommen Füße (Vorsicht, da kommt es leicht zu Krämpfen, daher nicht den Fuß hochziehen, sondern fest in den Boden drücken), Beine, Po und Unterleib, Schultern und Gesicht. Je versierter Sie in dieser Übung sind, umso mehr können Sie einzelne Muskelgruppen differenzieren, z. B. erst Unterarme, dann Oberarme. Dafür werden Sie selbst ein Gefühl entwickeln.

Atementspannung nach R. Tausch: Setzen Sie sich auf einen Stuhl und lockern Sie einengende Kleidungsstücke. Der Rücken sollte möglichst nicht an die Lehne anstoßen, damit der Atem freier fließen kann. Wenn Sie Rückenprobleme haben, können Sie den ganzen Rücken anlehnen. Setzen Sie bitte die Füße gut auf dem Boden auf, die Hände liegen ausgestreckt auf den Oberschenkeln oder im Schoß. Lassen Sie die Schultern fallen, ziehen Sie sie nicht hoch. Balancieren Sie den Kopf etwas aus, so dass er nicht nach vorne übersinkt, sondern mit möglichst wenig Muskelkraft auf dem Hals gehalten wird. Statt im Sitzen können Sie die Übung auch im Liegen machen, Kopf und Nacken durch Kissen etwas unterstützt, die Hände neben sich.

Wenn Sie sitzen oder liegen, nehmen Sie eine passive Haltung an. Strengen Sie sich nicht an, um irgend etwas zu erreichen, lassen Sie es zu, dass die Entspannung sich in Ihrem Körper ausbreitet. Wenn Sie es können, schließen Sie bitte die Augen.

Nun machen Sie 6 tiefe Atemzüge durch die Nase. Atmen Sie ein und atmen Sie tief aus, lassen Sie sich gleichsam in das Ausatmen hineinfallen, vielleicht mit einem kleinen Seufzer. Und nun lassen Sie Ihren Atem wieder frei fließen. Wir brauchen gar nichts zu tun, um zu atmen, durch das Atemzentrum atmet es in uns von allein.

Lenken Sie bitte Ihre Achtsamkeit auf die Nase. Spüren Sie, wie die Atemluft durch die Nase hereinkommt und herausstreicht. Spüren Sie diese Empfindungen, aber steuern Sie nicht mit dem Willen Ihren Atem. Wenn störende Gedanken in Ihr Bewusstsein treten, bringen Sie sich immer wieder sanft zu den Empfindungen des Atmens zurück.

Nun richten Sie Ihre Achtsamkeit auf die Bauchgegend und den unteren Brustraum. Spüren Sie, wie der Bauch sich nach oben ausweitet und wieder senkt und sich vor und zurück wölbt. Spüren Sie dieser Empfindung nach.

Wenn Sie abschweifen oder durch Gedanken abgelenkt werden, bringen Sie Ihre Achtsamkeit immer wieder zu den Empfindungen im Bauchraum zurück. Und lassen Sie bitte den Atem frei fließen, ohne ihn mit dem Willen zu steuern.

Vielleicht bemerken Sie, dass Ihr Atem beim Ausatmen unten etwas verharrt, ehe die Einatmung erfolgt. Das wirkt besonders beruhigend auf körperliche und seelische Vorgänge.

Und nun begleiten Sie Ihren Atem, indem Sie beim Einatmen „1" denken, beim Ausatmen „2", dann beim Einatmen „3" und so weiter bis „10". Wenn Sie bei „10" angelangt sind, dann gehen Sie noch einmal von „1 bis 10", aber beeinflussen Sie Ihren Atem nicht, sondern begleiten Sie ihn nur, indem Sie die Zahlen denken.

Jetzt stellen Sie sich bitte vor, Sie stehen auf einer kleinen Brücke und blicken auf den Bach darunter. Auf dem Bach treiben Blätter. Nehmen Sie wahr, wie diese langsam wegschwimmen. So machen Sie es bitte auch mit Ihren Gedanken, Wünschen und Bedürfnissen. Wie

der Bach fließt unser Bewusstsein dahin. Nehmen Sie die Gedanken wahr: "Aha, jetzt denke ich wieder daran.", und lassen dann den jeweiligen Gedanken los und wie ein Blatt auf dem Bach davonschwimmen. Machen Sie das bitte mit all Ihren Gedanken.

Und nun lenken Sie Ihre Achtsamkeit auf die Hände. Stellen Sie sich vor, dass Ihre Hände schwerer werden und sich wärmer anfühlen. Vielleicht können Sie auch das Fließen des Blutes in den Fingern spüren.

Bitte lenken Sie jetzt Ihre Achtsamkeit auf die Füße. Vielleicht spüren Sie, dass sich Ihre Füße schwerer anfühlen und wärmer werden. Vielleicht fühlen Sie auch hier etwas von dem Fließen des Blutes in den Füßen.

Ja, und nun, wo Sie entspannter werden, genießen Sie für einige Momente diese Ruhe, die Sie sich selbst gegeben haben und jederzeit wieder geben können.

Und jetzt kommen Sie langsam wieder in den Raum zurück, halten Sie aber die Augen noch geschlossen. Nehmen Sie einige tiefe Atemzüge, dehnen und strecken Sie sich, recken die Hände nach oben und nun öffnen Sie langsam die Augen und kehren Sie gelassener und wacher zu Ihrer bisherigen Tätigkeit zurück.

Klopfen Sie sich im Geist anerkennend auf die Schulter, dass Sie sich die Zeit genommen haben, etwas Wichtiges für Ihren Körper und Ihre Seele zu tun.

Gepäck in den Rucksack malen: Diese Übung trägt dazu bei, das Gefühl von Stress und Anspannung durch kreative Ordnung zu verringern. Malen Sie auf ein großes Blatt Papier einen Rucksack. Es ist Ihr Rucksack, den Sie im Moment auf dem Rücken tragen, der auf Ihren Schultern lastet. Nun malen Sie oder schreiben Sie assoziativ in diesen Rucksack hinein, was Sie gerade besonders beschäftigt und belastet. Mischen Sie ruhig persönliche und berufliche Dinge. Malen Sie Symbole oder einfach Schachteln und Tüten, in die Sie hineinschreiben, was Sie damit meinen.

Betrachten Sie den Rucksack jetzt genau: Ist er gut gepackt? Was ist zu schwer? Was wird vielleicht zerdrückt? Was gehört nicht in Ihren, sondern in den Rucksack von jemand anderem? Was wollen Sie als erstes auspacken? Wie könnte das gelingen? Schreiben

Sie sich auf, was Sie als erstes auspacken wollen und welche Schritte dazu notwendig sind.

Versuchen Sie sich dieses Auspacken tatsächlich vorzunehmen, doch beschließen Sie nicht mehr als ein oder zwei erste Schritte. Hängen Sie Ihre Aufstellung der Schritte auf oder legen Sie diese auf Ihren Schreibtisch. Dann „schließen" Sie den Rucksack. Sie haben ihre Belastungen und Aufgaben sortiert und Sie haben einen ersten Schritt beschlossen; der Inhalt des Rucksacks wird sich verändern und Sie wissen genau, was Sie rumschleppen, was Sie davon abgeben wollen und was ausgepackt werden kann. Das hilft – wie Proviant bei einer Wanderung – bewusst die Kräfte einzuteilen. Diese Übung kann häufig wiederholt werden, da der Rucksack sich täglich verändert.

Brief an sich selbst: Es ist hilfreich und entlastend, Dinge aufzuschreiben, um sie nicht immer im Kopf behalten zu müssen. Auch, um immer wieder für sich selbst anzuhalten, zu sortieren und zu ordnen, klar zu kriegen, was einen bewegt, stresst oder bedrückt, ist Schreiben eine hilfreiche Möglichkeit.

Setzen Sie sich gemütlich hin. Was brauchen Sie dazu? Eine Kerze, Musik oder ein Getränk? Jetzt schreiben Sie einen Brief an sich selbst. Fangen Sie ihn an wie jeden anderen persönlichen Brief mit Datum und Anrede. Schreiben Sie nun, was Sie im Moment besonders beschäftigt. Schreiben Sie Ihr Ziel auf, das Sie in 6 Wochen erreicht haben wollen, schreiben Sie Ihre Zweifel und Befürchtungen, Ihre Hoffnungen und Vorfreude. Schreiben Sie auch, was Sie behindert, was Sie immer wieder nervt. Am Schluss des Briefes schreiben Sie drei Schritte

auf, die Sie als nächstes unternehmen wollen, um Ihrem Ziel etwas näher zu kommen, aber ohne sich in Stress zu versetzen.

Diesen Brief unterschreiben Sie und verschließen ihn in einem Umschlag. Legen Sie ihn weg, um ihn in 4-6 Wochen wieder zu lesen oder – noch besser – geben Sie ihn einer guten Freundin, die ihn in vier Wochen an Sie schicken soll. Sie werden überrascht sein, wie der Brief 4 Wochen später auf Sie wirkt.

Diese Übung macht ruhig und gelassener. Sie lässt sich immer wieder einsetzen, sowohl in besonders anstrengenden Zeiten als auch in Phasen der Stagnation.

b) Selbstreflexion und Selbstevaluation

Um sich über die eigene Befindlichkeit, über Gründe für die innere Unruhe, für schlechte Laune oder über die eigenen Spielräume klar zu werden, ist Nachdenken im stillen Kämmerlein nicht immer ausreichend. Kreative Methoden helfen ähnlich wie in der Klasse, neben den rationalen Aspekten auch emotionale und assoziative Bereiche einzubeziehen und sich so vollständiger dem Problem zuzuwenden. Wir bieten Möglichkeiten für die Einzelnen an, um den eigenen momentanen Standort zu klären. Ebenso wichtig ist eine solche Phase der Reflexion natürlich auch für ein Team oder eine Gruppe, die gemeinsam arbeitet, die Projekte gestaltet und plant.

Fahrradspiel: Stellen Sie ein echtes Fahrrad vor sich hin oder malen Sie es groß auf eine Tafel bzw. einen Plakatbogen. Versuchen Sie jetzt, jedem Gruppenmitglied ihrer Gruppe (Lehrkräfte in einer Klasse, Stufenkonferenz, Arbeitskreis …) seinen Platz zu geben, indem sie Klebeschildchen mit Namen auf das Fahrrad kleben: Wer klebt auf dem Vorderlicht? Wer auf einem Pedal? Wer gehört eher zum hinteren Schutzblech und wer auf die Bremse? Seien Sie dabei ruhig ganz subjektiv.

Anschließend überlegen Sie, wie fahrtüchtig Ihr Gefährt ist. Wo könnten Probleme bei der Fahrt auftauchen? Was fehlt? Vielleicht die Lenkerbesetzung? Wollen Sie diese übernehmen oder lieber nicht? Wer könnte das Rad zum Laufen bringen?

Wenn Sie diese Methode in einer Gruppe einsetzen wollen, bekommt jede Person ein Klebeschildchen, auf das sie ihren Namen schreibt. Dieses Schildchen klebt jede dorthin, wo sie es gut plaziert findet. „Bin ich gerade ein Scheinwerfer oder eher ein Bremsklotz?" – „Sitze ich mit auf dem Sattel oder hänge ich eher am Gepäckträger?" Die Gruppe schaut sich gemeinsam ihr Rad an und versucht zu orten: Sind wir fahrtüchtig? Haben wir Lenker, aber auch Bremse besetzt? Wo häuft sich eine Gruppe, die dann das Gleichgewicht bedroht? Versuchen Sie dabei im Bild des Fahrrades zu bleiben, durch das erstaunlich viel Erkenntnis möglich ist.

Bei Kollegien oder Gruppen, die solche direkten Formen scheuen, können Sie auch bunte Klebepunkte verteilen, die ohne Namen aufgeklebt werden. Dies ermöglicht Reflexion mit größerer Distanz.

Werbekampagne: Formulieren Sie eine Problemstellung, die für Sie im Moment relevant ist, in einem Wunschsatz. Nun versuchen Sie eine Werbekampagne für dieses Anliegen zu gestalten: Mit welchen Slogans und Bildern können Sie andere gewinnen? Welche Schwerpunkte können die potentiellen „Kunden" ansprechen? Wo fehlen Ihnen überzeugende Argumente? Welche Einwände müssen Sie entkräften? Je konkreter Sie ihre Werbeaktion beschreiben oder als Collage gestalten, umso deutlicher werden Ihnen die Schwachstellen, d.h. die Punkte, die zu klären sind, die noch nicht befriedigend laufen. Durch diese zugespitzte Methode der Auseinandersetzung ist es oft einfacher, Probleme zu erkennen und anzugehen.

Wunschliste: Erinnern Sie sich an das Wunschzettelschreiben zur Weihnachtszeit? Ebenso geht diese Methode vor. Stellen Sie eine Wunschliste mit 10 Wünschen für die nächste Zeit (z. B. für 3 Monate oder bis zu den nächsten Ferien) auf. Beschränken Sie sich bitte auf 10 Wünsche und versuchen Sie, diese in eine Reihenfolge der Dringlichkeit zu bringen. Im zweiten Schritt stellen Sie eine Liste mit Wünschen zusammen, die sich auf keinen Fall erfüllen sollen. Versuchen Sie auch hier, die für Sie relevante Reihenfolge festzulegen. Nun vergleichen Sie die beiden Listen miteinander und stellen die Beziehungen zueinander her: „Ich wünsche mir mehr Zusammenarbeit auf der Stufe, aber ich wünsche mir nicht, mehr Zeitaufwand für diese Klasse zu

benötigen." Wie könnte die Lösung lauten? Feste Termine alle 6 Wochen oder eine Stufenkonferenz statt GLK?

Standpunkte gewichten: Anhand der Kopiervorlage „Standortbestimmung" (S. 108) versuchen Sie die Aussagen für sich zu gewichten, indem Sie die Statements durchnummerieren und die jeweilige Zahl auf einer Achse des Kreises an die passende Stelle schreiben, beispielsweise Aussage 4 zwischen 25 und 50 (33) oder Aussage 7 bei 100. Verbinden Sie dann die einzelnen Punkte zu einer Art Stern. Wenn Sie dabei Ihre eigene Zufriedenheit einbeziehen wollen, zeichnen Sie in rot die reale Situation ein, in grün ihre Wunschposition. Vergleichen Sie die beiden Farblinien miteinander. Welchen Sternzacken wollen Sie als ersten ausweiten?

Jede Münze hat 2 Seiten: Teilen Sie vor einer Entscheidung ein Blatt Papier in eine Pro- und in eine Contrahälfte. Listen Sie auf, was alles für die Situation bzw. die zu treffende Entscheidung spricht und was dagegen. Ist die Liste auf beiden Seiten abgeschlossen, versuchen Sie Argumente gegeneinander aufzuwiegen, z. B.: ein Pluspunkt ist die bessere Gesprächsbereitschaft, negativ ist daran, dass Besprechungen nun länger dauern. Das wiegt sich auf. Was bleibt am Schluss übrig? Klärt das die Entscheidung bzw. den weiteren Verlauf?

Fragebögen: Als weitere Hilfsmittel finden Sie im Anschluss an dieses Kapitel zwei Fragebögen als Kopiervorlage. Einer bezieht sich auf Ihr Wohlbefinden als Lehrkraft in der Schule

(Seite 107), der andere stärker auf ihren persönlichen Umgang mit Anspannung, Kreativität und Einstellungen (Seite 105/106).

c) Supervision

Eine hilfreiche und schon an vielen Schulen genutzte Methode ist die Supervision sowohl für die einzelnen Lehrer als auch für eine Kolleginnengruppe. Sie bietet die Möglichkeit, mit Unterstützung einer distanzierten Sichtweise die eigenen Belastungen zu benennen, zu erkennen und Lösungsideen zu entwickeln. Supervision versteht sich dabei nicht als Therapie für Leidende oder als Selbsterfahrungsangebot per se, sondern konzentriert ihr Interesse auf das berufliche Feld. Ob es dabei um Fallbesprechungen einzelner Schülerinnen und Schüler geht, ob es um kollegiale Konflikte oder um strukturelle Probleme geht, dies ist dem Bedürfnis und Interesse der Supervisanden überlassen. Da es zu diesem Thema viele gute Erfahrungsberichte und informative Literatur gibt, beschränken wir uns auf diesen Hinweis.

> *W. Ehinger, C. Hennig: Praxis der Lehrersupervision, Beltz Weinheim, Basel, 1997.*
> *W. Mutzeck, J. v. Schlee: Kollegiale Supervision, Karl Winter Verlag, Heidelberg, 1996.*

d) Zeitmanagement

Ein Hauptbelastungsfaktor in der Schule ist die fehlende Zeit. Gleich ob für Pausengespräche, Konferenzen, Schülerbedürfnisse oder Organisationsaufgaben, immer entstehen Hektik und Stress. Die Lösung dessen liegt für uns in der richtigen Fragestellung: Wie entscheide ich mich? Welches sind meine Pri-

orität en? Wer verfügt über meine Zeit? Zu welchen Dingen bin ich wann in der Lage? Und wo sind meine Grenzen?

Gerade im System Schule ist es notwendig, klare eigene Strukturen zu schaffen, da das System viel Unklarheit produziert:
• Sind Pausen Arbeitszeit oder Pausen für mich?
• Wie viel Zeit für Schülerbetreuung außerhalb des Unterrichts plane ich ein?
• Wie viel Zeit nehme ich mir für kollegiale Belange?
• Wie viel Zeit will ich durchschnittlich für Elterngespräche investieren?
• Lege ich Zeiten fest, z. B. durch Sprechstunden, Klassenstunden o. ä. (in denen dann auch keine Vertretungsübernahme möglich ist)?
• Wie definiere ich meinen Arbeitsalltag: habe ich feste Arbeitszeiten?
• Arbeite ich, bis ich fertig bin?
• Wer definiert „fertig" (müde, alles erledigt, alles besonders gut erledigt, manches sehr gut vorbereitet, anderes überflogen ...)?

Vor allem, wenn es um Teamarbeit geht, wird der Faktor Zeit sehr wichtig. Zusammenarbeit kann nur funktionieren, wenn regelmäßige Treffen die gemeinsame Planung, Durchführung und Reflexion ermöglichen. Die dafür entscheidenden und weiterführenden Fragen sind dann:
• Lohnt sich dieses Zeitengagement für mich?
• Was gewinne ich an neuen Ideen und Erfahrungen?
• Welche Entlastung und Bestärkung bringt mir das?
• Wie viel Spaß macht die Zusammenarbeit?
• Wie wirkt sich das auf meine Motivation aus?
• Bekomme ich Hilfe und Unterstützung?
• Stimmt das Verhältnis zwischen Einsatz, Aufwand und Erfolg oder neudeutsch: zwischen Input und Output?

Um das festzustellen, muss das Team immer wieder kritisch überprüfen, wie stimmig die Vorgehensweise ist, ob es seine Zeit sinnvoll nutzt oder ob andere Regelungen notwendig sind. Daher sollten Teams für sich eine klare Arbeitsstruktur festlegen und diese Struktur für das Kollegium wie die Schulleitung transparent machen, um Akzeptanz zu finden und das eigene Tun aufzuwerten.

3. Etwas im Kollegium tun

> *Ein in Meditation erfahrener Mann*
> *wurde einmal gefragt, warum er trotz*
> *seiner vielen Beschäftigungen immer so*
> *gesammelt sein könnte. Er sagte:*
>
> *Wenn ich stehe, dann stehe ich.*
> *Wenn ich gehe, dann gehe ich.*
> *Wenn ich sitze, dann sitze ich.*
> *Wenn ich esse, dann esse ich.*
> *Wenn ich spreche, dann spreche ich.*
>
> *Da fielen ihm die Fragesteller ins Wort*
> *und sagten: Das tun wir auch. Aber was*
> *machst du darüber hinaus? Er sagte:*
>
> *Wenn ich stehe, dann stehe ich.*
> *Wenn ich gehe, dann gehe ich.*
> *Wenn ich sitze, dann sitze ich.*
> *Wenn ich esse, dann esse ich.*
> *Wenn ich spreche, dann spreche ich.*
>
> *Wiederum sagten die Leute: Das tun wir*
> *doch auch. Er aber sagte zu ihnen:*
>
> *Nein!*
> *Wenn Ihr sitzt, dann steht Ihr schon.*
> *Wenn Ihr steht, dann geht Ihr schon.*
> *Wenn Ihr geht, dann seid Ihr schon am*
> *Ziel.*
>
> *(zitiert nach B. Nee, Pädagogik 1/1993)*

Um sich im Beruf und in der Schule wohl zu fühlen, ist das Kollegium nach Aussage vieler Lehrerinnen und Lehrer besonders wichtig. Was kann ich als Einzelne tun, um im Kollegium die notwendige Unterstützung zu finden und eine gute Atmosphäre mitzugestalten? Dabei geht es zunächst darum, für mich selbst festzustellen, wieviel Nähe und Distanz ich brauche und was ich mir in diesem Kollegium wünsche. Zentral ist die gegenseitige Akzeptanz, um Offenheit und Kommunikation zu ermöglichen. Kann ich andere als kompetente Lehrerinnen anerkennen, auch wenn sie einen anderen Stil haben? Muss ich mich ständig rechtfertigen, fühle ich mich beobachtet? Die Bereitschaft, sich Probleme und Unsicherheiten mitzuteilen und den Austausch zu suchen, um Anregungen und Unterstützung zu finden, hilft, viele Belastungen zu mindern. Auch hier haben wir die Erfahrung, dass es leichter wird, sich auf die-

sen Weg zu begeben, wenn man strukturiert vorgeht, d.h., wenn man feste Vereinbarungen trifft. Dazu gibt es unterschiedliche Möglichkeiten, die wir kurz anreißen wollen.

Hospitationen: Um ein gemeinsames Vorhaben anzugehen, bei dem die Idee des gemeinsamen Unterrichtens vielleicht ganz versteckt im Hinterkopf sitzt, gilt es zunächst, sich in der Arbeit kennen zu lernen. Hospitationen sind dafür eine spannende und reizvolle Gelegenheit. Sich zur Kollegin in die Stunde mit hineinzusetzen und zuzusehen, wie sie mit der Klasse arbeitet, ist für Lehrer eine seltene Chance, Unterricht mit Distanz zu erleben, neue Methoden mitzuerleben, ohne sie gleich verantwortlich anzuleiten; es erlaubt, andere Stile tatsächlich nachzuvollziehen. Das ist nur möglich, wenn ein gutes Vertrauensverhältnis zwischen den Partnern besteht, so dass Befürchtungen, sich bloßzustellen, sich ungeschützt zu zeigen, nicht auftreten. Da Lehrer sonst Unterrichtsbesuche meist als Kontrolle erleben, muss eine gewisse Hemmschwelle überwunden werden. Nach einem gemeinsamen Gespräch über den Stundenverlauf zeigt sich aber meist der Nutzen für beide Beteiligten.

Teamentwicklung: Will der einzelne Lehrer nicht mit allen Aufgaben und Problemen alleine belastet sein, braucht er eine Gruppe um sich, mit der er gemeinsam arbeiten kann. Wesentlich ist, dass im Team Kolleginnen und Kollegen zusammenfinden, die miteinander arbeiten wollen. Dann muss geklärt werden, welches Ziel sich die Gruppe setzt und welcher Zeitrahmen zur Verfügung steht. Nachdem klare Verabredungen getroffen wurden bezüglich zeitlichem Aufwand, Zuständigkeiten und Zielsetzung, die alle befürworten und einhalten können, beginnt die gemeinsame Arbeit.

> *E. Philipp: Gute Schule verwirklichen. Ein Arbeitsbuch mit Methoden, Übungen und Beispielen der Organisationsentwicklung, Belz Verlag, Weinheim, Basel 1995; E. Philipp: Teamentwicklung in der Schule, Beltz 1996; E. Osswald: Gemeinsam statt einsam, Brunner Verlag Kriens (CH) 1995; G. Stöger: Besser im Team. Weinheim, Basel 1996; B. Voigt: Team und Teamentwicklung, in ders. Organisationsentwicklung 3, 1993*

Reflexion: Wesentlich für das Gelingen kollegialer Zusammenarbeit ist die Fähigkeit zu konstruktiver Kritik und gemeinsamer Reflexion. Sowohl innerhalb des Teams als auch gegenüber dem Gesamtkollegium ist es wichtig, dass auf Offenheit und Transparenz geachtet wird. Eine Gruppe, die sich abschottet und etwas alleine macht, wirkt bedrohlich. Stellt diese Gruppe immer wieder im Kollegium vor, worüber sie bei ihren Treffen spricht, was sie bearbeitet, wird vielen Missverständnissen vorgebaut. Ein schwarzes Brett kann dazu hilfreich sein. Um Kritik aneinander, an Ideen und Vorgehensweisen oder gar an tradierten Selbstverständlichkeiten zu üben, ohne dabei zu verletzen oder Fronten zu schaffen, sollte die Gruppe sich an Regeln der offenen Kommunikation orientieren, die explizit vereinbart bzw. vorgestellt werden (TZI–Regeln und die „Killerphrasen" auf Seite 124). Will man sich gemeinsam intensiv mit schulischen Problemen auseinandersetzen, bietet sich Gruppensupervision an. Diese ist allerdings nur sinnvoll, wenn sie regelmäßig und in einer stabilen Gruppe aus freiwilligen Mitgliedern abgehalten wird.

Konferenzgestaltung: Ein Reizthema in vielen Kollegien sind Dauer, Häufigkeit und Ablauf von Besprechungen und Konferenzen. Will man sinnvolle Konferenzen, muss zuerst sondiert werden:

- Was halten die Kollegen für wichtig, um es in einer Gesamtlehrerkonferenz zu besprechen?
- Was muss in Stufenkonferenzen, Fachkonferenzen oder gesonderten Arbeitsgruppen besprochen werden?

Gesprächsregeln der Themenzentrierten Interaktion (TZI) nach Ruth Cohn:

1. Du bist für dich selbst in der Gruppe verantwortlich. Versuche also, mit „ich" zu sprechen und vermeide das unpersönliche „man".

2. Störungen haben Vorrang und werden in der Gruppe geäußert. Es ist wichtig sie zu äußern, damit sie beseitigt werden können. Äußere dich selbst und frage den anderen nicht aus.

3. Interpretiere nicht, sondern gib deine Reaktionen wieder, gibt ihnen ein „feed back".

4. Vermeide Verallgemeinerungen, gib deine Betroffenheit wieder, zeige dem anderen deine Gedanken und Gefühle, die bei dir durch sein Verhalten entstehen.

5. Teile dich dem anderen direkt mit, vermeide also über jemanden zu reden.

6. Äußere, was du denkst und fühlst, aber wähle auch aus.

7. Es kann nur einer sprechen. Vermeide Seitengespräche, wenn sie wichtig sind, bringe sie in die Gesamtgruppe ein.

8. Von Zeit zu Zeit ist es wichtig zu klären: Ist das, was gesprochen wird, noch aktuell und interessant? Können noch alle folgen?

9. Durch ein Blitzlicht lässt sich der momentane Stand einzelner Gruppenmitglieder erfahren. Das ist von Zeit zu Zeit sinnvoll.

- Welche Themen sind als Information schriftlich zu übermitteln (wodurch man Zeit spart)?
- Welche Themen müssen in Kleingruppen vorbesprochen werden, um dann im Plenum zügiger entscheiden zu können?
- Was lässt sich über eine Wandzeitung oder einen Umlauf erfragen und vorab ordnen?
- Treffen sich die Stufenkonferenzen eine Stunde früher um vorzubesprechen?
- Werden zwischendurch Kleingruppen gebildet um effektiver zu diskutieren?
- Werden Vorschläge schriftlich eingegeben, um den Überblick für alle zu gewährleisten?

Viele dieser Klärungen helfen, zielgerichteter und strukturierter zu arbeiten. Aber auch die atmosphärische Gestaltung einer Sitzung ist wichtig: Gibt es Getränke? Welche Sitzordnung entspricht den Tagesordnungspunkten? (Gruppentische für Kleingruppendiskussionen ohne großes Umräumen; ein „U", wenn Folien oder Plakate gemeinsam betrachtet werden sollen ...) Brauchen wir ein Flipchart, um mitzuschreiben, Folien zur Illustration, ein Plakat mit der Tagesordnung zur Übersicht oder Blumen zum Wohlfühlen? Selbst wenn Ihr Kollegium seit Jahren eine feste Form beibehält, probieren Sie in kleinen Schritten aus, was Ihnen sinnvoll erscheint (nicht alles auf einmal!), um Möglichkeiten aufzuzeigen und die Kollegen zu gewinnen.

4. Die politische und gesellschaftliche Ebene

Auch wenn Bildungspolitik ein Mauernblümchendasein in der Politik führt und Diskussionen über einschneidende Veränderungen nur von wenigen Bürgern aufgegriffen werden, ist die Brisanz der derzeitigen politischen Überlegungen nicht zu verhehlen: Elternmitarbeit statt Lehrereinstellung, Einsparung des 13. Schuljahres trotz aller Warnungen, Erhöhung des Stundendeputats ohne Wahrnehmung der realen Situation an Schulen ... Wir können die notwendige Debatte zu diesen Fragen hier nicht weiterführen, wollen diese Ebene jedoch nicht aussparen.

Will Schule nicht im eigenen Sumpf stecken bleiben, muss sie sich nach außen öffnen und als Teil eines Stadtteils, einer Kommune begreifen, als ein Faktor, der das Leben an diesem Ort mitgestaltet und prägt. Da Schule weitaus mehr Lebensraum als Lernanstalt sein will und soll, braucht sie die Verbindung zu ihrem Umfeld, um den Kindern realistische Verbindungen ihrer Alltagsbereiche zu ermöglichen. Hinter dem Modewort „Vernetzung" steckt ein Potential an Möglichkeiten, Ideen und Durchsetzungsstrategien, das genutzt werden kann.

Auf politischer Ebene sind die Eltern die zentrale Gruppe. Sie als Lobby zu gewinnen, sie einzubinden in die Vertretung von Forderungen ist notwendig, um Gehör zu finden. Eltern, die sich beteiligt fühlen und die Schule nicht nur als gesetzte Institution, der sie und ihre Kinder ausgeliefert sind, erleben, sind wil-

lens und bereit, sich stark zu machen und einzusetzen. Dies ist ein Prozess, der in der einzelnen Klasse beginnt. Lehrer müssen die Eltern als Beteiligte sehen, d. h. sie einbeziehen, mit ihnen Arbeitsformen, Ideen und Projekte besprechen, ihre Arbeit transparent machen. Solange zwischen Eltern und Lehrer eine geheime Konkurrenz herrscht und beide sich voneinander eher bedroht als unterstützt fühlen, ist es schwierig, gemeinsam nach außen vorzugehen. Die Angst der Eltern, Engagement könne ihrem Kind schaden, ist häufig von eigenen alten Schulnarben geprägt. Diese Ängste und die umgekehrte Befürchtung, dass Eltern sich einmischen, um zu stören und zu kritisieren, haben oft gravierende Kommunikationsprobleme zur Folge. Diese aufzubrechen ist ein erster wichtiger Schritt.

5. Ja, aber ...

„Das alles ist ja einsichtig und wunderbar, haben wir im Kollegium auch schon häufig diskutiert, aber was nützt das? Die Dinge lassen sich nicht ändern und Zeit hat niemand von uns, um sich so ins Zeug zu legen. Außerdem ist der eigene Schwung schnell gebremst, wenn es im Kollegium nicht gelingt. Die gut geplante Zusammenarbeit mit Kollege M. scheiterte an dem Punkt, wo die Frage nach der Erfolgskontrolle auftrat. Er wollte unbedingt über das Projekt eine Arbeit schreiben, um diese Einheit auch bewerten zu können. Ich dagegen halte das für unsinnig und falsch." Diese Argumentation ist uns sehr vertraut. Durch die hohe Belastung und Anstrengung des Berufs reagieren viele Kollegen mit

Resignation oder Abschottung. Sie empfinden neue Ideen als Zumutung bzw. als Kritik an ihrem bisherigen beruflichen Handeln. Das führt zu der berühmten „Ja, aber ..."- Strategie, die viele engagierte Lehrerinnen und Lehrer demotiviert und ausbremst.

Konflikte gehören dazu! Alles, was neu ist und einen Prozess in Bewegung bringt, stößt auf Widerstände derer, die versuchen, den Status quo, mit dem man sich irgendwie arrangiert hat, zu erhalten. Ein erster Schritt ist die Suche nach Verbündeten. Der zweite wichtige Schritt ist die Klarheit, dass man nicht andere ändern kann, sondern nur für sich selbst entscheiden kann. Nehmen Sie sich nicht vor, Ihr Kollegium oder den schon seit Jahren in der Rolle des Bremsers verhafteten Kollegen zu reformieren! Verändern Sie Ihre persönliche Situation und stellen dies deutlich und transparent vor. Was für die eine richtig und gut ist, mag für den anderen beängstigend und verworren wirken. Um für sich und die eigene Situation mehr Zufriedenheit durch die Einführung neuer Strukturen und Methoden zu gewinnen, braucht man nicht die gesamte Schule, sondern zunächst einen kleinen Kreis, in dem sich manches entwickeln lässt. Und nur auf einen ersten Schritt hin können weitere folgen.

Der Lehrplan bietet mehr Freiheiten, als gemeinhin gesagt wird. Viele Themen lassen sich sehr unterschiedlich angehen und gestalten. Durch Schwerpunktsetzung können Bereiche mehr Zeit gewinnen, andere werden eben nur gestreift. Der Lehrplan sieht pädagogische Aufgaben explizit vor. Wir wollen Mut dazu machen. Unsere Erfahrung ist es, dass Klassen, mit denen vielfach handlungsorientiert und projektartig gearbeitet wird, lernen, sich manches auch alleine anzueignen oder eine intensive Informationsstunde gut aufzu-

nehmen. Die 5. Klasse einer Hauptschule bei Tübingen konnte nach 2 Stunden des Bausteins zu „Ben liebt Anna" mit intensivem Rollenspiel, Gelächter und ruhigem Gespräch sehr viel konzentrierter an der nächsten Mathestunde teilnehmen als sonst. Die Entscheidung lautet daher nicht Lehrplan oder Pädagogik, sondern es gilt, die pädagogischen Freiräume im Lehrplan wahrnehmen und ausnutzen.

Es bleibt die Frage, wie Noten aufgrund individueller und kaum auf ein Notenschema übertragbarer Einschätzungen zu machen sind. Dabei lauert aus Sicht vieler Lehrer im Hintergrund wieder das Gespenst der Eltern, die Rechtfertigung verlangen. Da Noten nicht abzuschaffen sind, muss man sich diesem Problem stellen, ohne sich ihm vollständig zu unterwerfen. „Kann ich die klassische Benotung mit anderen Unterrichtsinhalten erfüllen? Kann ich einen Ausgleich zwischen abprüfbarem Lernerfolg und individueller Entwicklung schaffen? Wie kann ich dies gegenüber Kindern und Eltern vertreten? Kann ich die Kinder in solche Entscheidungen miteinbeziehen, gemeinsam mit ihnen eine Lösung suchen?" Wir wollen Sie ermutigen, die eigenen Möglichkeiten abzuprüfen und individuelle Wege zu wählen.

„Es sind niemals die Umstände selbst, die unser Gemüt tangieren, sondern lediglich unsere Einstellungen zu den Umständen." (Thorwald Dethlefsen: Schicksal als Chance, Bertelsmann Verlag München 1988, S. 74) Oder anders formuliert: Das Wetter ist objektiv schlecht. Dennoch bleibt die Wahl darüber zu klagen, gemütlich daheim zu bleiben, oder ... sich entsprechend anzuziehen. Diese Wahl sollten wir uns nicht nehmen lassen.

Dieser Selbsttest kann Sie darin unterstützen, die verschiedenen
Bereiche Ihres alltäglichen Wohlbefindens genauer anzuschauen.

	gering				angemessen

Wahrnehmen und Ausdrücken von Gefühlen	-2	-1	0	+1	+2
Wenn ich mit etwas nicht einverstanden bin, kann ich das ausdrücken					
Meist ist mir bewusst, was ich gerade fühle und empfinde					
Es beunruhigt mich nicht, wenn ich manchmal auch heftige Gefühle habe					
Ich zeige meine Freude über Zuwendung und Anerkennung von anderen					

Kreativität und Ausdrucksfähigkeit	-2	-1	0	+1	+2
Ich habe Freude daran, mich durch Kunst, Tanz, Musik, Theaterspielen usw. auszudrücken					
Es macht mir Spaß, mich mit ungewöhnlichen Ideen zu beschäftigen und sie mit anderen auszutauschen					
Ich schreibe manchmal Gedichte, Texte oder male ein Bild					
Ich interessiere mich für meine Träume und für das, was sie mir sagen					

Entspannung und Schlaf	-2	-1	0	+1	+2
Ich fühle mich selten müde oder ausgelaugt					
Ich schlafe nachts leicht ein und bekomme meist genug Schlaf					
Wenn es keine Möglichkeit gibt, Probleme sofort zu lösen, kann ich sie auch ruhen lassen					
Mindestens 15 bis 20 Minuten täglich meditiere ich oder versuche, mich zu zentrieren					
Ich kann es gut aushalten, wenn auch einmal nichts los ist					

Körperliche Aktivität und Fürsorge	-2	-1	0	+1	+2
Meine täglichen Aktivitäten schließen mittlere Anstrengungen ein (Arbeit im Haushalt, Gartenpflege, Fußwege)					
Ich gehe täglich mindestens zwei Kilometer zu Fuß					
Mindestens einmal pro Woche laufe ich einen oder mehrere Kilometer					
Ich mache fast täglich Gymnastik					
Ich nehme sehr selten Medikamente oder Drogen					
Ich mag die Berührung durch andere					
Ich dusche regelmäßig, erst heiß, dann kalt					
Ich rauche gar nicht oder weniger als 5 Zigaretten pro Woche					

	gering			angemessen	
Ernährung	-2	-1	0	+1	+2
Ich nehme täglich Mineralien und Vitamine zu mir					
Ich bevorzuge Nahrung aus biologisch-dynamischem Anbau					
Mein Alkoholkonsum ist niedrig					
Ich trinke weniger als drei Tassen Kaffee oder Tee pro Tag					
Mein Körpergewicht ist normal (bis zu 15 Prozent unter/über meinem Idealgewicht)					
Ich nehme mir Zeit und Ruhe für meine Mahlzeiten					

	gering			angemessen	
Produktivität und Arbeit	-2	-1	0	+1	+2
Finanziell fühle ich mich sicher					
Mir macht meine Tätigkeit Spaß					
Ich fühle mich selten in unangemessener Weise bewertet oder kontrolliert					
Ich arbeite gern mit meinen Kollegen zusammen					
Ich fühle mich weder über- noch unterfordert					
Ich kann meine Arbeit in gewissem Umfang selber einteilen					

	gering			angemessen	
Rückhalt und Unterstützung	-2	-1	0	+1	+2
Ich stehe in guter Verbindung zu Familie und Verwandten					
Partnerschaft und Freundschaft bedeuten mir sehr viel					
Wenn ich Probleme habe, kann ich mit der Hilfe anderer rechnen					
Für manche Menschen würde ich fast alles tun					

	gering			angemessen	
Soziales Interesse	-2	-1	0	+1	+2
Ich informiere mich über lokale, nationale und internationale Ereignisse					
Ich bin Mitglied in einer oder mehrerer Gruppen bzw. sozialen/politischen Organisationen					
Ich unterstütze Ziele und Personen meiner Wahl					
Ich versuche, gemeinsam mit Kollegen unsere Interessen am Arbeitsplatz zu vertreten					
Ich pflege gute Kontakte mit Nachbarn					
Ich fühle mich an meinem Wohnort integriert					

	gering			angemessen	
Einstellung zum Leben	-2	-1	0	+1	+2
Mein persönliches Dasein erscheint mir sinnvoll					
Ich freue mich darauf, mindestens 75 Jahre alt zu werden.					
Wenn ich heute sterben würde, dann hätte ich das Gefühl, dass mein Leben einen Wert hatte					
Ungewissheiten und Veränderungen in meinem Leben machen mir keine Angst					

Insgesamt ist mein Gesundheitsverhalten:	-2	-1	0	+1	+2

Vernachlässigt habe ich besonders den Bereich:

© AOL Verlag · 77839 Lichtenau · Fon (07227) 95880 · Nr. A640

	erlebe ich oft, dass	wünsche ich mir, dass
In meiner Rolle als Fach-lehrerin und/oder Klassen-lehrer		
In meiner Rolle als Voll-/Teil-zeitkraft		
Im Kontakt mit jüngeren/ älteren Schülerinnen		
Insbesondere bei Freizeit-aktivitäten		
Insbesondere in Konferenzen und Besprechungen		
Allgemein im Umgang mit Kollegen		
Im Umgang mit der Schulleitung		
Im Umgang mit Eltern		
bezogen auf meine Tätigkeiten insge-samt in der Schule		
mit zunehmendem Alter		

	sie erleben mich öfter	und wünschen sich vielleicht
aus Sicht der Schüler		

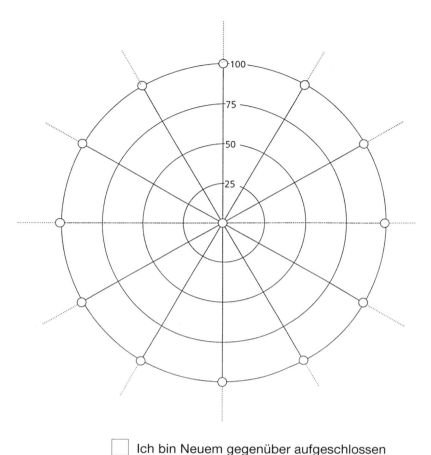

Anhand dieses Spinnen-Diagramms können Sie für sich prüfen, wie gerne, wie offen und wie effektiv Sie mit Ihren Kolleginnen und Kollegen zusammenarbeiten. Gehen Sie dabei wie folgt vor: Gewichten Sie die Aussagen, indem Sie die Statements durchnummerieren und die jeweilige Zahl auf einer Achse des Kreises an die passende Stelle schreiben, beispielsweise Aussage 4 zwischen 25 und 50 (33) oder Aussage 7 bei 100. Verbinden Sie dann die einzelnen Punkte zu einer Art Stern. Wenn Sie dabei Ihre eigene Zufriedenheit einbeziehen wollen, zeichnen Sie in rot die reale Situation ein, in grün ihre Wunschposition. Vergleichen Sie die beiden Farblinien miteinander. Welchen Sternzacken wollen Sie als ersten ausweiten?

☐ Ich bin Neuem gegenüber aufgeschlossen

☐ Ich kann gut organisieren

☐ Ich arbeite gern mit anderen aus meinem Kollegenkreis zusammen

☐ Ich kann Kontroversen aushalten

☐ Ich kann Ideen von anderen akzeptieren und weiter verfolgen

☐ In Konferenzen trete ich für meine/unsere Interessen ein

☐ Ich habe guten Kontakt zu Kolleginnen und Kollegen über die Arbeit hinaus

☐ Ich bekomme Anerkennung für geleistete Arbeit

☐ Ich habe ein Gespür für das Verhältnis von Aufwand und Ergebnis

☐ Ich werde von anderen als kollegial bezeichnet

☐ Ich kann Arbeiten gut delegieren

☐ Ich kann meine persönlichen Grenzen bestimmen und einhalten

© AOL Verlag · 77839 Lichtenau · Fon (07227) 9588-0 · Nr. A640

„Gesundheit ist ein Weg, der sich bildet,
indem man ihn geht
und für andere gangbar macht!"

(nach Schipperges)

Jugend – Gesundheit – Bildung

Wie sich das Konzept der Gesundheitsförderung entwickelt und erweitert hat

Allen wohlfeilen Absichtserklärungen und Hochglanzbroschüren der Kultusministerien zum Trotz: Das Thema Gesundheit und das Konzept der Gesundheitsförderung lösen an Schulen nach wie vor eine Vielzahl von Fragen aus: „Geht es primär um bessere Sitzmöbel und ein gesundes Schulfrühstück? Muss jede Lehrerin in ihrer Klasse über Suchtgefahren informieren, wofür doch bislang der Drogeninformationslehrer im Kollegium zuständig war? Sollen wir künftig die Eltern aufmerksam machen, dass die Kinder nicht zuviel Fernsehen und täglich ausreichend Bewegung haben? Müssen wir unseren eigenen Unterrichtsstil verändern?"

Somit fordert Gesundheitsförderung in der pädagogischen Praxis zu einer Position heraus. Aus dem Blickwinkel skeptischer Kollegen erscheint Gesundheitsförderung als eine weitere Aufgabe, die von außen an sie herangetragen wird und die sie unfreiwillig mit ihrem pädagogischen Selbstverständnis wie persönlichem Gesundheitsverhalten konfrontiert. Hingegen fühlen sich diejenigen Lehrerinnen und Lehrer, die mehr Leben in den Schulalltag hineinbringen wollen, dadurch in ihrem Anliegen bestärkt.

Im Folgenden skizzieren wir den wissenschaftlichen Hintergrund, vor dem wir unsere Praxis begründen und Gesundheitsförderung als Leitmotiv für humanes Lehren und Lernen herleiten. Am Anfang steht die Problembeschreibung: Wodurch sind Kinder und Jugendliche objektiv in ihrer Gesundheit belastet, wodurch gefährden sie sich und welche Relevanz haben Gesundheit und Wohlbefinden in ihrer alltäglichen Wahrnehmung?

I. Aufwachsen in dieser Zeit

„Früher haben Schüler in der 9. Klasse mit Haschisch angefangen. Heute probieren sie es schon in der siebten, manchmal sogar Ende der sechsten. Ende sechste, Anfang siebte Klasse gibt es bereits Kampftrinker." (Eine Frankfurter Gymnasiallehrerin, zitiert nach FOCUS 37/95)

1. Gesundheitsbelastungen und Suchtmittelkonsum im Kindes- und Jugendalter

Kein Tag vergeht, ohne dass in den Medien darüber berichtet wird, wie krank und gefährdet unsere Kinder und Jugendlichen sind. Was ist an diesen Aussagen dran?

Seit 1995 liegt der erste Bericht zur Gesundheit von Kindern und Jugendlichen in Deutschland vor, in dem die Ergebnisse einer Befragung von 2400 Schülerinnen und Schülern der Klassen 7-9 in ost- und westdeutschen Bundesländern aus dem Jahr 1993 zusammengefasst sind (Nordlohne, Hurrelmann, Leppin; in: Kolip u.a.: „Jugend und Gesundheit", 1995). Allen Unkenrufen zum Trotz gilt das Kindes- und Jugendalter nach wie vor als vergleichsweise gesunder

Lebensabschnitt (Hurrelmann). Durch die „Problembrille" betrachtet, ergeben die Zahlen natürlich ein anderes Bild.

Körperliche Beeinträchtigungen: Unüberhörbar ist die Klage vieler Kinderärzte: Aufgrund von Bewegungsmangel und einseitiger Ernährung sind bei 60 % aller Schülerinnen und Schüler gravierende Haltungsschäden feststellbar. Nach repräsentativen Studien haben zwischen 20% und 30% der Heranwachsenden eines Jahrgangs deutliches Übergewicht, ca. 30% haben ein leistungsschwaches Herz-Kreislauf-System, und bei 30-40% aller Mädchen und Jungen sind Koordinationsschwächen feststellbar; zusammengefasst in: Birgit Drescher „Schulen in Bewegung", Bielefeld 1995). Bei jedem 10. Kind werden zudem im frühen Alter chronische Erkrankungen, insbesondere der Atemwege festgestellt.

Seelisch-soziale Belastungen: Etwa 4-7% der Heranwachsenden eines Jahrgangs gelten als psychisch auffällig. Als Ursachen werden frühkindliche Traumata und sozial belastende Verhältnisse angenommen; spätestens im Schulalter fallen diese Kinder durch massive Lern- und Disziplinschwierigkeiten auf, welche ihrerseits den chronischen Stress im Familienleben verstärken. Sind diese Belastungen von Dauer, steigt die Bereitschaft zu abweichendem und selbstschädigendem Verhalten im Jugendalter. Zu diesem Ergebnis kommt eine Langzeitstudie, die das Zentralinstitut für seelische Gesundheit in Mannheim seit Mitte der 80er Jahre bei 400 Kindern durchgeführt hat (1994).

Geschlechtsspezifische Besonderheiten: Im ersten Lebensjahrzehnt gelten die Jungen als das kränkere Geschlecht, zumal sie in der Schule oft durch Hyperaktivität und Konzentrationsschwächen auffallen. Mit Beginn der Pubertät sind es überwiegend die Mädchen, die sich subjektiv weniger wohl fühlen. Aus Interviews geht hervor, dass sie tendenziell stärker auf Konflikte in ihrem sozialen Umfeld reagieren und die Anspannungen, die sich im Zusammenhang mit ihrer geschlechtlichen Reifung ergeben, nach innen somatisieren (Kopfschmerzen, Depressionen, gestörtes Essverhalten; Cornelia Helfferich in „Jugend und Gesundheit", 1995).

Stichwort: Sucht und Drogen. Gibt es zuverlässige Daten und was hat sich in den 90er Jahren verändert?

Der Griff zur Droge – das Schreckgespenst aller Eltern – stellt sicherlich die bekannteste Variante des jugendlichen Risikoverhaltens dar. Gemäß dem ersten Jugendgesundheitsbericht von 1993 sind die Quoten beim Konsum von Nikotin, Alkohol und Rauschmitteln für jeden Jahrgang rückläufig (Kolip, Hurrelmann und Schnabel, 1995).

Beispiel Nikotin: Nach wie vor markiert das Rauchen zwischen 11-13 Jahren den probeweisen und sichtbaren Einstieg in die Welt der Erwachsenen und der legalen wie illegalen Genüsse. Besonders verbreitet ist der Griff zur Zigarette bei der Gruppe der Hauptschülerinnen (ca. 38%). Doch nur noch jeder sechste Jugendliche zwischen 12-17 Jahren zählt zu den Gelegenheits- oder Gewohnheitsrauchern. Dagegen ist der Anteil derjenigen, die „noch nie geraucht haben" wollen, auf etwa 46% angestiegen.

Beispiel Alkohol: Im Alter von 12-20 Jahren haben bereits 80% aller Jugendlichen Erfahrungen mit Alkohol gemacht, ca. ein Drittel davon nehmen regelmäßig (d. h. mehr als einmal pro Woche) Bier oder Wein zu sich. Nach einer Studie des Max-Planck-Instituts für Psychiatrie gelten ca. 5 Prozent der Zwanzigjährigen als alkoholabhängig (1996), wobei die Quote bei den Männern deutlich höher liegt als bei Frauen. Der Deutsche Kinderschutzbund schätzt (1996), dass in Deutschland ca. 200 000 Kinder und Jugendliche als Alkoholiker bezeichnet und behandelt werden müssen. Auf die Gesamtbevölkerung umgerechnet, ist damit jeder zehnte Alkoholiker in Deutschland jünger als 18 Jahre, so dass Alkohol als „Droge Nummer Eins" auch bei Heranwachsenden zu bewerten ist (Helmut Haushahn in „Jugendalkoholismus", Möglichkeiten der Prävention und der sozialpädagogischen Intervention, 1996).

Beispiel illegale Drogen: Nach eigenen Angaben sind es lediglich 1,2% von den 2400 befragten Jugendlichen, die regelmäßig illegale Drogen konsumieren – hingegen wollen 95% noch nie Haschisch probiert haben (Quelle: Jugendgesundheitsbericht von 1993). Das Kieler Institut für Suchtprävention und angewandte Pädagogische Psychologie (ISAPP) kommt nach einer Befragung von ca. 3000 Schülern zu einem anderen Ergebnis: Demnach gibt es in Deutschland keine weiterführende Schule, die drogenfrei ist (in FOCUS 37/95). Immerhin 50% der befragten Zwölftklässler geben in dieser Studie an, über Erfahrungen mit Betäubungsmitteln zu verfügen, jeder Dritte davon zählt sich zu den aktuellen Konsumenten.

Es fällt auf, dass Suchtstoffe zunehmend zur Stimulanz und Leistungssteigerung als zum „Zukiffen" und Betäuben eingesetzt werden. Während (männliche) Jugendliche, die sich sozial wenig anerkannt fühlen und die eher schlechte Leistungen in Schule oder Beruf erbringen, stärker zu Alkohol und Heroin greifen, tendieren Heranwachsende, die sich ihrer beruflichen und sozialen Stellung sicher fühlen, vermehrt zum Konsum von Amphetaminen und synthetischen Drogen wie Exstasy und Speed (Hurrelmann in FAZ, 26.6.96).

Die akute Lebensgefährdung, die durch eine Deregulierung von Blutdruck und Herztätigkeit entsteht und zum Verlust von Körperflüssigkeit, zu Schwindel und Muskelzittern führen kann, wird vielerorts unterschätzt. (Allein in Baden-Württemberg sind 1995 erstmals drei Todesfälle in Zusammenhang mit Exstasy bekannt geworden.) Experten machen ferner darauf aufmerksam, dass der Weg von Designer-Drogen, die auf Parties konsumiert werden, direkt in die Heroinabhängigkeit führen kann.

Der probierende Umgang mit Alkohol und anderen Drogen stellt somit ein gängiges, mithin normales Merkmal jugendtypischen Verhaltens dar (Peter Franzkowiak); bei etwa 5-6% der aktiven Drogennutzer besteht die Gefahr, dass sie zu Dauerkonsumenten werden, nach einiger Zeit zu den harten Drogen überwechseln und dann mit allen negativen psychosozialen Begleiterscheinungen zu kämpfen haben. Anlass zur Besorgnis gibt die Beobachtung, dass die Probierphase verstärkt im früheren Alter beginnt. Zwischen Klasse 7 und 8 steigt die Rate der Probierer sprunghaft an (von 3,7% auf 11,5% aller Schüler dieser Altersgruppe, bei den Hauptschülern sogar auf 16,4%, Quelle: ISAAP).
Prävention muss diesen Trend ernst nehmen und entgegen der offiziellen Haltung vieler Schulen („bei uns gibt es keine Drogen") bereits im Vorfeld aktiv werden.

„Montags sind meine Schüler total überdreht. Familienleben hat nicht stattgefunden, aber über jeden Spätfilm wissen sie Bescheid. Mir tun die Kinder leid. Viele sind vereinsamt. Zu Hause haben sie keinen Ansprechpartner, auf der Straße finden sie selten richtige Freunde" (der Lehrer einer Hauptschule, Südwestpresse, 28.6.1993).

Der „Erfolgsplan für junge Leute"

2. Lebensorientierungen bei Kindern und Jugendlichen

Es ist eine Binsenweisheit, dass Suchtmissbrauch und gesundheitliche Mängel die Zustände in unserer Gesellschaft widerspiegeln. Woran zeigt sich das im Alltag von Kindern und Jugendlichen?

Jugend- und Gesundheitsforscher weisen darauf hin, dass Heranwachsende seismographisch auf gesellschaftliche Wandlungsprozesse reagieren und sowohl die Chancen als auch Bedrohungen sensibel wahrnehmen. Seit Anfang der 90er Jahre können sie überall mitverfolgen, dass die Entwicklungen in Wirtschaft, Technik und Sozialpolitik, in Bildung und am Arbeitsmarkt an Tempo und Härte zugenommen haben.

Die fortschreitende Mobilisierung wie Entsolidarisierung der Gesellschaft hat Auswirkungen auf die Lebensgewohnheiten und damit auch auf die Einstellung von „Teenies und Kids" zu Genuss und Risiko.

• Heranwachsende können zwischen vielerlei Musikrichtungen, Moden und Gruppierungen wählen, um eine eigene Identität zu finden, um sich als Freundesclique zu definieren und von anderen abzugrenzen. Der Wunsch, sich zu einer Gruppe zugehörig zu fühlen, erhöht den Zwang zur Anpassung an die jeweils vorherrschenden Rituale, Regeln

und Konsumstile. In den 90er Jahren lassen sich fünf wesentliche Jugendkulturen voneinander unterscheiden: Die kritisch engagierte Jugend, die religiös spirituelle Jugend, die körper- und aktionsorientierte Jugend, die materialistisch hedonistisch eingestellte und die unauffällige bzw. institutionell integrierte Jugend (Ferchhof 1991, nachzulesen in: „Jugend und Gesundheit", S. 340). Die Vorstellung, dass man „die Jugend" als weitgehend homogene Gruppe ansprechen kann, ist somit endgültig überholt.

• Durch ihre Kaufkraft und Aufgeschlossenheit gegenüber den moderen Kommunikationsmedien sind junge Menschen in materiellen Belangen selbstbewusster, unabhängiger geworden und sie gelten als attraktive Zielgruppe der Werbung. In der Unterhaltungs- und Freizeitindustrie wie in den privaten Medien gelten sie als Trendsetter für einen erfolgsorientierten wie risikofreudigen Lebensstil und für ein Konsumverhalten, das auf Erlebnissteigerung, Spaß und Genuss ohne Reue ausgerichtet ist (siehe GEO-Sonderheft „Sucht und Rausch", 3/90). Jugendliche sind deshalb überzeugt, etwas *für* ihre Gesundheit und Sinnfindung zu tun, wenn sie sich auf Bewegung und Abenteuer einlassen.

• Angesichts der potentiellen Vielfalt an Möglichkeiten stellt sich umgekehrt bei vielen Heranwachsenden häufig das Gefühl ein, in der Freizeit etwas zu verpassen, sich am falschen Ort aufzuhalten, (finanziell) nicht mithalten zu können oder zu versagen. Weil allgemein gültige Maßstäbe zur Orientierung des eigenen Verhaltens schwerer zu finden sind, müssen Mädchen und Jungen zunehmend die Fähigkeit zu innerer Kontrolle, ein regelrechtes Selbstmanagement und die „Tugend der klugen und ständigen Entscheidungsfindung" entwickeln. Hierzu reichen die Möglichkeiten in Familie und Schule oftmals nicht aus, so dass externe und kontinuierliche Unterstützung durch Sozialpädagogen im Freizeitbereich erforderlich ist.

- Seit Jahren sind die Bildungserwartungen seitens der Eltern und die Leistungsanforderungen in Schule und Ausbildung deutlich gestiegen – trotz oder wegen der ungewissen beruflichen Perspektive. Nach einer Umfrage der Zeitschrift „Eltern" (7/93) klagen bereits 70% aller Grundschüler über häufigen Stress. Der Druck, gute Leistungen zu erbringen, lässt sich auch daran ermessen, dass mehr als 30 Prozent der 12-17-jährigen Schülerinnen und Schüler häufig an psychosomatischen Beschwerden leiden (Kopf- oder Magenschmerzen, Schwindelgefühlen, Schlafstörungen, Allergien und Nervosität usw.; Daten aus der nationalen Jugendbefragung von 1993). Als Generation, der es einmal schlechter als ihren Eltern zu gehen droht („the lesser generation"), fühlen sich viele junge Menschen wie in einem „Warteraum", in dem es mehr verschlossene als offene Türen gibt.

- Überdies nehmen Heranwachsende die Widersprüchlichkeit zwischen Werbung, erzieherischen Warnungen und vorgelebtem Verhalten von Erwachsenen tagtäglich wahr. Bereits in der Familie erleben und lernen viele Kinder, dass es normal ist, zur Zigarette, Kopfschmerztablette, Schokolade, Fernsehzeitung oder Bierflasche zu greifen, um die eigenen Gelüste sofort zu befriedigen und um Spannungen ersatzweise abzuführen. Bei Störungen ihrer Befindlichkeit und zur Leistungssteigerung nehmen ca. 30% der Heranwachsenden Medikamente ein – oftmals mit Wissen oder auf direkte Einflussnahme ihrer Eltern. (Nach Hurrelmann und Engel „Was Jugendliche wagen", 1993).

- In der Umbruchphase der Pubertät, die bei vielen Mädchen und Jungen schon mit zehn, elf Jahren einsetzt, klaffen körperliche und soziale Reife weit auseinander. In der Reifung zu Jugendlichen reagieren sie sensibel auf alle Reaktionen aus ihrer Umwelt, die sie als Zurückweisung, Maßregelung oder Kränkung erleben. Untersuchungen zeigen, dass Dreizehnjährige hierunter am stärksten leiden und dass ihr Selbstwertgefühl besonders labil ist (Toni Faltermaier, 1995). Zigaretten, Joint und Bierflasche helfen den Heranwachsenden, sich erwachsen

zu geben, Kontakte zu knüpfen und Unsicherheiten zu überspielen, die Zeit totzuschlagen oder Erwachsene zu provozieren (siehe GEO-Sonderheft „Kindheit und Jugend"; 9/93).

- Nach wie vor ist das „Abenteuer Körperlichkeit" der Hauptantrieb für die Wünsche und Unzufriedenheiten vieler Heranwachsender. Schönheitsidealen folgen, sich verweigern, durch grelles oder nachlässiges Outfit auffallen, sich cool geben, sprayen und Sprüche klopfen: Der körperliche Ausdruck wird zentral in der Phase der adoleszenten Verunsicherung und erlaubt es Heranwachsenden, lustvoll auszuprobieren, wie man sein möchte (Haberlandt u.a. in „Jugend und Gesundheit"). Für jede Generation ist die körperliche Reifung stets von Lust- und Schamgefühlen, von Ängsten und Tabus begleitet, selbst wenn in den Medien freizügig über Sinnlichkeit, Körper und Sexualität diskutiert wird. Das Finden einer Geschlechtsrollenidentität ist nach Helfferich „vielleicht die wesentliche übergreifende Entwicklungsaufgabe", die interaktiv, d.h. im Umgang zwischen Gleichaltrigen ausgehandelt wird (Helfferich in: „Jugend und Gesundheit", 1995).

In Anbetracht dieser unklaren Orientierungsmuster für das eigene Verhalten überrascht es nicht, dass die Mehrheit der Heranwachsenden eine Abkehr von gesellschaftlichen Idealen vollzogen hat und sich ein geordnetes Leben wünscht. Weit über 90% von 600

befragten Jugendlichen und jungen Erwachsenen zwischen 16-24 Jahren nennen als oberste Lebensziele: „mein Leben genießen", finanzielle Sicherheit", „harmonisches Familienleben", „eine gute Partnerschaft" und „Erfolg im Beruf".

Die Antworten von Jugendlichen auf die Frage: „Wenn du an die Zukunft denkst, z.B. an das Jahr 2000, was fällt dir da ein?" sind hingegen von Verunsicherung gekennzeichnet (Von Troschke, in „Jugend und Gesundheit", S. 336). Überwiegend werden negative Assoziationen genannt, darunter im Wesentlichen: Umweltverschmutzung (33%), soziale Probleme/Wirtschaftskrisen (20%), Angst vor technischem Fortschritt und allgemeine Zukunftsangst (20%). Von Troschke fördert daraus scheinbar Widersprüchliches zutage, indem er feststellt,

• dass junge Menschen, die nicht an eine lebenswerte Umwelt in der Zukunft glauben oder diese bedroht sehen, von Aufforderungen zum bewussten Umgang und Verzicht wenig zu überzeugen sind und eher dem Slogan der Werbung folgen „erlebe dein Leben – jetzt!";

• dass junge Menschen trotzdem so leben, als ob sie unsterblich seien und ihre Entscheidungen weitgehend im Augenblick und aus emotionalen Beweggründen treffen;

„Gibt es eine Versicherung gegen die Risiken der Jugend?"

• und dass diejenigen, die sich aktuell mit starken Problemen in Schule und Familien auseinandersetzen müssen, andere Sorgen haben, als auf ihre Gesundheit zu achten oder zukunftsbezogen zu handeln und Bedürfnisse aufzuschieben.

In den seltensten Fällen ist das Risikoverhalten von Jugendlichen demzufolge mit der Absicht verbunden, sich und andere ernsthaft zu gefährden und das eigene Leben aufs Spiel zu setzen. Vielmehr kann es funktional interpretiert werden, als Versuch, Kontrolle über die eigenen Lebensbedingungen zu gewinnen; es zielt darauf ab, sich Macht und Anerkennung in der Clique zu verschaffen, sich als allmächtig zu empfinden und die eigenen Wunschvorstellungen vom Erwachsensein auszuprobieren. Und dennoch: In dieser Altersphase, in der der Ausbruch aus dem Elternhaus gewagt werden muss, um einen eigenen Stand im Leben zu finden, durchleben immerhin 80% aller Jugendlichen „eine wenig belastete Pubertät", sie bleiben in „gutem und intensivem Kontakt mit ihren Eltern" und sie sind in der Wahl von Freunden, Beruf und Familienplanung auf den „Normalitätsentwurf des Lebens" ausgerichtet (Fend, Zeitschrift für Pädagogik, 11/93).

„Ich fühle mich gesund, wenn ich keine Beschwerden habe, und wenn ich keinen Stress habe mit meinem Freund oder meinen Eltern, wenn's mir halt gut geht." (aus der Dokumentation des Mädchengesundheitsladens, Stuttgart, 1995)

3. Gesundheit – für die Kids echt kein Thema?

Wie sehen Kinder und Jugendliche sich selbst? Ist ihnen ihre Gesundheit schnuppe, was ist ihnen besonders wichtig?

Entgegen allen medizinischen Befunden und soziologischen Daten beurteilen Jugendliche ihre eigene Gesundheit überwiegend als positiv. Wenngleich mehr als die Hälfte der 1993 befragten 2400 Mädchen und Jungen ihren Zustand häufig als „gestresst, erschöpft und müde" beschreibt, schätzen über 70% ihren allgemeinen Gesundheitszustand als „gut" bis „sehr gut", 25% als „befriedigend" und nur 5% als „weniger befriedigend" bzw. „schlecht" ein. Auch der altersinterne Vergleich überrascht in dieser Hinsicht. Die große Mehrheit der Zwölf- bis Siebzehnjährigen ist der Meinung, dass ihr Gesundheitszustand „gleich gut" (ca. 70%) oder „besser" (20%) einzustufen ist als der ihrer Altersgenossen. Nur jeder 12. Heranwachsende glaubt, gesundheitlich „schlechter" als die anderen dazustehen.

> „Wenn es um Gesundheit geht, lebt man in einem Zwiespalt; einerseits ist es beeinflussbar, aber dies ist mühsam und streckenweise auch langweilig. Aber trotzdem hat jeder Angst davor krank zu werden und es nicht beeinflussen zu können. Bildlich gesehen pokert man mit seiner Gesundheit, manche haben ein gutes, manche ein schlechtes Blatt. Ich persönlich finde es sehr schwer, mein Leben gesund zu gestalten, da es einfach keinen Spaß macht oder ich nicht die nötige Ausdauer habe. Dadurch habe ich aber nicht das Gefühl, öfters krank zu sein als andere und akzeptiere es, wenn es mir nicht gut geht. Aber ich glaube, wenn ich jetzt z.B. Krebs bekommen würde, würde ich mich in Panik fragen, ob ich das hätte verhindern können.." (Nina, 15 Jahre, im Aufsatz zum Thema „Gesundheit ist ein kostbares Gut")

Eine Befragung von Schülern innerhalb des Modellversuchs „Gesundheitsförderung im schulischen Alltag" von 1990–93 in Schleswig-Holstein bringt zwei interessante Aspekte hervor. Gefragt, ob es Aufgabe der Schule sei, sich um die Gesundheit der einzelnen Schüler zu kümmern, verneinten die Mädchen und Jungen mehrheitlich. Vielmehr sei dies die Angelegenheit jedes Einzelnen, und wenn man sich für seine Gesundheit betätigt – so ihre Meinung – dann außerhalb der Schule beim Sport (Homfeldt und Barkholz, „Gesundheitsförderung im schulischen Alltag, 1995).

Jedoch bringen Schülerinnen und Schüler dieser 29 Modellschulen in einem Aufsatz, der im Rahmen einer Zukunftswerkstatt zum Thema „Wie ich mir die Schule vorstelle" zu schreiben war, zum Ausdruck, dass sie sich freundlichere Lehrer, weniger Konflikte unter Mitschülern, mehr Mitgestaltung und Bewegung im Alltag wünschen. Aus diesen unterschiedlichen Aussagen lässt sich folgern, dass die Heranwachsenden zwischen dem, was sie sich von der Schule wünschen, und dem, was ihre Gesundheit betrifft, keine enge Verbindung herstellen. Dies wiederum kann darauf zurückgeführt werden, dass „Wohlbefinden" für sie kein wesentlicher Bestandteil von Gesundheit darstellt und dass dieser Zusammenhang in der Schule selten thematisiert oder eingefordert wird – im Gegensatz zu Fachwissen, Leistung und diszipliniertem Verhalten.

Mädchen und Jungen erleben sich demnach als gesund und betrachten Gesundheit als Selbstverständlichkeit, „als ein verfügbares Gut, das weder gegenwärtig und schon gar nicht in ferner Zukunft in Frage stünde und deshalb bewusst gefördert werden müsste" (Franzkowiak, 1986, S. 35). Solange sie sich fit fühlen und keine akuten Beschwerden verspüren, sehen Heranwachsende keine Notwendigkeit, sich einzuschränken oder im Konsum zurückzuhalten. Im Gegenteil: Schließlich wollen sie das Leben erst entdecken und ihre Grenzen erweitern. Folglich tritt das Wissen um die Schädlichkeit eines Verhaltens immer dann in den Hintergrund, wenn soziale und emotionale Gründe überwiegen, wenn die Anerkennung in der Clique auf dem Prüfstand steht oder der situative Nutzen größer ist (Stichwort „Mutproben"). Denn wer will auf

Dauer abseits stehen, wenn sich die Freunde zum Rauchen hinter den Zaun verziehen, auf dem Rohbau eines Hochhauses herumklettern oder sich bei McDonalds vergnügen, und wenn man Gefahr läuft, als Miesmacher und Spielverderber vor den anderen dazustehen.

Unter Berücksichtigung dieser entwicklungs- und sozialpsychologischen Zusammenhänge ist es verständlich, dass die klassische Form der Prävention oder Gesundheitserziehung bei Heranwachsenden auf wenig Gegenliebe stößt.

II. Prävention und Gesundheit im Wandel

1. Gesundheit für alle statt Krankheitsvorbeugung

Woher stammt das Konzept der Gesundheitsförderung? Was ist daran neu?

Bis Mitte der 80er Jahre richteten sich präventive Maßnahmen vorwiegend auf das „falsche" Verhalten von einzelnen Personen und Bevölkerungsgruppen. Durch Abschreckung, Information und Aufklärung sollten sie dazu bewegt werden, ihr individuell vermeidbares Erkrankungsrisiko zu minimieren d. h. ihre Konsum- und Ernährungsgewohnheiten zu verändern, mehr Sport zu treiben und sich weniger der Sonne auszusetzen.

In der Diskussion um Maßnahmen zur Gesunderhaltung hat sich seither eine Trendwende vollzogen, die sich gegen das bio-medizinische Verständnis von Gesundheit richtet und deren Verfechter mehr als bloße Krankheitsvermeidung und -vorbeugung anstreben. Wegweisend für diesen Paradigmenwechsel ist das Konzept der „Salutogenese", das dem ganzheitlichen Lebensgefühl und dem „Lebenshunger" von jungen Menschen (v.Troschke) entgegenkommt. Die Salutogenese fragt nicht primär: „Was schadet dem Einzelnen und was macht ihn krank? Was müssen wir tun, um dies zu verhindern?"

Vielmehr wird gefragt: „Was fördert Wohlbefinden? Welche Strukturen sind hierfür nötig und wie müssen entsprechende Interventionen aussehen? Und wie schaffen es so viele Menschen, mit Belastungen im Alltag zurechtzukommen und ihr Leben trotzdem als sinn- und wertvoll zu empfinden?" (A. Abele und P. Becker: „Wohlbefinden", 1991).

Schön und gut, Gesundheit ist sicherlich eine Quelle von Lebenskraft. Doch welche Konsequenzen hat diese Sichtweise für den Einzelnen und die Konzeption von Gesundheitspolitik?

In den modernen Gesundheitswissenschaften werden Gesundheit und Krankheit als die beiden Pole eines Kontinuums verstanden, auf dem sich eine Person Zeit ihres Lebens bewegt in ständiger Anpassung zwischen eigenen Zielen und Möglichkeiten und den Anforderungen, die aus der Umwelt an sie herangetragen wird. Dieses Gleichgewicht ist auf seelischer, körperlicher und sozialer Ebene stets neu herzustellen bzw. zu sichern. Infolgedessen ist „Gesundheit" im sozialwissenschaftlichen Verständnis nicht anhand von Normwerten oder biometrischen Durchschnittsgrößen bestimmbar, sondern an spezifische Lebenslagen und biographische Lebensstile geknüpft. So bezeichnen sich viele Menschen als „vital" und gesund trotz körperlicher oder sozialer Beeinträchtigungen, während andere als leidend und nicht belastbar erscheinen, obwohl ihnen medizinisch nichts fehlt.

Nach den Erkenntnissen der Gesundheitspsychologie wirken sich mehrerlei Faktoren stabilisierend für die Einstellung und das Verhalten einer Person aus. Neben genetischer Veranlagung, körperlicher Konstitution, Regenerationsfähigkeit und dem gesundheitsrelevanten Wissensstand gehören hierzu: ein stabiles Selbstwertgefühl, das Vermögen zur Selbststeuerung, dauerhafte Motivationen und die Zuversicht, anstehende Aufgaben erfolgreich lösen zu können. Ferner zählen dazu die Fähigkeit, Entscheidungen zu treffen, eine breite Handlungskompetenz in praktischen Belangen sowie ein gutgeknüpftes Netz an sozialer Unterstützung (P. Schwenkmezger und L. Schmidt: „Lehrbuch der Gesundheitsspychologie", 1993).

Ziel von gesundheitsförderlicher Politik ist es daher, jedem Menschen die Mittel bereitzustellen, um sowohl in körperlicher, sozialer und seelischer Dimension möglichst nahe am Gesundheitspol zu bleiben bzw. wieder dort heranzukommen. Dazu gehören stützende Maßnahmen, um zu verhindern, dass sich bei der Beeinträchtigung auf einer dieser drei Dimensionen (z. B durch Unfall, Krankheit, Verlust von Arbeitsplatz oder Tod eines nahen Angehörigen) die anderen beiden gleichfalls verschlechtern; letzteres gilt insbesondere für Menschen, die in einem sozial ungünstigen Umfeld oder mit einer Behinderung leben.

Als Meilenstein für die weltweite Verbreitung dieser Erkenntisse gilt die Ottawa-Charta von 1986. In dieser Selbstverpflichtung haben die unterzeichnenden Staaten die Definition von Gesundheit "als Zustand vollständigen physischen, psychischen und sozialen Wohlbefindens und nicht nur die Abwesenheit von Krankheit oder Gebrechen" der Weltgesundheitsorganisation (WHO) von 1946/48 durch Handlungsstrategien und -ziele präzisiert. Gesundheitsförderung gilt als Schlüsselbegriff für sämtliche Aktivitäten, die über die Verminderung von Gesundheitsrisiken hinausgehen.

- Gesundheitsförderung will "auf allen gesellschaftlichen Ebenen und bei allen Menschen Prozesse anstossen und unterstützen, die ihnen ein höheres Maß an Selbstbestimmung über die Gesundheit ermöglicht";

- Gesundheitsförderung richtet den Blick auf die Stärken und Hoffnungspotentiale der einzelnen Menschen sowie auf die Lebensverhältnisse von Gruppen und dehnt die Aktivitäten auf alle Bereiche aus, "in denen Menschen leben, lernen, arbeiten und spielen" (Ilona Kickbusch in Prävention 2/96);

- Gesundheitsförderung sieht die vorrangige Zielsetzung der Gesundheitspolitik darin, Ressourcen auf nationaler wie lokaler Ebene bereitzustellen, die individuelles Wohlbefinden, gegenseitige Unterstützung und (kommunal-)politische Einflussnahme befördern um die Beteiligung der Betroffenen als "Experten ihrer Lebenssituation" zu erreichen;

- Gesundheitsförderung weist den Gesundheitsdiensten auf lokaler und regionaler Ebene die Aufgabe zu, Aktivitäten zu vernetzen, anwaltlich Partei für (benachteiligte) Gruppen zu ergreifen und diese zu befähigen, ihre Interessen selbst zu vertreten.

Diese sozial-emanzipatorische Sichtweise von Gesundheit der WHO stellt eine Antwort auf die globalen wirtschaftlichen, ökologischen und demographischen Herausforderungen zum Ende des 20. Jahrhunderts dar; sie wurde mittlerweile von allen 190 Mitgliedsstaaten als Grundlage für ihre Gesundheitspolitik anerkannt. Die vorgenannten Leitprinzipien sollen sich in den Entscheidungen von Politik und Verbänden und in der Zusammenarbeit von Medizinern, Sozialarbeitern und Pädagogen und der Bevölkerung niederschlagen.

In mehreren WHO-Projekten und Modellversuchen wie "gesunde Städte" (z. B. Heidelberg und Hamburg), "Netzwerk gesundheitsfördernde Schule" oder "Gesundheit im Krankenhaus" (z. B. in Wien) hat sich der "Settingansatz", d.h. die Orientierung an den konkreten Lebens- und Arbeitsbedingungen in einer Einrichtung oder Region bewährt und zum Aufbau von Netzwerkstrukturen geführt. Dort demonstrieren Laien und Professionelle, öffentliche und private Einrichtungen eindrucksvoll, dass Gesundheit "everybody's business" darstellt und für alle mit Gewinn verbunden ist

(Ilona Kickbusch, WHO, Zeitschrift „Prävention", 1996).

In einer Reihe von Großbetrieben und Krankenhäusern sind seither sogenannte „Gesundheitszirkel" eingerichtet worden. Hier werden alle Personengruppen eingeladen ihre Kompetenzen gleichwertig für ein „gesünderes" Betriebsklima einzubringen und Initiativen zu entwickeln, die Gesundungsprozesse „von unten" in Gang bringen und zur Verbesserung der Kommunikation wie zu mehr Sicherheit und Wohlbefinden am Arbeitsplatz beitragen (beispielsweise bei Volkswagen in Wolfsburg).

Seit Ende der 80er Jahre sind in Deutschland neun Studiengänge für Public Health/Gesundheitswissenschaften und -förderung eingerichtet worden. Auf kommunaler Ebene wurden zahlreiche Regionale Arbeitskreise zur Gesundheitsförderung gebildet, in denen alle Einrichtungen und Initiativen mitwirken können, die Gesundheitsthemen unterstützen. In vielen Stadtteilen und Gemeinden bestehen gut funktionierende Kooperationen zwischen Volkshochschule, Sportvereinen und Krankenkassen, die u. a. zur Einrichtung von Gesundheitsläden geführt haben. Je nach Problemlage und Motiven der Adressatengruppe werden dort Maßnahmen zur Risikominderung und Ressourcensteigerung auf der personalen Ebene (z.B. Raucherentwöhnung oder Entspannungstraining) mit Aktivitäten auf der kommunalen Ebene kombiniert (z.B. Einrichtung von Nichtraucherzonen, Durchführung von Gesundheitstagen usw.).

Insgesamt blieb die praktische Umsetzung der Ottawa-Erklärung und die Beteiligung von Personengruppen auf Gemeindeebene jedoch weit hinter den Erwartungen der Vertreter dieser Handlungsphilosophie zurück. Aufgrund von unklaren Strukturen und Zielsetzungen, von geringer finanzieller Ausstattung und mangelnder politischer Weitsicht sind Informationsstand und Beteiligung in der Bevölkerung kaum gestiegen (Alf Trojan, Rolf Rosenbrock in Prävention 2/96).

Auch die Entscheidung des Gesetzgebers, nicht den öffentlichen Einrichtungen, sondern den Krankenkassen 1989 das Mandat für die Gesundheitsförderung zu übertragen (und deren Strategie, Gesundheitsförderung im Wettbewerb um Mitglieder auch als Marketinginstrument zu nutzen), hat sich im Nachhinein als Bumerang erwiesen. Im Rahmen der Kostendämpfung im Gesundheitswesen sind seit Juli 1997 sämtliche präventiven Aktivitäten aus dem Leistungskatalog der Krankenkassen gestrichen (§20 im Sozialgesetzbuch). Diese Kehrtwendung in der Gesundheitspolitik könnte das Aus für die Gesundheitsförderung bedeuten, sofern es ihr nicht gelingt, sich von sekundärem Kosten-Nutzen-Denken freizumachen und in ihrem eigentlichen Feld, d.h. in der Pädagogik Fuß zu fassen.

2. Kinder stark machen

Gesundheitsförderung in der Schule – was hat sich auf diesem Gebiet getan und was bedeutet das für uns Pädagogen?

Seit Anfang der 90er Jahre gilt das Motto „Kinder stark machen" (BZgA) als Leitlinie für moderne Prävention und Gesundheitsförderung. An vielen Schulen sind seitdem Initiativen zu Themen wie Sehnsucht, Sucht und Gesundheit entstanden, häufig in Kooperation mit Sportvereinen, Gesundheitsämtern, Einrichtungen der Jugendarbeit, Elterninitiativen und Krankenkassen. Methoden und Rituale, die zum Wohlbefinden von Lehrerinnen und Schülern beitragen (Kinesiologie, Sugges-

topädie usw.) gelten in vielen Schulen als unverzichtbarer Bestandteil des normalen Alltags (siehe z. B. Horst Kasper: „Vom Unterrichtsprojekt zum Schulprogramm".

Jedoch ist hinter diesen Einzelinitiativen bislang kein allgemeines System erkennbar. Aus einem Expertenhearing des Bundesministeriums für Bildung und Wissenschaft (BMBW, 1994) geht hervor, dass Schulen de facto über weitaus mehr gesundheitsförderliche Potentiale verfügen als dort tatsächlich entfaltet werden (H. G. Homfeldt). Schule könnte jungen Menschen helfen, Erfahrungen, die sie außerhalb der Schule machen, zu verarbeiten (Von Troschke) und ihnen bessere Bewältigungsstrategien für die Auseinandersetzung mit ihren Entwicklungsaufgaben nahe bringen, „um mit Lust und Laune Verantwortung für ihre Gesundheit zu übernehmen" (Hurrelmann).

Als Grundlage für die künftige Gestaltung von Präventionskonzepten in Kindergarten, Schule und Jugendarbeit wird deshalb das Konzept der „Lebensbewältigungskompetenzen" („Life skill approach" nach Botvin und Mitarbeitern, 1993) empfohlen. Gemäß diesem Ansatz soll gesundheitsrelevantes Wissen nur so weit vermittelt werden, wie es zur Verbesserung der alltäglichen Handlungskompetenz von jungen Menschen dient (Expertise des Instituts für Therapieforschung für die BZgA, 1993; Leppin, Hurrelmann u.a. in: „Jugend und Gesundheit").

Gemäß dem Life skill approach sind Kinder und Jugendliche vorrangig in ihrer Selbst- und Sozialkompetenz zu fördern, also in ihrem Vermögen,

- *Selbstbewusstsein und Lebensfreude zu entwickeln und Genuss zu erleben, ohne sich zu gefährden;*

- *mit anderen zu kommunizieren, und Möglichkeiten zu finden, ihre Wünsche, Träume und Ängste auszudrücken;*

- *gemeinsame Aufgaben und sinnvolle Perspektiven für sich im sozialen Umfeld zu entdecken;*

- *Konflikte konstruktiv zu regeln, Schwierigkeiten und Stress in Familie, Schule oder Freizeit besser zu bewältigen und sich Formen der Unterstützung zu holen;*

- *Normen zu reflektieren, mit Konsumversuchungen und Risiken bewusst umzugehen sowie Widerstandsfähigkeit gegenüber Gruppendruck zu entwickeln.*

In der praktischen Arbeit mit Kindern und Jugendlichen geht es folglich weniger um das Thema „Gesundheit" als um Themen wie: Sich in Elternhaus und Schule wohl fühlen, der Aufbau von Freundschaften, der Umgang mit Konflikten und um Sinnfindung, Soziale Interaktion, körperliche Entwicklung und Sexualität. Es gilt, in jeder Altersstufe an den Alltagserfahrungen von jungen Menschen anzuknüpfen und ihnen Spielräume für eigenes Handeln anzubieten, die ihre Selbstachtung positiv beeinflussen und es ihnen ermöglicht, zu einer realistischen Einschätzung der eigenen Stärken und Schwächen zu kommen: „Wie bin ich? Was kann ich? Wie finde ich Anerkennung? Wie will ich mein Leben gestalten?"

Im suchtspezifischen Teil dieser Präventionsstrategie sollen die Schüler in alltagsnahen Rollenspielen lernen, „Nein" zu sagen und Widerstand gegenüber Gruppendruck zu entwickeln. Durch Entspannungstechniken lernen sie ihren Körper besser verstehen und er-

Freiraum

fahren Möglichkeiten zur Entspannung, ohne zur Zigarette greifen zu müssen (F. Burrow und K. Hanewinkel sowie B. West-Leuer in „Deutsche Schule" 3/95 bzw. 4/96).

Maßnahmen zur Prävention/Gesundheitsförderung

- *haben Prozesscharakter. Sie umfassen langfristige, gezielte und begleitende Maßnahmen zur Förderung von Selbst- und Sozialkompetenz. Aber sie vermitteln auch Hilfen für den kontrollierten Umgang mit Konsumgütern, Alltagsdrogen und Medien.*

- *müssen da ansetzen, wo die Kinder und Jugendlichen stehen, an ihren Erfahrungen und Erlebnissen – nicht an dem Bild, das sich Erwachsene von ihnen machen.*

- *sind so zu gestalten, dass sie im alltäglichen Umgang die Grundlage und das Vertrauen für Gespräche und Unterstützung in Krisenzeiten legen.*

- *dürfen nicht suggerieren, sie könnten genau sagen, was gut und was falsch ist. Sie müssen Kindern und Jugendlichen helfen, selbst zu entdecken, was für sie relevant und richtig ist; durch das Angebot von Information und Hilfen und durch den Aufbau von Beziehungen.*

- *schaffen Raum für eigene Entscheidungen. Sie bieten Spielräume, um die Erlebnisfähigkeit zu unterstützen, Erfahrungen zu machen und Verhaltensmöglichkeiten zu erproben.*

- *sollten Spaß machen. Sie müssen Aufgaben stellen, die Elemente von Spannung enthalten, Kraft und Begeisterung in der Gruppe wecken und Verbindlichkeiten schaffen.*

- *sind eine Investition in die Zukunft.*

III. Anspruch und Wirklichkeit: Gesundheitsförderung in der schulischen Praxis

Welche Veränderungen und Wirkungen ergeben sich durch Maßnahmen zur Gesundheitsförderung? Wie lassen sie sich in den Schulalltag integrieren?

Seit 1993 nehmen 26 Schulen aus dem gesamten Bundesgebiet an dem Modellversuch „Netzwerk gesundheitsfördernde Schule" teil. Unter der Federführung von Schleswig Holstein – das „Projektunterstützungszentrum" liegt in Flensburg – geht jede Schule ihren eigenen Weg bei der Entwicklung eines gesundheitsförderlichen Schulprofils. Darunter sind auch zwei Grund- und Hauptschulen, in denen wir unser Gesundheitskonzept und die Unterrichtseinheiten erprobt haben: Die Anne-Frank-Schule in Dußlingen (bei Tübingen) und die Eduard-Spranger-Schule in Reutlingen.

Auf den bundesweiten Arbeitstreffen des Netzwerks berichten die „Koordinatoren" als Vertreter des Lehrerkollegiums von den alltäglichen Veränderungen, die sich in ihren Schulen vollziehen. Die Gestaltung des Schulhofs, die Anschaffung von Sitzmöbeln, die Einrichtung von Schülercafeterias, Durchführung von Gesundheitswochen und Schulfesten, die Einführung von Bewegungspausen, die veränderte Konferenzordnung und die regelmäßigen Zusammenkünfte von interessierten Lehrern, Eltern und Schülervertretern bei „Runden Tischen" sind einige vorzeigbare Ergebnisse des Modellversuchs, der ab 1997 zum Aufbau regionaler Schulpartnerschaften führen soll. Diese Entwicklung ist durchweg positiv zu sehen, wurde sie doch von den beteiligten Schulen weitgehend in eigener Regie und ohne große materielle Unterstützung vollzogen. In der alltäglichen Unterrichtspraxis haben die Koordinatoren bei ihren Kollegen hingegen weniger bewegen können.

„Die Arbeit mit Schülerinnen und Schülern im Sinne einer umfassenden bio-psycho-sozialen Gesundheitsförderung geht auf den ersten Blick auf Kosten der eigentlichen Aufgabe der

Schule, nämlich der Vermittlung von Lernstoff und kognitiven Fähigkeiten. Bei genauerem Hinsehen wird aber deutlich werden, dass diese vermeintlich zusätzliche Arbeit oft erst die Grundlage legt für ein effizientes gemeinsames Lehren und Lernen" (Hurrelmann und Leppin in Prävention 2/96).

1. Gesundheit im Klassenzimmer fördern

Ist das Ziel, die Selbst- und Sozialkompetenz der Schülerinnen zu fördern, nicht vermessen? Wie sollen wir das leisten, wie überprüfen, ohne uns zu übernehmen?

So optimistisch der Anspruch der Gesundheitsförderung formuliert ist, so bescheiden nehmen sich die messbaren Ergebnisse in der Umsetzung derzeit aus. Zwar weiß man aus der Evaluation von Programmen zur Alkohol- und Tabakprävention, dass positive Veränderungen hinsichtlich von Einstellungen und Verhaltensweisen zum jeweiligen Konsumstoff erzielt werden konnten (Kieler Interventionsstudie von Hanewinkel und Burrow, 1994; Silke Hesse, Bielefeld, 1993). Doch trotz großen Aufwands haben die meisten Präventions-/Gesundheitsprogramme in der Schule bislang wenig nachhaltige Erfolge nachweisen können.

Was sind mögliche Gründe für dieses Manko? Zum einen fehlen Langzeitstudien, die über mehrere Jahre hinweg präventive Interventionen begleitforschen. Zum anderen wurde über das „Credo", Maßnahmen zur Gesundheitsförderung sollen möglichst frühzeitig in Kindergarten und Grundschule beginnen, in vielen Projekten die „Anfälligkeit" des Jugendalters unterschätzt oder gar übersehen: „Auch hohe Präventionsdosen in der Kindheit oder frühen Adoleszenz ersetzen nicht spätere, alters- und entwicklungsangepasste Auffrischungsangebote". (Leppin, Hurrelmann in „Prävention" 2/96). Tatsächlich hören viele Programme in Klasse 7/8 auf, zu einem Zeitpunkt, „wo wir es wirklich gebraucht hätten"- so Zehntklässler, die in Klasse 5 an unserem Tübinger Programm teilgenommen haben, in einer Nachbefragung.

Kontinuität im Schulalltag ist somit ein zentrales Erfolgskriterium für die Stabilisierung von Kindern und Jugendlichen. Lehrer sollten darauf achten, dass soziale Lernformen und Themen der Gesundheit immer wieder in den Unterricht einfließen bzw. aufeinander aufbauen (Auch für die oberen Klassen gibt es mittlerweile gute Materialien, z.B. das Medienpaket „Sucht hat viele Ursachen" von der AOK, das Schweizer Medienpaket „ Fata Morgana oder die Suche nach der verlorenen Gesundheit" oder die Praxismappe zur Sucht- und Drogenprävention von BZgA und Klettverlag, 1994).

Um die Gesundheit der Heranwachsenden im Klassenzimmer dauerhaft zu fördern, empfiehlt das Expertengremium des Bundesministeriums für Bildung und Wissenschaft:

- die regelmäßige Durchführung von projektartigen und fächerübergreifenden Unterrichtsformen, in denen Gesundheit als Leitthema und seine Dimensionen mit den Mitteln der jeweils beteiligten Fächer behandelt werden;

- die Nutzung von Angeboten zur Bewegung in und außerhalb des Klassenzimmers (Anregungen sind u.a. zu finden im Tagungsband „Schulen in Bewegung", Bielefeld, 1994);

- den Einsatz von solidarischen Lernformen und die Berücksichtigung des individuellen Lernfortschritts als Leistungsmaßstab statt der vergleichenden Bewertung; letztlich geht es um die Umsetzung von „Gesundheitsförderung als Unterrichtsprinzip" (Volker Schneider).

Wie soll ein solches Prinzip aussehen? Das Gütekriterium ist einfach: Lern-, Spiel- oder Arbeitsformen sollten die Bedürfnisse von Lehrern und Schülern nach sinnvoll erlebtem und geordnetem Tun erfüllen und sich in den Unterrichtsalltag integrieren lassen, d.h. zum normalen Lehren und Lernen, auch im Physik- oder Erdkundeunterricht beitragen. Ansonsten laufen Methoden zur Gesundheitsförderung Gefahr, als nette, aber überflüssige Anhängsel zu gelten, auf die man bei Stoffdruck verzichten kann.

Das Argument, Zeit zu verlieren, erinnert an die Haltung des Mannes, der im Wald einen Baum fällen will und sich mit seiner stumpfen Säge abmüht. Als ihn ein vorbeigehender Wandersmann einlädt, die Säge in seiner nahe gelegenen Werkstatt zu schärfen, erwidert der Mann trocken: „Keine Zeit, ich muss Bäume fällen!"

aus:
„Fata Morgana
oder die Suche
nach der verlore-
nen Gesundheit"
– 1991, Schwei-
zer Medienpaket
von Andreas Bau-
mann, über die
Kreisbildstellen
erhältlich

Für die Schule folgt daraus, den Gegensatz von persönlichem und fachlichem Lernen an vielen Punkten aufzuheben. Gesundheitsförderung als Unterrichtsprinzip meint das „Wie" des Lernens. Es orientiert sich am Augenblick und folgt dem Leitsatz, dass etwas nur dann gute Wirkung zeigen kann, wenn es im „Hier und Jetzt" als hilfreich und sinnvoll erlebt wird.

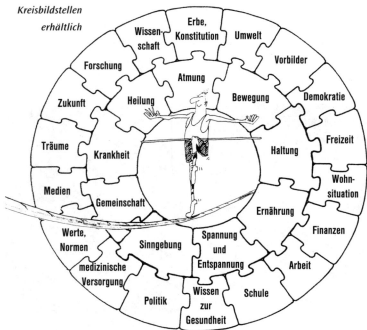

Für die einzelnen Lehrerinnen und Lehrer sind vor diesem Hintergrund mehrere Bereiche im Umgang mit sich und den Heranwachsenden relevant. Es geht darum,

• die Wahrnehmung gegenüber den einzelnen Jugendlichen zu sensibilisieren: Inwieweit verhält sich eine Schülerin passiv oder aktiv? Wann erlebe ich sie als Person und wo gibt es Interessen, über die ich Verbindung zu ihr aufnehmen und in der Klasse Gemeinschaftssinn herstellen kann?

• die innere Haltung und Aufmerksamkeit auf sich selbst als Erwachsener zu schulen: Wann und wo nehme ich Symptome von Belastung an mir wahr? Welche Formen der Entlastung kann ich mir suchen, und wie lerne ich, eigene Stärken und Schwächen zu akzeptieren und meine Ansprüche zu relativieren?

• fachliche Inhalte stets auf den Erfahrungsbezug und die persönliche Relevanz für die Schülerinnen abzuprüfen. Wie kann ich mein didaktisch-methodisches Repertoire erweitern, um differenziert und flexibel zu unterrichten und um emotionales wie kognitives Lernen in Gang zu setzen?

• persönliches und pädagogisches Handeln zu verbinden: Wann gelingt es mir, Gefühle zuzulassen und auszudrücken, Humor und Gelassenheit an den Tag zu legen? In welchen Situationen erscheint es mir wichtig, klare Positionen zu vertreten, Grenzen zu ziehen? Bin ich bereit Jugendliche bei Bedarf an professionelle Hilfe weiterzuvermitteln und sie darin zu begleiten? (nach R. Miller und H. Fend, Zeitschrift „Pädagogik" 11/93 bzw. 6/94).

„Die Praxis zeigt, dass Lernprozesse von Personen wesentlich durch Veränderung in den Arbeitsstrukturen und den Kommunikationsbedingungen, allgemeiner formuliert, durch situative Möglichkeiten gefördert werden, insgesamt sicher mehr als durch intentionale Lernprozesse" (Ralf Grossmann in „Prävention" 2/96, S. 46).

2. Gesundheit ist ein Konzept für Schulentwicklung

Wie gewinnen wir Kollegen und die Schule für die Idee der Gesundheitsförderung? Was sind die Perspektiven und woran können wir uns orientieren?

Solange Schritte zur Gesundheitsförderung auf den Unterricht beschränkt bleiben, werden „die Anpassungsleistungen jedoch weiterhin den jugendlichen Individuen aufgebürdet", ohne dass sie Gelegenheit erhalten, die erlernten Handlungskompetenzen im Schulalltag zu üben und umzusetzen (Leppin, Hurrelmann, 1996). Aus diesem Grund und angesichts der Vielzahl von Herausforderungen, auf die die Schule mit ihrer bestehenden Struktur nur unzureichend reagieren kann, erscheinen altbekannte Forderungen (H.v. Hentig – „Schule als Erfahrungsraum") in neuem Licht.

Mit dem Rückenwind von Medizinern, Bildungspolitikern, Gesundheitswissenschaftlern und den Beschäftigten in der Schule könnte Gesundheitsförderung ein allgemein akzeptiertes Rahmenkonzept für Schulentwicklung darstellen; denn es führt die Interessen der Befürworter der „autonomen" wie der „humanen" Schule zusammen und nimmt Impulse der Denkschrift „Zukunft der Bildung – Schule der Zukunft" auf (Kultusministerium Nordrhein-Westfalen, 1996).

Im Kern geht es bei all diesen Forderungen und Empfehlungen

- um die Orientierung an Schlüsselqualifikationen im gesamten Lehr- und Lerngeschehen;

- um einen größeren pädagogischen, personellen und finanziellen Entscheidungsspielraum und um die Entwicklung eines individuellen Profils der Einzelschule;

- um die verbesserte Mitwirkung von Eltern und Schülern, die Öffnung der Schule zur Gemeinde und den Ausbau der Zusammenarbeit mit außerschulischen Einrichtungen;

- den Austausch von Kollegen, die Verbesserung des Fortbildungsangebots und den Aufbau von regionalen Bildungsnetzwerken.

Da sich die Aufgaben der Schulverwaltung und Gesetzgebung (in der Denkschrift von NRW ist von einem „Schulentwicklungsgesetz" die Rede) künftig auf Beratung und die Erstellung von Rahmenvorgaben beschränken sollen, wird die Gruppe der Lehrerinnen und Lehrer zur Schlüsselgruppe für jede Form der Schulentwicklung „von unten". Diese Trendwende, die sich in der Bildungspolitik abzeichnet, könnte jeder Schule pädagogische Chancen eröffnen, die zu mehr Berufszufriedenheit bei den Lehrern und zu mehr Schullust bei den Kindern und Jugendlichen führen.

„Die Botschaft hör' ich wohl, allein mir fehlt der Glaube." Wo sind die Widerhaken auf diesem Weg?

Erfahrungen aus dem Schleswig-Holsteiner Modellversuch „Gesundheitsförderung im schulischen Alltag" (1990–93) belegen, wie steinig der Weg sein kann, um Kollegen für ein gemeinsames Vorgehen zu gewinnen. Zwar hielten alle Lehrkräfte in den 29 beteiligten

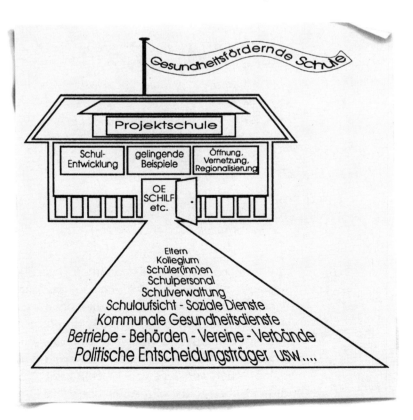

Schulen Gesundheitsförderung für eine wichtige schulische Aufgabe und begrüßten die Teilnahme ihrer Schule am Modellversuch. Doch fühlte sich im Durchschnitt nur (immerhin?) jeder vierte Kollege zur Mitarbeit angeregt. Und nur (immerhin?) einer von drei Kollegen empfand deren Engagement als hilfreich. Während 9 von 10 der Koordinatoren ihre Arbeit als anstrengend, aber persönlich bereichernd empfanden, bildeten sich – je nach Betriebsklima im Kollegium – „Fraktionen, zwischen denen eine Verständigung und Kooperation kaum möglich" schien (Homfeldt, Barkholz, S. 99).

Typische „Killersätze", die einem begegnen können bei der alltäglichen Arbeit:

- *So was ist Spielerei! Schule darf sich nicht an Spaß und Wohlbefinden als Leitzielen orientieren!*

- *Für die Gesundheit sind andere zuständig! Die Eltern, die Ärzte ...*

- *Das ist doch alles ein alter Hut; das gab es doch schon immer! Lesen Sie bei der Reformpädagogik nach!*

- *Wir haben wichtigere Dinge als Lehrer zu tun!*

- *Wie sollen wir das mit unserem Stoff verbinden und im Lehrplan durchkommen?*

- *Ich würde ja schon gerne, doch dafür bin ich nicht ausgebildet.*

- *An unserer Schule ist sowas nicht möglich.*

- *Wenn wir einen anderen Schulleiter hätten, ja dann ...*

- *Von der werten Frau Kollegin lasse ich mir nichts aufs Auge drücken!*

- *Da wollen sich wohl wieder einzelne Kollegen hervortun und bei der Schulleitung lieb Kind machen.*

Zudem wäre es voreilig anzunehmen, dass die Ansätze zur Schulentwicklung automatisch auch den Bedürfnissen der Schülerinnen und Schülern entsprechen. Das ernüchternde Ergebnis einer Zukunftswerkstatt mit Mittelstufenschülern im Rahmen des Schleswig-Holsteiner Modellversuchs von 1990-93 zeigt: Die Jugendlichen sind mehrheitlich gegen die Öff-

nung und Vernetzung mit anderen Schulen. In den von ihnen angefertigten Bildern und Texten bestehen die üblichen Unterrichtsmethoden und Sitzordnungen fort; sie werden nicht durch andere Lernarrangements durchbrochen, sondern durch Animation und Freizeitaktivitäten in Pausen oder am Nachmittag – etwa im Schwimmbad mit Palmen auf dem Dach – erträglich gestaltet. (Homfeldt und Barkholz, 1995).

Diese Sichtweise der Schüler ist nicht verwunderlich, sondern Ausdruck einer gesunden Skepsis, solange wie Lernen und Leben im normalen Unterrichtsalltag nicht häufiger verbunden werden.

Steht die Gesundheitsförderung angesichts dieser Hürden auf verlorenem Posten? Oder hat sie eine Chance auf Realisierung, wenn oder gerade weil sie diese Schwierigkeiten bedenkt, sich in kleinen Schritten vorwärts bewegt und alle beteiligten Personengruppen „ins Boot", d.h. an einen „Runden Tisch" holt? Gemessen an dem hohen Anspruch, den „in der Schule tätigen Menschen Kompetenzen und Chancen zur Selbstverwirklichung und aktiven Teihabe am gesellschaftlichen Leben zu vermitteln" (Peter Paulus in „Deutsche Schule" 3/95), steht der Ansatz der Gesundheitsförderung also erst am Anfang und muss seine Tragfähigkeit in der Zukunft beweisen.

Auf Spurensuche in den Schulen

Praxisberichte von Lehrerinnen und Lehrern

Dieses Buch ist entstanden durch die sechsjährige Arbeit an und mit Schulen. Gemeinsam mit Kolleginnen und Kollegen haben wir die einzelnen Unterrichtsbausteine entwickelt, erprobt und verändert. An manchen Schulen haben wir über Jahre mitgearbeitet, an anderen durch Fortbildungen Impulse eingebracht, die vom Kollegium selbst umgesetzt wurden.

Wir möchten die Personen, die tagtäglich im Schulalltag diese Grundprinzipien in die Praxis umsetzen, auch in diesem Buch zu Wort kommen lassen. Wir haben einige Kolleginnen und Kollegen gebeten, einen subjektiven Bericht über ihre Erfahrungen, ihre Erfolge und Schwierigkeiten mit dem Bereich der Gesundheitsförderung, mit den Unterrichtseinheiten und deren Verbindung zum Schulalltag zu schreiben. Wir freuen uns über diese Beiträge und die Mithilfe der Autorinnen und des Autors!

Berichte von der Eduard-Spranger-Schule, Reutlingen

Claudia Braun und Walter Keller unterrichten an der Eduard-Spranger Schule in Reutlingen, einer Grund- und Hauptschule mit insgesamt 600 Schülerinnen und Schülern. Sie arbeiten parallel als Klassenlehrer in der Eingangsstufe 5 und 6 und beschäftigen sich seit dem Schuljahr 1992/93 intensiv mit Gesundheitsförderung. Zunächst in ihren Klassen, mittlerweile aber auch als Koordinatoren der Projektaktivitäten, die in Verbindung mit der Teilnahme der Eduard-Spranger- Schule am Netzwerk gesundheitsfördernde Schule stehen.

Walter Keller

„Wann seid ihr gesund?" So die Frage an meine Fünftklässler.
„Wenn ich keine Arznei brauche. – Wenn ich kein Fieber habe. – Wenn ich mich wohl fühle."
„Und wann fühlt ihr euch wohl?" Die Kinder: „Wenn ich gesund bin. – Wenn ich mit Freunden zusammen bin. – Wenn ich keinen Streit habe. – Wenn ich meine Musik hören kann."

Die Mitarbeit am Tübinger Projekt erschien meiner Kollegin und mir besonders sinnvoll, da es sich dabei um einen Ansatz handelte, der weder mit dem erhobenen Zeigefinger noch mit Abschreckungsmitteln arbeitete, sondern unsere Überlegungen zur Stärkung des Selbstvertrauens und Förderung der Selbstständigkeit unserer Schüler unterstützte. Gleichzeitig hieß das verstärkte Zusammenarbeit im Team, aber auch zusätzliche Vorbereitungs- und Besprechungsstunden, dadurch aber wieder Reduzierung der Unterrichtsvorbereitung durch Arbeitsteilung.

Ein weiterer Punkt, über den wir aber erst später miteinander sprachen: die Öffnung der eigenen Klassenzimmertür. Auch oder gerade wenn man seine Teamkolleginnen oder -kollegen schon einige Zeit kennt und gut mit ihnen zusammengearbeitet hat, bleibt doch ein Rest von Nervosität, sobald man sein unterrichtliches Alltagsgesicht zeigen soll. Was werden die jetzt von mir denken?

Aber, und das ist meine Erfahrung, gerade das Sich-Kennenlernen in solchen Unterrichtssituationen gibt Sicherheit, hilft über Durststrecken hinweg und lässt Probleme oder Problemkinder aus einer anderen Perspektive erscheinen. Insofern hatte und hat das Beratungs- und Kollegenteam auch entlastende Wirkung.

Die Mitarbeit im Projekt war durch die Mitwirkung an mehreren Unterrichtseinheiten in verschiedenen Fächern als Klassenlehrer zeitweilig sehr anstrengend, da die Einheiten zeitlich dicht hintereinander folgten. Dies lässt sich jedoch vermeiden, da sich aus dem Gesamtkonzept einzelne Unterrichtsbausteine herausnehmen lassen, so dass die Umsetzung ohne externe Projektbegleitung zeitlich und inhaltlich begrenzt, damit überschaubar bleibt; man kann anschließend gleichsam wieder tief Luft holen, bevor man den nächsten Schritt wagt.

Anfangs erfordert es mehr Einsatz an Arbeit und Zeit, entsprechend zu planen und zu organisieren. Dies kommt – meiner Meinung nach – an anderer Stelle wieder zugute, sei es durch Zeitersparnis aufgrund der Arbeitsteilung oder auch durch erhöhte Arbeitszufriedenheit, ein nicht zu unterschätzendes Moment der Motivation, oder auch das Feststellen von verändertem Schülerverhalten.

Dazu ein Beispiel: Eines Tages kam in der Pause ein Mädchen auf mich zu, das sich bis dahin (ca. ein halbes Jahr) noch nie getraut hatte, auch nur einen Satz aus eigenem Antrieb mit mir zu sprechen, und fragte mich nach ihrem Notenstand. Anschließend unterhielten wir uns noch über private Dinge.

Eine zweite Situation mit demselben Mädchen werde ich nicht vergessen: Als Abschluss der Einheit „Gefühle sind die Farben des Lebens" hatten wir mit den beiden beteiligten Klassen eine Aktion auf dem Marktplatz geplant, bei der die hergestellten und bemalten Gipsmasken eine Rolle spielen sollten. Dabei hatte eine Schülergruppe die Idee, da gerade Wochemarkt war, einzeln mit aufgesetzter Maske Verkäufer an Obstständen anzusprechen und um ein paar Äpfel zu bitten, da sie Jongleure seien und keine Jonglierbälle hätten.

Das besagte Mädchen begann ihre Runde als Letzte, setzte ihren Weg trotz anfänglichen Misserfolges fort und kam am Ende zum Treffpunkt, wo sie freudestrahlend eine große Tüte voller Obst vorzeigte und über ihren Erfolg berichtete. Um zu verstehen, dass dies ein ganz besonderes Ereignis war, muss ich hinzufügen, dass dieses Mädchen, seit ich sie kannte, noch keine Gefühlsäußerungen gezeigt hatte, weder Lachen noch Weinen noch Ärger. Man könnte jetzt zwar sagen, dass es sich hier um einen Extremfall handle, aber wenn sich bei einigen Kindern auch nur kleine, positive Änderungen feststellen lassen oder auch „nur" Verstärkung positiver Verhaltensweisen, dann hat sich unsere Arbeit gelohnt.

Die Fortsetzung nach Ablauf des Projektzeitraumes zum Schuljahresende 1993/94 bedeutet für mich, im Rahmen der Kenntnisvermittlung auch schrittweise die Integration von Elementen in den Alltagsunterricht, die zum Wohlfühlen beitragen können; angefangen bei der Stärkung des Selbstvertrauens der Schüler durch Handlungsstrategien, Stille- und Konzentrationsübungen genauso wie durch Fantasiereisen, Bewegungspausen oder die Gestaltung des Klassenzimmers bis hin zur verstärkten Nutzung von Wandertagen und anderen gemeinsamen, auch unterrichtsbezogenen und klassenübergreifenden Aktionen, wie etwa ein Präsentationstag zum Abschluss unserer Projekttage zum Thema „Ernährung". Doch hier wie dort gilt: Immer eins nach dem anderen, und möglichst zusammen mit anderen!

Claudia Braun

Denke ich an die Zeit des gemeinsamen Arbeitens, so sehe ich Bilder vor mir, die während des Projektzeitraumes entstanden sind, und die für die Wichtigkeit und Richtigkeit des gesundheitsfördernden Ansatzes sprechen.

Ich denke an „David", den Fünftklässler, der vielen Anforderungen auswich und sich nicht selten unter einen Tisch in einer Ecke des Klassenzimmers zurückzog. David, der keine Auseinandersetzung scheute, nur um von seinen schulischen Schwächen abzulenken. Mit David in der Klasse in ein Projekt einzusteigen erschien mir am Anfang fast unmöglich. Gerade für ihn wurde diese Arbeit dann so wichtig. Während der Einheit „Ben liebt Anna" war er einer der eifrigsten Mitarbeiter. Er wurde stark und konnte so zu seinen Schwächen stehen, an denen er jahrelang arbeitete.

Ich denke an die Eltern unserer Schülerinnen und Schüler, die dafür dankten, dass wir in dieser Weise mit ihren Kindern arbeiteten. Eltern, die uns in schwierigen Phasen ermunterten, weiterzumachen und auch noch heute an unserer Schule mithelfen, dass Anregungen und Bestrebungen, die gesundheitsfördernde Schule und Unterricht betreffen, umgesetzt werden.

Ich denke an die Fortbildungen mit den Kolleginnen, in denen ich angeregt wurde, neue Wege zu gehen, neue Erfahrungen zuzulassen. Ich denke an meine Unsicherheit dabei. Mehr jedoch an die guten Gefühle bei der Bewältigung einer Aufgabe. Die Erfahrung, Hilfe und Unterstützung in der Gruppe zu erhalten, hat mich tief berührt. Ich denke somit an eine

sehr arbeitsintensive Phase, die ich aber weder in der persönlichen noch in der schulischen Entwicklung missen möchte.

Nachdem die zweijährige Unterrichtsphase mit dem Tübinger Projekt an unserer Schule abgeschlossen war, ließ uns die Idee der Gesundheitsförderung in Schule und Unterricht nicht mehr los. Schulleben so zu gestalten, dass Angebote, Kommunikationsstrukturen, Unterrichtseinheiten und Rituale gesundheitsfördernd wirken, wurde uns wichtig.

Gesundheitsförderndes Arbeiten setzt jedoch gesundheitsförderndes Denken voraus, d.h. die Bereitschaft und das Bemühen, all das, was an Schule und Unterricht herangetragen werden kann, auf das Wohlergehen der Beteiligten hin abzuklopfen.
Bei der Arbeit in den letzten Jahren haben sich für mich folgende Aussagen als wichtig erwiesen:

- Gesundheitsfördernder Unterricht macht Methoden, Techniken und Verhalten für die Beteiligten durchschaubar.
- Gesundheitsfördernder Unterricht fördert die Gemeinschaft und den Einzelnen.
- Gesundheitsfördernder Unterricht traut viel zu, fördert, fordert und bietet Nischen.
- Gesundheitsfördernder Unterricht ist nicht auf einzelne Fächer beschränkt, vielmehr wird der Unterricht des Schulalltags gesundheitsfördernd konzipiert.
- Gesundheitsfördernde Unterrichts- und Schulkonzeptionen müssen bedürfnisorientiert sein und an selbstgesetzten Zielen gemessen werden.
- Gesundheitsfördernder Unterricht setzt fachliche Kompetenz und Authentizität voraus und gibt beides.
- Gesundheitsförderung bedarf der Pflege und des Austausches, um den dafür nötigen Bewusstseinsprozess in Bewegung zu halten, um Anregungen, Hilfe und Unterstützung zu bekommen.

Denke ich an die letzten Jahre, so fällt mir auch die Kollegin ein, die lächelnd zu mir sagte, dass wir wohl so etwas wie die Heilsarmee der Schule wären. Das sind wir nicht und wollten wir nie sein. Aber die wohltuende Wirkung des Projektansatzes spüren wir noch. Deshalb halten wir an gesundheitsförderndem Unterricht fest. Nicht nur für Schülerinnen und Schüler wie David, sondern für uns alle.

Berichte von der Anne-Frank-Schule in Dußlingen

Ursula Rogalas unterrichtet zahlreiche Fächer und ist derzeit Klassenlehrerin einer 5. Klasse. Hanne Schondelmayer unterrichtet Hauswirtschaft, Textiles Werken und Sport, z. Zt. schwerpunktmäßig in der Hauptschule. Beide Lehrerinnen arbeiten an der Anne-Frank-Schule, einer Grund- und Hauptschule (neuerdings auch Werkrealschule) mit ca. 300 Schülerinnen und Schülern und koordinieren sämtliche Aktivitäten, die in Verbindung zum „Netzwerk gesundheitsfördernde Schule" stehen.

Ursula Rogalas

Was hat sich für dich im Unterricht verändert?

Aus der lockeren, spiel- und lustbetonten Behandlung von Unterrichtsinhalten, wie wir sie während der Zusammenarbeit zur „Suchtprophylaxe" kennen gelernt haben, hat sich für mich der Aspekt des positiven Denkens, des „Sichwohlfühlens" als Gesundheitsförderung deutlich verstärkt.

Zum einen kann ich heute aus mehr handlungsorientierten Unterrichtsformen als früher auswählen, zum anderen lasse ich ziemlich skrupellos einen geplanten Unterricht aus dem Ruder laufen, wenn ich im Laufe des Vormittags – oder auch nur in einer Stunde – merke, dass Schüler an einem Lerninhalt oder einer Arbeitsform besonderen Gefallen finden.

Wie erlebst du den Umgang mit den Kindern?

Es ist schwer abzuwägen, ob es an meinem persönlichen Harmoniebedürfnis liegt oder an dem in den letzten Jahren häufig gehörten Slogan des „Sichwohlfühlens", dass mir jeden Morgen als erstes Ziel vorschwebt, meine Schüler in eine heitere, freundliche und arbeitswillige Haltung zu versetzen. Der Rest läuft dann fast automatisch von selbst. Jedenfalls mit erstaunlich wenig Nachdruck oder Mahnung.

Gegenseitige Ehrlichkeit scheint mir wichtig, um Offenheit herzustellen. Ich scheue mich weniger als früher, meine Unzulänglichkeiten nicht zu verstecken. Wenn ich mich locker geben kann, ermuntere ich auch die anderen dazu. Häufig entschärft ein wenig Humor manche Spannung.

Je weiter ich mich vom Zwang der Perfektion entferne, um so großzügiger kann ich auch mit kleinen Nachlässigkeiten der Schüler umgehen, was wiederum die Beziehung zwischen dem Betreffenden und mir und auch das Gesamtklima verbessert.

Nicht näher festlegen möchte ich mich auf die Gründe für mein Bestreben, möglichst oft Anerkennung auch für kleine Ansätze von Bemühungen auszusprechen. Das Resultat ist jedenfalls augenscheinlich: Es wird weniger gemeckert, wenn ich etwas verlange. Hierzu zwei Beispiele:

* Vom Kinderschutzbund erhielten wir einen Zuschuss, damit einige finanzschwache Kinder unserer Klasse mit ins Schullandheim fahren konnten. Als nach den Ferien ein Fest des Kinderschutzbundes stattfand, waren einige Schüler sofort bereit, am Wochenende zu helfen. Andere, die nicht nach Tübingen mitfahren konnten, äußerten sich neidisch.

* Im vergangenen Schuljahr war ich mit der damals für mich neuen Klasse auf einem Ausflug in Stuttgart. Meine Bedenken, die Schüler frei laufen zu lassen, verband ich mit der ausgesprochenen Hoffnung, sie mögen zur festgesetzten Zeit schadensfrei wieder am vereinbarten Ort sein. Alles klappte, und deshalb fuhren wir später privat nochmals nach Stuttgart zum Weihnachtsmarkt.

Welchen Stellenwert hat Gesundheitsförderung
für dich?

In erster Linie geht es mir dabei um den seelischen Aspekt. Als Klassen- und Fachlehrerin wünsche ich meinen Schülern und mir, dass wir uns miteinander in der Schule wohl fühlen, dass wir unsere Aufgaben gern erfüllen.

In meinen Fächern Hauswirtschaft und Textiles Gestalten wäre ich in der hervorragenden Lage, meine Schüler wenigstens einmal pro Woche zum „gesunden" Essen zu zwingen. Oder anders ausgedrückt: ihnen mit einer Mahlzeit die ansonsten vielleicht fehlenden Nährstoffe zuzuführen. Dazu muss ich gestehen, dass es mir widerstrebt, aufgrund meiner Position etwas durchzusetzen, was bei den Schülern nicht willkommen ist. Und die Ernährungsgewohnheiten unserer meisten Schüler sind nun einmal nicht „gesund". Da ich Zwang in persönlichen Dingen selbst ungern ertrage, beschränke ich mich darauf, gesündere Lebensmittel wenig gesünderen (aber schmackhafter empfundenen) gegenüberzustellen, sie vorsichtig probieren zu lassen und auf Mangelverhalten hinzuweisen.

Wie geht es dir in der Zusammenarbeit mit
Kollegen und Kolleginnen sowie den Eltern?

Davon ausgehend, dass noch nie „eines für alle" getaugt hat, kann ich mich mit der Mitarbeit von Kollegen und Eltern am Gesundheitsprojekt beinahe zufrieden geben. Ihnen wie mir ergeht es insofern gleich, dass wir nicht selbst gewählte Aufgaben nicht so vehement verfolgen wie persönliche Interessen.

Als eine Form der Zusammenarbeit von Schülern, Eltern, Lehrern hat sich an unserer Schule der „Runde Tisch" entwickelt. Bei dessen Zusammenkünften versuchen wir, Projekte, die sich aus den Wünschen aller an der Schule tätigen Personen ergeben haben, weiterzuentwickeln. Leider muss ich sagen, ist die Teilnahme am „Runden Tisch" nicht verbindlich.

Daraus ergibt sich, dass Gesprächskreise nur einmal zusammentreffen und beim nächsten Termin nicht mehr arbeitsfähig sind. Das ist für mich sehr unbefriedigend. Nur wenige

Eltern interessieren sich dafür, mit uns konkret zusammenzuarbeiten und ihr Desinteresse hemmt meine Motivation ebenfalls. Erleichternd für unsere Projektarbeit ist die Gründung eines Schul-Fördervereins, der sich auch in den letzten Jahren bildete.

Was war für dich eine besonders positive
Erfahrung?

In bester Erinnerung aus dem Tübinger Suchtprophylaxe-Projekt sind für mich die mehrtägigen Arbeitsaufenthalte mit der Lehrer-Pädagogen-Gruppe in Obermarchtal, die Vorlauf und Trainingsfeld für unterrichtliche Vorhaben waren. Die im eigenen Erleben gewonnenen Kenntnisse und Erlebnisse prägten sich besonders gut ein und wurden von unserem damaligen Schul-Gesundheits-Team mehrmals in Klassen und bei Elternabenden angewandt. Wir erfuhren, dass eigenes Erleben am stärksten nachhaltig wirkt und motiviert.

Wo erlebst du Widerstände und Belastungen?

Belastend empfand ich während des Projektverlaufs, dass einige Kolleginnen und Kollegen so desinteressiert waren. Nachdem in der Gesamtlehrerkonferenz beschlossen wurde, dass unsere Schule am Projekt teilnimmt, hatte ich erwartet, dass die meisten auch aktiv mitarbeiten würden, wenn auch nur zeitweise oder im kleineren Rahmen. Am schlimmsten zu hören war der gelegentlich geäußerte Vorwurf „Euer (!) Gesundheitsprojekt macht uns krank".

Mehrmals versuchten wir, Kolleginnen und Kollegen ihre Wünsche für mehr „Wohlfühlen" in der Schule, im Kollegium nominieren zu lassen. Sobald das in konkrete Ausführungen umgesetzt werden sollte ... (siehe oben).

Wo wünschst du dir mehr Unterstützung?

Leider ist es so, dass im Unterricht häufiger und gern Neues erprobt wird, solange ein Projekt von der Schule und von Außenstehenden unterstützt und forciert wird. Sobald ich im Schulalltag längere Zeit wieder allein hantiere, lässt der Schwung merklich nach. Meiner Ansicht nach liegt das vor allem auch daran, dass die lebendigen Unternehmungen wie bei der Lektüre von „Ben liebt Anna" nicht von einem Lehrer allein mit einer Klasse durchgeführt werden können. Ich kann nicht zur gleichen Zeit mit Jungen und Mädchen in Geschlechtergruppen über Erfahrungen von „Verliebtsein" sprechen oder die Klasse in Gruppen auf Spielszenen vorbereiten und zugleich filmen.

Die anfänglich von der Schulleitung geförderte Teamarbeit in der Klasse hat mir sehr gefallen. Leider funktionierte sie – aus stundenplantechnischen Gründen – nur kurze Zeit. Zwei Dinge sind meiner Meinung nach besonders behindernd: einmal die Situation der knappen verfügbaren Stunden und zum zweiten die geringe Bereitschaft der Lehrer, unbezahlte Über- und Freizeitstunden zu investieren. Solange Lehrerstunden nicht ausreichend zur Verfügung stehen, müssen Projekte wie dieses hauptsächlich von begeisterungsfreudigen Kolleginnen und Kollegen durchgeführt bzw. von deren Rücken getragen werden.

Um kontinuierlich die erlernten Methoden und „Spiele" anzuwenden und weiterzuentwickeln, könnte ich mir vorstellen, dass mir ein regelmäßig stattfindender (vielleicht 14-tägiger) Gesprächs- und Trainingstermin helfen würde. Außerdem wünsche ich mir kompetente Hilfe bei der Organisationsplanung. Wie bringe ich Projekt und Stoffplan befriedigend im Schuljahr unter? Sowohl für Lehrer als auch für Schüler und Eltern wäre eine Unterrichtung in Kommunikations- und Publikationstechniken hilfreich. Wichtiger geworden ist für mich, neue Erfahrungen zu erproben, nicht unbedingt deren Gelingen.

Hanne Schondelmayer

Schülerinnen und Schüler in ihren Befindlichkeiten und Wünschen wahrzunehmen und ernst zu nehmen, hat sich für mich durch die Arbeit im Netzwerk so verstärkt, dass mein Handeln zunehmend dadurch bestimmt wird. Dazu ein Beispiel aus dem Sport: Zu Beginn eines Schuljahres frage ich die Schülerinnen und Schüler nach ihren Vorlieben und Wünschen, nach ihren Erwartungen in diesem Fach. Ich lasse mir auch ihre Abneigungen und Ängste schildern. Auch ich erzähle den Schülerinnen und Schülern, was ich im Sport gerne mache, was ich selbst nicht so gut kann oder was ich gerne noch lernen würde. Dann stelle ich ihnen den Lehrplan vor und gemeinsam versuchen wir, Schülererwartungen und Lehrplananforderungen abzugleichen.

„Störungen haben Vorrang", diesen „Satz" lernte ich im Gesundheitsprojekt und fand ihn „fremd". In meiner Schulpraxis sehe ich jedesmal, wenn ich einer Störung nachgehe, was für ein individuelles Problem aufgedeckt werden kann und wie befriedigend es ist, wenn es gelingt, dieses Problem gemeinsam zu lösen. Dieses Wohlbefinden, das sich da einstellen kann, das gute Klima, das sich ausbreitet, ist für mich gesundheitsfördernd.

Durch dieses individuelle Arbeiten habe ich für mich gelernt, Schwerpunkte im Unterricht zu setzen, die für die Klasse, die Gruppe oder das einzelne Kind wichtig sind. Dazu zählt auch Stoff zu straffen, zu vertiefen oder zu verkürzen, wenn ich das für wichtig halte, ohne ein schlechtes Gewissen zu haben oder in Stress zu kommen.

In der Zusammenarbeit mit Eltern habe ich gute Erfahrungen gemacht, wenn ich ihnen verständlich machen konnte, dass für mich das Wohlergehen ihrer Kinder den höchsten Stellenwert hat, ein gemeinsamer Weg von Eltern und Lehrern nur zum Wohl der Kinder sein kann. Dazu haben gemeinsame Klassennachmittage oder -abende beigetragen. Zusammen mit Eltern und Kindern geplante Aktivitäten helfen, das Zusammengehörigkeitsgefühl zu entwickeln und zu vertiefen.

Ich war zu Beginn unseres Schulprojekts so begeistert von der Idee (alle Personen, die am Schulleben beteiligt sind, sollten sich nun auch so „wohl fühlen"), dass ich dachte, ab jetzt müsse es allen anderen im Kollegium auch so ergehen. Meine Enttäuschung war zwischendurch recht groß, als ich merkte, dass einzelne Kolleginnen und Kollegen weniger begeistert oder sogar ablehnend der Projektidee gegenüberstanden. Inzwischen weiß ich, mit welchen „Leuten" ich welche Vorhaben in der Schule planen und durchführen kann. Ich habe gelernt zu akzeptierten, wenn jemand sich an einer Sache nicht beteiligen möchte und hoffe dann auf eine nächste Gelegenheit.

Bei unserem letzten pädagogischen Tag war unser Thema: Gesundheitsförderung auch für uns – Strukturerleichterungen für den Alltag. An zwei Vorhaben, die an diesem Tag angestoßen wurden, möchte ich die Prozessentwicklung an unserer Schule zeigen:

- Einige Kolleginnen und Kollegen waren unzufrieden mit dem einstündigen Unterricht in Bildender Kunst in der Hauptschule und mit den großen Arbeitsgruppen. Wir waren uns einig, dass durch eine solche Art der „Kunstvermittlung" unseren Schülerinnen und Schülern der Spaß und die Freude am schöpferischen Gestalten eher ausgetrieben werden. Für uns selbst empfanden wir ebenfalls diese Art der Vermittlung schlecht.

- Die Schülerinnen und Schüler zeigten in selbstgewählten EBA-Arbeitsgruppen (erweitertes Bildungsangebot) ein ganz anderes Arbeits- und Sozialverhalten. Wir entwickelten ein Werkstattangebot, das den Schülerinnen und Schülern Möglichkeiten gibt: Sie können wie in einem Kurssystem ihre Schwerpunkte wählen. Klassenübergreifend wird in angemessener Gruppenstärke, die sich nach der „Technik" richtet, gearbeitet. Ein ähnliches Modell haben wir für den Sport- und Musikunterricht entwickelt.

Für mich als Person hat sich durch die Arbeit im Projektteam auch manches ergeben. So habe ich gelernt, mir meine Schwächen einzugestehen und meine Grenzen wahrzunehmen und zu akzeptieren. Ich habe gelernt, auch einmal bestimmt „Nein" zu sagen. Ich lerne mich in diesem Prozess selbst immer besser kennen und das tut mir gut.

Dialog zweier Lehrerinnen des Isolde-Kurz-Gymnasiums Reutlingen

Renate Amin ist Studiendirektorin mit den Fächern Deutsch, Französisch und Ethik. Einer ihrer Schwerpunkte ist die Arbeit in der Orientierungsstufe 5 und 6, in der sie auch Klassenlehrerin ist. Kathleen Renz hat als Oberstudienrätin die Fächer Deutsch und Erdkunde. Sie beschäftigt sich schwerpunktmäßig mit Freiarbeit. Beide Lehrerinnen unterrichten am Isolde-Kurz-Gymnasium in Reutlingen, das ca. 1050 Schülerinnen besuchen. Beide sind Fachberaterinnen des Oberschulamtes.

Renate Amin

Kathleen Renz

K: Renate, hast du schon gehört, wie begeistert unsere sieben Kolleginnen und Kollegen von der letzten Teamfortbildung mit Frank und Silke zurückgekommen sind?

R: Du, Kathleen, die waren richtig aufgekratzt! Ich denke, Frank und Silke sind so etwas wie feste Bezugsgrößen in unserem schulischen Alltag geworden.

K: Stimmt! Wir können immer wieder mit unseren Fragen und Problemen auf sie zugehen. Letztes Jahr haben sie doch auch etwas mit Schülern zum Thema „Pubertät" gemacht.

R: Wie hat diese Zusammenarbeit eigentlich angefangen?

K: Das war doch 1992, kurz vor Weihnachten! Wir gönnten uns einen pädagogischen Tag, und eine Kollegin hatte die beiden eingeladen.

R: Ach ja, und ich wunderte mich damals, was jemand vom Tumorzentrum der Uni Tübingen bei uns will.

K: Nicht ahnend, dass es sich um zwei Diplompädagogen handelt, die uns klarmachten, was Schule zur Gesundheitsprophylaxe beitragen kann.

R: Und zwar nicht nur, indem der Biolehrer über den Wert des Obstessens und die Notwendigkeit des Zähneputzens spricht,

K: sondern indem ein Lehrerteam sich Gedanken darüber macht, wie wichtig es für die Gesundheit von Kindern ist, dass sie sich in der Schule wohl fühlen.

R: Eben. Zwar haben wir eine Menge Freizeit in dieses Projekt investiert, aber ...

K: ... es hat ja nicht nur für die Kinder, die wir damals betreut haben, eine ganze Menge gebracht, sondern die Impulse wirken bis heute in unserer täglichen Arbeit nach.

R: Die Art, wie wir unterrichten, und die Art, wie wir überhaupt mit Kindern umgehen, hat sich unter anderem durch das „Gesundheitsprojekt" einfach geändert.

K: Die zehn Fortbildungsnachmittage, an denen wir uns im Schuljahr 1993/94 mit dem Thema Gesundheitsförderung beschäftigten, haben uns nicht nur wichtige und interessante Inhalte vermittelt, sondern auch neue Methoden aufgezeigt und uns als Kolleginnen und Kollegen zusammengeführt.

R: Für mich waren die ersten Nachmittage besonders gewinnbringend, an denen wir alle zusammen den Einstieg in das Projekt erarbeiteten, indem wir die einzelnen Phasen durchspielten.

K: Wenn du bedenkst, was daraus geworden ist: Seither gibt es in allen fünften Klassen das fächerübergreifende Projekt zur Gesundheitsförderung. Und wie viel Vergnügen hat es meinen jetzigen Sechsern bereitet. Die gute Klassengemeinschaft, auf die wir richtig stolz sind und von der wir alle profitieren, ist nicht zuletzt Ergebnis dieser Projektwoche. Aber auch einzelne Fachbausteine tauchen immer wieder auf.

R: So werde ich im Team mit den Kolleginnen und Kollegen der Biologie und der Religion am Ende von Klasse sechs das Projekt „Ben liebt Anna" in veränderter Form aufgreifen und besprechen.

K: Doch wohl nicht nur besprechen. Ihr werdet sicher wieder Rollenspiele und andere kreative Unterrichtsformen benutzen.

R: Na klar! Die Eltern sind auch schon gespannt auf den Elternabend zu diesem Thema.

K: Stichwort Elternabend. Erinnerst du dich noch wie beeindruckt die Eltern waren, als wir Ihnen das Gesundheitsprojekt vorstellten?

R: Natürlich, themenzentrierte Elternabende sind im Übrigen für uns doch mittlerweile zur Selbstverständlichkeit geworden.

K: Ganz toll fand ich, dass damals unser Chef bei dem Elternabend anwesend war.

R: Richtig! Ich finde es schon sehr hilfreich, dass er solche Projekte nach Kräften unterstützt.

K: Ja, ich möchte mit meinen neuen Fünfern auch wieder so arbeiten, aber mit 32 Kindern in der Klasse komme ich manchmal schon sehr an die Grenze des Möglichen.

R: Das kann ich mir denken! Leider werden ja die Rahmenbedingungen, unter denen wir arbeiten müssen, eher schlechter als besser.

K: Wie oft wünsche ich mir, mehr Muße für die veränderte Arbeit mit den Kindern!

R: Es ist schon schade, dass in einer Zeit, wo pädagogische Neuerungen von höchster Ebene erwünscht sind, das Geld so knapp ist. Schule müsste einfach eine bessere Lobby haben.

K: Eben. Dennoch will ich auf keinen Fall zu meinem alten Unterrichtsstil zurück!

Schlusswort

Januar 1992

Die Kinder einer 5. Klasse spielen ihre jeweils in Gruppen vorbereiteten Kapitel aus „Ben liebt Anna" vor. Als es zur Kussszene zwischen Ben und Anna kommen soll, ziehen Sabrina und Daniel, die Schauspieler, schnell zwei Puppen unterm Tisch hervor und lassen diese den Kuss vollziehen.

April 1992

Im Musikunterricht ist Schreien das Thema. Die Klasse versichert, sie seien die lauteste der Schule. Wenn sie schreien, käme sofort der Rektor angelaufen. Wir probieren es aus und nicht mal die Frau, die am Fenster vorbei geht, dreht sich um. Erstaunt sehen sich die 7. Klässler an. „Ich glaube, unsere Lehrer hören falsch, wenn die uns so laut finden." sagt einer lakonisch.

März 1993

Nachdem Alva in der Klasse beim Rollenspiel die Anna gespielt hat, die neu in die Klasse kommt, erzählt sie weinend, wie abgelehnt sie sich als kurdisches Flüchtlingskind hier in der Schule und der Stadt oft fühlt.

Februar 1994

Nach intensiver Beschäftigung mit Fragen der Kommunikation, des Wohlbefindens und des Umgangs mit Konflikten im Schulalltag sitzen wir spätabends mit 13 Lehrern aus unserer Fortbildungsgruppe zusammen, singen: „Angie", „Brennend heißer Wüstensand", „How many roads", „Dona, Dona" ... und finden es alle herrlich.

Juni 1995

Beim Elternabend erzählt eine Mutter, dass ihr Sohn, als sie sich über die Unordnung in seinem Zimmer aufregt, sie belehrt: „Aufregung macht nur krank, haben wir in der Schule gelernt. Du musst überlegen, wie du dich entspannen kannst, vielleicht indem du einfach nicht mehr reinkommst?"

Mit der Fertigstellung dieses Buches beenden wir unsere Tätigkeit am Tumorzentrum. Das Projekt „Gesundheitsförderung und Krebsprävention an Schulen" muss abgeschlossen werden, da es nicht möglich war, den Projektstatus in eine institutionelle Form zu überführen. Das Buch ist somit das Ergebnis und gleichzeitig eine Art von Dokumentation unserer 6-jährigen Tätigkeit.

In diesen 6 Jahren haben wir vielfältige Erfahrungen gesammelt und auf ganz unterschiedlichen Ebenen agieren können. Zu Beginn stand die Arbeit im Unterricht im Vordergrund. Die kontinuierliche Zusammenarbeit mit Klassen und den Kollegen war oft sehr schön, Bilder von gemeinsamen Erlebnissen und Erfahrungen wie von der Maskenaktion in der Stadt aus der Einheit „Gefühle sind Farben ..." oder von der Situation, als ein Junge den Rektor über sein Essverhalten interviewte, bleiben lebendig in Erinnerung.

Zunehmend konzentrierten wir uns auf die Fortbildung von Lehrerinnen und Lehrern, als den zentralen Faktor, um Gesundheitsförderung einen Weg in den Schulen zu bahnen. Auch hier war die zweijährige Zusammenarbeit mit festen Gruppen besonders ergiebig und effektiv. Hier zeichnete sich ein Weg ab, den wir gerne fortgesetzt hätten. Die Arbeit in der Aus- und Fortbildung, um Lehrerinnen und Lehrer in der eigenen Entwicklung und in der Suche nach neuen Methoden und Möglichkeiten zu unterstützen, ist schlussendlich der sinnvollste Ansatzpunkt, um Gedanken und Methoden der Gesundheitsförderung dauerhaft in Schulen und im Schulalltag zu verankern.

Die nationale und internationale Zusammenarbeit vor allem im Rahmen des „Europäischen Netzwerks Gesundheitsfördernder Schulen" und bei Tagungen des Aktionsprogramms „Europa gegen den Krebs", brachte neue Impulse, Ideen und Reflexionsmöglichkeiten mit sich. Dabei wurde deutlich, welch zunehmend wichtige Rolle in den skandinavischen und angelsächsischen Ländern die Thematik der „health promotion in schools" spielt und was wir in Deutschland aus deren Entwicklungen und Curricula übernehmen können. In diesen Zusammenhängen boten sich uns viele interessante Aufgaben und Möglichkeiten. Auch darüber sind wir froh.

Entscheidend war, dass wir in allen Phasen von vielen Seiten Unterstützung bekommen haben, die die Entwicklung und Weiterarbeit möglich machte. An erster Stelle ist dabei das Tumorzentrum zu nennen, das mit seiner mutigen Entscheidung, in einer medizinischen Einrichtung ein pädagogisches Thema aufzunehmen, den Weg bereitet hat. Ganz besonders wollen wir unserem Chef, Herrn Braunwald, für sein konstruktives Mitdenken und sein unermüdliches Aquirieren von Projektgeldern danken.

Ohne die Offenheit und Bereitschaft vieler Kolleginnen und Kollegen an den beteiligten Schulen wäre unsere Arbeit nicht möglich gewesen. Wir sind froh und dankbar, auf so viele interessierte Menschen und tolle Lehrkräfte gestoßen zu sein. Auch dem Oberschulamt Tübingen, das uns den Eingang in die Schulen gestattet und unsere Fortbildungskonzepte unterstützt hat, gilt unser Dank.

Wir freuen uns, unsere Arbeit in dieser Form abschließen zu können, denn wir wollen ein praxisrelevantes Buch veröffentlichen, nicht um Vergangenes zu dokumentieren, sondern um konkrete Arbeit zu ermöglichen. Wir hoffen, dass die von uns entwickelten Ideen und Materialien im Schulalltag Platz und Interesse finden werden.

Wir beenden die Arbeit am Tumorzentrum mit einem lachenden und einem weinenden Auge. Es bleiben viele gute Erfahrungen und viel Gewinn, den wir persönlich aus dieser Zeit mitnehmen können und es locken neue Themen und Aufgaben in Pädagogik und Weiterbildung. Dennoch ist es bedauerlich, dass es trotz intensiver Bemühungen nicht gelungen ist, die Projektarbeit in einem festen Rahmen zu verankern. In einer Zeit der akuten Sparmaßnahmen, in der auf langfristige und vorbeugende Wirkung angelegte Konzept zuerst gestrichen werden, war dafür kein geeigneter Boden zu finden. Der Bedarf an Schulen aber, Begleitung, Fortbildung und Unterstützung zu finden, ist groß; die Notwendigkeit dieser Arbeit ist unter langfristigen Gesichtspunkten unverzichtbar. Deshalb sehen wir die Zukunft der Gesundheitsförderung in der Lehreraus- und -fortbildung. Sie wird kommen – es ist nur eine Frage der Zeit.

Literaturtips für Theorie und Praxis

Abele, Andrea; Becker, Peter (Hrsg.): Wohlbefinden, Theorie – Empirie – Diagnostik, 1994, Juventa, Weinheim

Baer, Ulrich: 666 Spiele für jede Gruppe und für alle Situationen, 1994, Kallmayersche Buchhandlung, Seelze-Velber

Baer, Ulrich: Lernziel Liebesfähigkeit, 1993, Remscheider Arbeitshilfen und Texte

Baer, Ulrich: Remscheider Diskussionsspiele, 1990, Remscheider Arbeitshilfen und Texte

Barkholz, Ulrich: Homfeld, Hans Günther: Gesundheitsförderung im schulischen Alltag, 1994, Juventa, Weinheim, München

Barmer Ersatzkasse: Gesundheitsförderung für junge Menschen in Europa – Materialien des Netzwerks Gesundheitsfördernde Schulen, 1995, Echo-Verlag, Köln

Bildungskommission NRW: Zukunft der Bildung, Schule der Zukunft, 1995, Luchterhand, Neuwied, Kriftel, Berlin

Bilstein, Eva; Voigt-Rubio, Annette: Ich lebe viel – Materialien zur Suchtprävention, 1991, Verlag an der Ruhr, Mülheim

Bochynek, Barbara: Heimlich zähle ich die Jahre bis zur Pensionierung, in: Zeitschrift Pädagogik 1/1993

Bundesministerium für Bildung und Wissenschaft: Gesundheit und Schule – Beiträge zu einer neuen Perspektive der Gesundheitsförderung, 6/94, BMBW, Bonn

Bundeszentrale für gesundheitliche Aufklärung: Sucht und Drogenprävention, Materialien für das 5.-10. Schuljahr, 1994; Klett Verlag/BZgA, Stuttgart/Köln

Drescher, Birgit: Schulen in Bewegung, Tagungsdokumentation, 1995, Bielefeld

Engel, Uwe; Hurrelmann, Klaus: Was Jugendliche wagen – Eine Längsschnittstudie über Drogenkonsum, Stressreaktionen und Delinquenz im Jugendalter, 1994, Juventa, Weinheim

Ehinger, Wolfgang; Henning, Claudius: Praxis der Lehrersupervision, 1997, Beltz Verlag, Weinheim, Basel

Faltermaier, Toni: Gesundheitsbewusstsein und Gesundheitshandeln, 1994, Beltz Verlag, Weinheim

Fend, Helmut: Vom Kind zum Jugendlichen – Der Übergang und seine Risiken, Entwicklungspsychologie der Adoleszenz in der Moderne, 1990, Hans Huber Verlag; Bern, Stuttgart, Toronto

Frankfurter Arbeitsgruppe: Offener Sportunterricht – analysieren und planen, 1982, Rowohlt Verlag, Hamburg

Gropengiesser, Ilka; Schneider Volker (Hrsg.): Gesundheit, 1990, Friedrich Jahresheft VIII

Hanewinkel, R.; Ferstl, R.; Burow, F.: Interventionsstudie zur Primär- und Sekundärprävention des Rauchens an Schulen", in: Suchtforschung und Suchttherapie in Deutschland, Sonderband der Zeitschrift Sucht, 1995, Neuland Verlag, Geesthacht

Harris, Paul L.: Das Kind und seine Gefühle, 1992, Hans Huber Verlag, Göttingen

Hesse, Silke: Suchtprävention in der Schule – Evaluation der Tabak- und Alkoholprävention, 1993, Verlag Leske und Budrich, Opladen

Hildebrandt, Helmut: Wenn ich traurig bin, bin ich auch krank, 1984, Verlag Jugend & Politik, Reinheim

Kasper, Horst: Kreative Schulpraxis – vom Unterrichtsprojekt zum Schulprogramm, 1995, AOL und Lexika Verlag, Lichtenau und München

Klemm, Michael; Hebeler, Gerlinde; Häcker, Werner (Hrsg.): Tränen im Regenbogen, Fantastisches und Wirkliches, aufgeschrieben von Mädchen und Jungen der Tübinger Kinderklinik, 1989, Attempto Verlag, Tübingen

Kliebisch, Udo: Kommunikation und Selbstsicherheit, 1995, Verlag an der Ruhr, Mülheim

Kolip, Petra (Hrsg.): Lebenslust und Wohlbefinden – Beiträge zur geschlechtsspezifischen Jugendgesundheitsforschung, 1994, Juventa, Weinheim

Kolip, Petra; Hurrelmann, Klaus; Schnabel, Peter-Ernst. (Hrsg.): Jugend und Gesundheit, 1995, Juventa, Weinheim, München

Krappmann, Lothar; Oswald, Hans: Alltag der Schulkinder, 1995, Juventa, Weinheim, München

Leuschner, Gert; Schirmer, Frank: Lehrergesundheit aus medizinischer Sicht, in: Pädagogik 1/1993, Beck, Frankfurt

Lohaus, Arnold: Gesundheitsförderung und Krankheitsprävention im Kindes- und Jugendalter, 1993, Hogrefe, Verlag für Psychologie, Göttingen

Manteufel, Eva; Seeger, Norbert: Selbsterfahrung mit Kindern und Jugendlichen, 1992, Kösel, München

Miller, Reinhold: Sich in der Schule wohl fühlen, 1989, Beltz, Weinheim, Basel

Miller, Reinhold: Lehrer lernen, 1986, Beltz, Weinheim, Basel

Müller, Frank; Sacksofsky, Silke: Gesundheitsförderung und Krebsprävention, in: Die Deutsche Schule, 1995, Heft 3, GEW/Juventa, Frankfurt

Müller, Frank; Sacksofsky, Silke: Auf der Suche nach der (verlorenen) Gesundheit, in: Unterricht Biologie, Thema: Krebs, 18. Jg., Okt. 1994, Friedrich Verlag, Seelze

Müller, Frank; Sacksofsky, Silke: „Gesundheit als Entdeckungsreise" und „Nicht mehr Kind und noch nicht erwachsen", Die Unterrichtspraxis, Heft 4/96, GEW Baden-Württemberg

Mutzek, Wolfgang; v. Schlee, Jörg: Kollegiale Supervision 1996, Karl Winter Verlag, Heidelberg

Noack, Karl-Adolf; Kollehn, Karlheinz; Schill, Wolfgang: Sucht- und Drogenprävention, 1994, Klett, Stuttgart

O'Doll, Scott: Insel der blauen Delfine, 1977, dtv junior, München

Olsen, Andrea: Körpergeschichten. Das Abenteuer der Körpererfahrung, 1994, VAK Verlag für angewandte Kinesiologie, Freiburg im Breisgau,

Osswald, Elmar: Gemeinsam statt einsam, 1995, Brunner-Verlag, Schweiz, Kriens

Philipp, Elmar: Gute Schule verwirklichen. Ein Arbeitsbuch mit Methoden, Übungen und Beispielen der Organisationsentwicklung, 1995, Beltz Verlag, Weinheim, Basel

Philipp, Elmar: Teamentwicklung in der Schule, 1996, Beltz Verlag, Weinheim. Basel

Quack-Klemm, Monika; Kersting-Wilmsmeyer; Klemm, Michael (Hrsg.): Lebenskandidaten, wir lassen uns nicht begraben, ehe wir tot sind, 1993, Attempto Verlag, Tübingen

Sielert, Uwe; Herrath, Frank; Wendel, Heidrun; Hanswille, Reinert: Sexualpädagogische Materialien, 1993, Beltz, Weinheim, Basel

Stöger, Gabriele: Besser im Team, 1996, Beltz Verlag, Weinheim, Basel

Thanhoffer, Michael; Reichel, Rene; Rabenstein, Reinhold: Kreativ unterrichten, 1992, Ökotopia, Münster

Voigt; B.: Team und Teamentwicklung, in: Organisationsentwicklung 3/93

Zeitschriften:

Pädagogik 1/93 – In Ruhe unterrichten

Prävention 1/96 – Zehn Jahre Ottawa Charta – Kritische Bestandsaufnahme und Perspektiven der Gesundheitsförderung

Sportpädagogik 5/94 – Abenteuer (als Schwerpunktthema)

Päd Extra 7/8 1994 – Ein neues Netzwerk entsteht

GEO-Wissen 3/90 – Sucht und Rausch

GEO-Wissen 9/93 – Kindheit und Jugend

Organisationsentwicklung 3/93